文芸社セレクション

山本五十六と大東亜戦争

山本提督は自由主義圏で再生する日本に賭けた

小島 伊織

文芸社

まえがき

山本五十六大将（当時）が発案した真珠湾攻撃を書いた多くの人が、「何故、最終的に負けると分かっていたのに、そんな馬鹿な作戦を提案し、実施したのか」と書いている。しかし、明治維新以来の陸・海軍や政治の状況をつぶさに見直してみると、日本の陸・海軍が昭和初期から、突然狂った様に、暴走し始めた理由が見えてきたので、そうした複雑な厳しい状況の中で、山本の選択枝は一つしか無かった、と思われるのでそれを紹介する。

当時の日本の外的な悪環境としては、①ソ連のスターリンが仕掛けた「日米戦争を起こさせて、日本を敗北させ、日本を共産化して、北東日本を占領しよう」としてアメリカと支那と日本を巻き込んだ謀略と、②アメリカのF・ルーズベルト大統領の「対日独伊戦争に勝って、アメリカの景気を良くして、支持率を上げて、四選を果たして、〝偉大な大統領〟と呼ばれたい」という狂った名誉欲と、③世界恐慌と関東大震災とが挙げられる。

日本の内的な悪要因としては、④明治維新のために失職してしまった全国の武士階級の人々と理不尽に討伐された奥羽越武士達の怨念がその息子や孫の心に生き続けて、母国に対する反感を育ててきた事と、⑤明治政府が学校教育で実施した「維新以前の日本人は愚かだった」という洗脳教育と（④のために生まれた）母国に対する反感の念が育てた、エリート達の内心の母国に対する破壊衝動と、⑥明治憲法の欠陥が陸・海軍に暴走する口実を与えた事と、⑦社会主義が（軍人を含む）エリート達に理想の国家経営理論として受容された事と、⑧新聞・雑誌等によって煽られた好戦的な過激な世論（反薩長閥優勢）と、⑨日本の陸・海軍の対立が酷かった事、とが挙げられる。

これらの悪環境や悪要因が複雑に絡まり合って、陸軍も海軍も集団自殺の様に亡国に突き進んで行った様に見えるが、こういう複雑怪奇な混迷の中で日本民族が生き残るには、真珠湾攻撃が唯一の戦術だったと思われる。山本はアメリカに戦争をしかけて、激怒させて、「日本は俺のものだ」と思わせて、ソ連よりも早く、日本を占領してやる、といきり立たせておいて、資源不足で敗戦して、アメリカに占領されてしまう。ところが、その後、数年も経つと、アメリカ（自由主義圏）とソ連（共産主義圏）とが激しく対立する様になって、日本はアメリカの同盟国として独立させられる。ソ連などに占領されたら、国土だけ獲られて、全国民が囚人にされ、シベリアで凍結死体になり果てる。

これが、アメリカに留学しても、講義も殆ど受けずに、あちこち見て歩いて、色々な人と話をして、学習し、同郷の親友・斎藤博ニューヨーク総領事に導かれて練り上げた、山本の近未来予想であったであろう。こんな事は政府のトップの考える事であるが、それを誰も出来ないので、山本が代わりに考えたのではないか。

これらの見解の概略は『明治維新から百年　日本国興亡の真相？』に書いたが、余程の歴史好きでないと、理解しにくいので、山本五十六の人生を中心にして書いてみた。なお、山本五十六他の人の発言は原文の儘だと分かりにくいので、現代文に勝手に直しているので、ご理解下さい。

以上

目次

一、誕生～海軍大学校

高野五十六が生まれた時期は、大政奉還・王政復古の大号令（慶応三年：一八六七年一〇～一二月）に続く、鳥羽・伏見の戦い（慶応四年：一八六八年一月）、戊辰戦争（慶応四年：一八六八年一月～明治二年：一八六九年五月）及び地方武士達の局地的反乱に続く西郷隆盛を担ぎ出しての西南戦争（明治十年：一八七七年）と大小様々な戦争が続いて、やっと戦火が収まって、庶民にも平穏な生活が戻ってきた時期である。

越後長岡藩は、幕閣に列する、譜代大名牧野氏を藩主とする七万四千石の小藩であった。越後長岡藩は庄内藩、会津藩などと共に奥羽越列藩同盟に参加し、戊辰戦争の際に、河井継之助が「中立」を官軍に申し立て、これを拒否されると、かねてから購入して、十分に訓練していたガトリング砲（今のマシンガン）を使って、官軍に大被害を与えたが、官軍の迅速な反撃に敗北し、敗戦後、賊軍として、三分の一への減俸と、（既に戦死している）家老二人の家名断絶の処分を受けている。（以上Ⓦ参照）

高野五十六の祖父、高野貞通は、城に踏み留まり、七三歳の老躯を鞭打って戦い、壮烈な戦死を遂げた。父・貞吉も出陣し、会津若松城下で負傷したが、一命を取り留め、維新後は長岡に帰って、県庁職員～小学校校長として清貧の一生を送っている。（以上⑥⑦ⓦ参照）

高野家の家禄は一二〇石で、長岡藩では中の上程の家格の家だったが、敗戦の結果、城下は焼かれ、高野家も焼け出された。戊辰戦争後に、（負傷した）貞吉は、長岡が編入された、柏崎県庁に出仕することが出来、最後は小学校の校長になった。貞吉は元々武士であり、恐らく徳川時代の武士の気風をそのまま遺していたであろう。槍を持たせると、人が変わった様に気力充実した風貌に一変したと伝えられているし、一日に一升飯を食らい、鉄砲を片手に山中を数日にわたって疾駆出来る程の精力家でもあったという。（以上⑥ⓦ参照）

明治一七年（一八八四年）四月四日、その長岡藩で代々儒官、即ち儒学の教師を務めていた、新潟県古志郡長岡本町（現在の長岡市坂之上町三丁目付近）の、高野家に男子が誕生した。父の高野貞吉が五六歳であったため、「五十六」と名付けられた。母は二人が早世して、三人目の峯と貞吉との間の子で、早死にした兄を除き、七人兄弟の末っ子であり、六男であったという。名前からも分かる様に、五十六は清貧に暮らす高野家にとって、望まれざる子供であった様である。しかし、五十六は子供の頃からチビなのに負けず嫌いであった。（以上⑥⑦ⓦ参照）

この苦しい時に、牧野家の分家の三根山藩（旧巻町嶺岡にあった）から「見舞い」として、米百俵を贈られた旧長岡藩が、窮乏した藩士達の生活を救うための食料とするのではなく、藩の大参事小林虎三郎の英断で、学校建設の資金として活用した。このことを「米百俵」の故事という。（以上⑦ⓦ参照）

高野五十六が山本と改姓したのは、大正四年（一九一五年：三一歳）である。山本家は長岡藩の名門で、かつては家老職であった。養父の山本帯刀も戊辰の役に河井継之助らと共に出陣し、長岡軍の指揮を執ったが、遂に敗れて、二四歳の若さで戦死している。帯刀に子がなかったので、五十六が高野家から養子に行き、山本家を継ぐ事になったのである。（以上⑥ⓦ参照）

長岡周辺の地域は冬季の四ヶ月前後は三メートル程の豪雪に覆われ、生活に支障が出て、夏季は最高気温が摂氏三〇度以上になる程暑くなる地域であり、雪解け水も豊富で、農業には最適であるが、冬季には、その産物を東京に運び出すための交通の手段が人肩による運搬しか無かった。（以上ⓦ参照）

維新の十傑亡くなる　西南の役が終わるまで（明治九年末）に、「維新の十傑」の内九人が亡くなった。西郷隆盛は反乱の末に自刃、横井小楠、大村益次郎、広沢真臣は戦死、大久保利通は暗殺、江藤新平、前原一誠は刑死（反乱罪）、小松帯刀、木戸孝允は病死である。この五年後に岩倉具視も病死した。これで維新のリーダー達が全員いなくなった。英国のマセソン商会の陰謀といわれる。自分で考える能力がある商売相手は金貸しには不都合なのであろう。英国政府は「穏便にやれ」と領事に指示していたが、民間の金融業者には細かい干渉はしなかった。(以上⑳ⓦ参照)

しかし、この戦乱の中でも「靖国神社の創設」、「版籍奉還　廃藩置県」、「地租改正」、「学制の制定」、「欧化政策」、「武士達の失業対策」、「洗脳教育」、「大日本帝国憲法草案の作成」などが着々と実施されていた。

靖国神社の創設　戊辰戦争で大量の戦死者が出ていたので、明治二年六月(一八六九年)、新政府軍の戦没者を慰霊するための神社「招魂社」、後の「靖国神社」が創設された。そして、六月に、三五八八柱を祀った。(以上⑬ⓦ参照)

版籍奉還　廃藩置県　明治二年～一五年(一八六九～一八八二年)、政府は国を運営する資金を入手するために、版籍奉還と廃藩置県を実施し、大名を廃止して、大名は華族として、東京に集められ、元の藩の石高の一割を給付される事となり、全国の土地と人民を政府の直轄とした。この政策は天下に大乱を生むのではないかと新政府の幹部もはらはらしたが、実は、殆どの藩が巨額の借金を抱えていたために、却って感謝され、この政策は円滑に実行された。なお、「版籍奉還」とは所有していた領地と領民を返す事であり、「廃藩置県」とは藩を廃して、そこに県を置く事である。この政策は、長州藩・薩摩藩などから兵を供出させ、天皇直属の近衛兵約一万人を編制しながら実施されたため、これが威圧になって、抵抗を抑えられた、といわれる。この「廃藩置県」には続きがあった。藩の規模は大小様々だったので、これを整理・統合して、同じくらいの規模にする必要があったが、この作業に時間がかかり、廃藩置県の完成は明治十五年にまで延びた。(以上⑬ⓦ参照)

地租改正　そして、明治五年には、田畑の売買禁止等の封建的な土地制度が廃止され、さらに明治六年には地租改正が行われて、田畑の売買が許され、土地には課税される事になった。これはこれまでの年貢制度を廃止し、農民に土地の所有権を認めるとともに、地価の三パーセントを税金として納めさせる、という税制の大改革であった。(以上ⓦ参照)

学制の制定　明治五年（一八七二年）、留守政府は、欧米列強に倣い、学制を定め、全国を八つの学区に分け、それぞれ大学校、中学校、小学校の数を制定した。そして、学校の施設が出来た順に、教職員を雇って、生徒を募集し、教育を開始した。これによれば、尋常高等小学校の就学期間は、色々制度変更があったが、初等科が三年間、中等科が三年間、高等科が四年間で、合計一〇年前後である。なお、留守政府とは、岩倉使節団が外遊中に国内政治を担当した太政大臣三条実美、西郷隆盛、井上馨、大隈重信、板垣退助、江藤新平、大木喬任らで構成された。

ちなみに、こうした政府の動きに先行して、明治元年（一八六八年）に慶応義塾が、明

治八年（一八七五年）に同志社英学校が、明治一〇年（一八七七年）に東京大学が設立された。（以上ⓦ参照）

欧化政策　学制の決定と同時に、以下の様な欧化政策がなされた。

○身分制度も華族・士族・平民に改められた。しかし、士族に江戸時代の様な特権は無く、名乗る事が許されただけである。

○明治四年（一八七一年）八月に、散髪脱刀令が発布され、髷と帯刀が禁止された。

○海軍省と陸軍省が創設され、男子に兵役の義務が課せられた（徴兵制）。

○陰暦を廃し、太陽暦が採用された。

○明治三～五年（一八七〇～一八七二年）に、新橋―横浜間に鉄道が敷設され、開通した（全長二九キロメートル）。

○明治五年（一八七二年）に、富岡製糸場が操業を開始した。政府はこのほかにも様々な工場を建設し、全国各地で鉱山を開発した。

○明治五～十二年（一八七二～一八七九年）に、国立銀行条例が発布され、この間に一五三の民間銀行が作られた。（以上⑬参照）

士族の失業対策　これらの大規模な制度改革により、士族（武士階級）には収入の途が全く無くなった。財政的基盤を失った旧藩では、士族を養いかねて、農工商の職業に就く事を奨励した。また、士族結社などによる原野の開拓もあちこちで行われた。静岡県の旧幕臣による牧之原開墾や山形県の旧庄内藩士による松ヶ丘開墾や、福島県士族による安積郡桑野村の開墾などがその代表的な例である。政府も、明治六年から、家禄奉還を願い出た士族には就産資金や公債を保証したり、荒撫地や山林等を格安で払い下げるなどの制度を設けて、士族の救済を図った。しかし、全く経験の無い職業に就いても、旨くやれる士族は少なく、多くの士族は没落していった。しかも、この制度は西郷隆盛達留守政府が始めたものであったため、岩倉使節団が帰国すると、西郷らを政府から排除した後、僅か二年で廃止されてしまったのである。従って、新政府に雇用された武士は、近衛兵の一万人と行政職の約五〇〇〇人のみであった。（以上Ⓦ引用）

そして、新政府側・反新政府側を問わず、約一九四万人の士族とその家族の多くが、貧窮の中で苦しみ、新政府への恨みと憎悪の言葉を子供や孫達の心に吹き込んで、死んでいった。これは、使用人を入れて各戸八人としても、合計一六〇〇万人近くであり、明治初期の人口約三五〇〇万人の約半数であった。しかし、二六〇年以上も徳川に恨みを抱き続けてきた筈の長州藩と薩摩藩の元老達のうち生き残った者達（主に足軽）は慢心から、その恨みのエネルギーを完全に無視したのである。

憲法草案作成　明治九年（一八七六年）九月、明治天皇は元老院議長に、「各国の憲法を研究して、日本の憲法を起草する」ように命じ、政府は伊藤に憲法草案の作成を任せた。

伊藤博文は総理大臣の職を放り出して、この仕事に熱中したといわれる。しかし、薩長両藩の若者達と頻繁に交流していた、英国領事館の通訳アーネスト・サトウの記録によれば、「伊藤博文と井上馨は余り学問が好きではなく、二人でよく陰謀をめぐらしていた」と書かれているので、適任であったかどうかは疑問である。ともあれ、伊藤達はヨーロッパ各国の憲法を研究すると共に、聖徳太子の十七条憲法以来の日本の政治思想をも深く研究し、立憲君主制と議会制民主主義を謳った、欧米列強諸国の憲法学者も驚き心配する程の、民主的な憲法草案を作成した、と言われる。なお、明治憲法の土台はベルギー憲法であり、この国は憲法と王を戴く国家で、その憲法はイギリス憲法をはじめて成文化したフランス憲法を参考にして作られ、これが周辺の国に伝わり、現在まで続いている。（以上⑬⑲⑳参照）

大日本帝国憲法が公布　明治二二年（一八八九年）二月、大日本帝国憲法が公布された。日本は維新後約二〇年をかけて、法整備の面で欧米列強に追いついた。（以上二節⑬ⓦ参照）なお、これは五十六が小学校に入学する一年前頃である。

さらに、翌年、明治二三年（一八九〇年）七月、**第一回衆議院議員総選挙**が行われ、引き続いて帝国議会が開設された。この時、満二五歳以上の男性で、直接国税を十五円以上納めている者に限り、選挙権が与えられたが、これは国民の一パーセントに過ぎなかった。また、衆議院の開設と同時に、元老院が廃止された。しかし、維新の元勲達が明治天

皇を支えて、超法規的に調整役を果たしていた。（以上⑬参照）

大日本帝国憲法の欠陥　この憲法の基本原則は、「統治権は天皇が総覧するが、実際の政治は政府が行う」という事であった。それで、明治天皇は憲法制定以降、基本的に「君臨すれども親裁せず」という政治姿勢を取った。つまり、明治天皇は立憲君主であって、専制君主では無かったのである。それで、明治天皇は御前会議の場でも、基本的に閣僚達の意見を聞いているだけで、自らの意見を余り口にする事は無かった。そして、内閣の決めた事には余り異議を挟まなかった。それは維新を成功させた経験豊富な元老達が、一致協力して天皇を支えたからであり、そうして、どんな事態が起こっても、天皇に責任を負わせない様にしたのである。（以上⑬参照）

しかし、明治憲法には重大な欠陥があった。陸軍、海軍、議会（衆議院、貴族院）、大審院（裁判所）、枢密院（顧問機関）の長と各国務大臣が全て天皇直属になっていて、天皇以外の誰にも権力が集中しない様になっていたのである。しかも、内閣と内閣総理大臣については何の規定もなく、内閣総理大臣は単に国務大臣のリーダーとして、最初に天皇から組閣を命じられる者にすぎなく、総理大臣には各国務大臣の任命権も罷免権も無かった。さらに、連合艦隊司令長官や方面軍司令官、師団長などの親任官や親補職も天皇に直属していた。これは江戸幕府の様に、天皇と国民の間に、別の強い権力が介在する事が無いように、工夫したものだった。維新の元勲達は反薩長閥の巻き返しを強く警戒して、この憲法を作成したのである。それに、衆議院の多数党の党首にどんな人間が就くか全く分からないので、用心した面もあった。（以上Ⓨ㉑等参照）

だが、全ての政府機関が天皇に直属すると、天皇の仕事が過重になり、また「親裁する」事になるので、維新の元勲達が天皇の直下に介在して、超法規的に各機関を指導して、天皇の代わりに調整した。最初から、憲法に大きな欠陥がある事を、元勲達も認識していたのである。木戸がいればそれがどんなに重要な欠陥か教えてくれたろうし、西郷がいれば反対する者を殺してでも、調整機関を作ったであろうが、もう彼等はいなかった。残った元老達は「陸・海軍の武力がその欠陥を埋め合わせてくれるだろう」と高を括ったのである。憲法制定の時点では、維新が成功し、戊辰戦争も西南戦争も乗り切ったばかりなので、維新の元勲達は、陸・海軍が圧倒的に多数派の反薩長閥に支配される可能性を全く考慮しなかった。彼らの思考力の範囲では、そんな事はある筈が無かったのである。しかし、（反政府の証拠とされる事を怖れて）証拠の文書は殆ど無いが、旧武士階級の親達は軍人になる子供達に敵討ちを期待し、殆どの子供達もそれを受け入れたものと思われる。その事は山本五十六の子供～青年時代の境遇を読めばよく分かる。

いつまでも押し問答をしていられないので、そのまま発布したのだろうが、その明治憲法の最後には、「天皇のみが改正の発議が出来て、これを議会が議決する」と書いてあるだけであった。「そんな発議をして下さい」とお願いするのは、明治天皇に対して余りにも不敬であるし、自分達の能力不足をさらけ出す事になるので、そんな事が出来る人はいない。反薩長閥の巻き返しを最も強く警戒して、この憲法を事実上修正出来ない様にしたのである。そんなこんなで、どたばたして、憲法の重大な欠陥がそのまま放置されて、昭和の日本を破滅に追い込むのである。しかし、また、激しい内戦の中に戻るかも知れないと思うと、そんな荒仕事を敢えてしようとする者はいなかった。（以上Ⓨ参照）

これは、伊藤博文の憲法（案）作成を指導したプロシアの学者の誰かが、意図的に、誤った指導をした可能性がある、としか考えられないであろう。やはり、黄色人種の国が強国になるのを、当時の白人の誰もが望まなかった事は、日本がロシア軍を打ち破った時の欧米人の悲嘆にくれた反応によく現れている。それで、元老達がいなくなった近未来に、政府機関同士が対立した際には容易に分裂して崩れていく様に作らせたのではないか、と想像する。マセソン商会ならそういう仕掛けを考えても可笑しくないであろう。

高野五十六　は、六歳頃（明治二三年：一八九〇年）に長岡町立坂之上尋常小学校に入学し、旧制新潟県立長岡中学校を一五歳頃（明治三二年：一八九九年）に卒業した、と思われる。父親が校長だから際だって裕福という事はなかったが、それでも赤貧洗うがごとしというものでもなかった。五十六が坂之上小学校を卒業して、長岡中学校に進学するに際しては、長岡社という育英事業団体の貸費生になった。五十六の中学入学は明治二九年だから、もう日清戦争は終わっている。

長岡中学はその前身を長岡洋学校といい、明治五年に創立された。戊辰の役に敗れた、長岡藩の生き残りが、金を出し合って設立したもので、敗戦の恨みを晴らすために、長岡から人材を中央に送り出すという、明確な目的をもっていた。中学時代の五十六の学業については、秀才という評判は残っていない。ただ、数学と作文が得意だったという記録が残っている。また、稚気があって、人を驚かす事は好きだった様である。スポーツは剣道と野球を好んでやった。野球は当時ようやくはやりだしたスポーツだった。上級生の頃には主将格だったらしい。（以上⑥ⓦ参照）

五十六の少年時代には、祖父母がどんなに貧しい時でも、子供達に腹一杯食べさせ、一度もひもじい思いはさせない様に気を使ったという。その代わり、おかずは粗末なものだったらしく、成人してからの五十六は、贅沢を出来る境遇になっても、少年時代に食べた菜っ葉の煮染めなどに、何よりも郷愁を感じていた様だった。玉蔵院の一角にあった、古びて粗末な家が五十六の生家である。今は区画整理で奥行きがなくなったが、当時は五百坪くらいの細長い敷地の中に、ひっそりと建っていた。

かつては、ここを中心として堀があり、それを取り巻いて、士族屋敷があったらしい。昔、藩主より貰った先祖代々の屋敷跡そのままを残していた土地であった。明治戊辰の戦いで、一度敗れ、また取り返し、再び敗れた激しい戦闘で焼け野原となってしまったこの土地に、窮乏の運命をになった一家が寄り添い力を合わせて建てた家であった。そんな歴史の影を深く思い起こさせる様な、古びた家であった。町中にある家としては、長岡で一番古い家であったらしい。

五十六はここから小学校に通い、中学校に通った。

五十六は中学生時代に十歳年長の甥で、高野家の希望の星だった高野力（学業優秀：兵学校を目指す）が病死し、その際の両親の「五十六が代わって死んでくれれば～。五十六が代わって立派な武士（軍人）になってくれ～」と嘆く言葉が五十六のトラウマになった、といわれる。高野力の死から五十六は勉強よりも、身体を鍛える時間が増えたという。

この家の庭に、祖父の貞吉は、五十六の体力をつけるため、後から鉄棒と砂場を作ってくれた。五十六はここで、遠くの中学校から帰った後、大車輪や蹴上がりなどを毎日練習した。学業成績などいくら優秀でも、病気で死んでしまったら何にもならない、と考えたのであろう。（以上⑤参照）

高野五十六は、叔母が嫁いだ野村貞（旧長岡藩出身者で最初の将官：海軍少将）から海軍の話をたびたび聞いていたので、自然に海軍兵学校を志望する様になったのであろう。なお、野村貞は日清戦争で素晴らしい戦果をあげたので、賊軍出身なのに、異例にも少将になれたのである。その野村貞は五十六の中学生時代（一八九九年）に殉職した。（以上⑤ⓦ参照）

日清戦争勝利 なお、明治二七年（一八九四年）七月～同二八年（一八九五年）四月、「日清戦争」が起こった。これは、ロシアへの防壁とするために、朝鮮を清国から独立させる事を目的としていた。結果は大勝利であり、明治二八年（一八九五年）四月、下関で日清講和条約（下関条約）が締結された。この条約の第一条で清国は朝鮮の独立を認めた。また、賠償金二億テール（現在の通貨価値で二三兆六〇〇〇億円）の他、満州、台湾、澎湖諸島の主権等を清国から獲得した。（以上⑬参照）

洗脳教育 問題なのは、明治の各種学校では「江戸時代には封建制の圧政により、庶民が抑圧されてきた」と全くの嘘を教えて、江戸時代までを全否定した事であった。これらの教材は新しい権力に媚びる貧乏学者達が喜んででっち上げてくれた、といわれる。しかし、少なくとも江戸時代の社会には、固定した身分制度は無かった事が分かってきたし、江戸時代の日本は、二六〇年もの間、世界最高の識字率を誇っていた。幕末、日本にやって来た欧米人が「一般の町人が本を立ち読みしている。こんな国はとても植民化出来ない」と驚いたくらいだった。また、数学も科学も工学も欧米列強と遜色無い、高いレベルまで到達していた。

事実、江戸時代前期の関孝和は筆算による代数の計算法を「発微算法」として世界で初めて発表し、さらに行列式の概念を初めて発表し、さらに一三万一〇七二角形に対する近似円周率を小数第十一位まで算出して発表した。江戸時代後期の伊能忠敬はこの数学を使い、日本全国の測量を行って、地球の曲率まで考慮した、かなり正確な地図を作成したし、佐賀藩、薩摩藩は、大砲を見て、触れただけで、自前で、それ以上の高性能の大砲を作る事が出来たし、宇和島藩、佐賀藩、薩摩藩は、同じ様にして、三年程で、黒船を作ってしまった程である。宇和島藩は、何をとち狂ったのか、大砲を提灯屋に発注したのに、やはり三年程で高性能の大砲が完成してしまったのだから驚きである。

　また、日本の政府は少なくとも平安時代の昔から、農民がどんな災害に遭っても飢えて死なない様にと、金銭ではなく米で納税させて、それを地元の神社に備蓄して、非常時に備えてきた。さらに、豊臣秀吉と徳川家康はポルトガルとスペインの真の狙いを見抜き、日本国内のみならず近隣国での人身売買を武力で禁止し、キリスト教の布教も日本を植民地化するための道具だとして、布教を禁止し、宣教師も追放した。明治政府はそうやって長い年月をかけて培ってきた、文化と伝統を、全部無かった事にしたのである。これが日本で最初の「洗脳教育」である。（以上③ⓦⓎ参照）

　そして、明治維新を成し遂げた後、近代化と称して、西洋の文明を真似る事に懸命になった。西洋文明を学び、経済的にも、軍事的にも発展していく事が、日本の独立を守る事だ、と信じたのである。西洋の様な近代産業国家になれなければ、日本もアジア諸民族と同じく、欧米列強の植民地になってしまう、という危機感がそこにはあった。しかし、それは維新政府のトップが殆ど無学な足軽だけになっていたためであった。武士階級の人間は戊辰戦争と西南戦争の二つの戦争を経て、殆ど消えてしまったのである。しかし、消えてしまった武士達には、そんな劣等感は全く無かった。内戦を起こせば欧米列強の思う壺だと考え、自ら権力を手放したのである。その結果、文化の激しい断絶が起こり、親が教える価値観や伝統や文化を受け継がない事がエリートの条件になってしまった。

同時に、学校教育の役割が徳川時代とは全く変わってしまった。徳川時代は、親達から歴史・伝統・文化・慣習を教わり、藩校・寺子屋はこれの補助的な役割を果たした。しかし、明治の学校教育は、日本ではなく、西洋の歴史・伝統・文化・慣習を教える所になった。それまで学んでいた儒教などに代わって、英語や近代技術を習得する事が優先される様になったのだ。家では相変わらず日本の歴史・伝統・文化・慣習が教えられていたものの、エリート達はもはやそれを受け継ごうとはしなくなった。つまり、明治以降、家と学校とは対立する存在となってしまった。

そして、若いエリート達の心の中でも日本と西洋とが対立していた。過去の日本は素晴らしいが、それに拘って欧米の文化を学ぶ事を忘れたら、日本はたちまちのうちに欧米の属国になってしまう。だから、日本を守るために、過去と断絶しなければならない。学生達はそう信じていた。これ程にも、辛い立ち位置を強いられたのが、明治・大正の若者達だったのである。

このために、多くの有能な若者達が苦しみ、心を病んで、廃人になったり、死んでいった。そして、この苦しみを乗り越えた学生達には、「国を守るため」という大義名分が必要だった。その大義名分で、自分達が過去の日本と親達や先祖から分断されていく苦しみを癒していた。その一方で、「我々の苦しみは所詮、一般庶民には分からない」という思いもあり、この思いがやがて、「我々はあなた方の様に悠長にはやっていられない。それでは国が滅びてしまう。あなた方は我々エリートのやる事に従えばいいのだ」という官僚優位、庶民蔑視に変化していくのである。この思いは軍人の道に進んだ若者達にも共通していて、昭和の高級将校達の思い上がりと西洋の思想の盲信に繋がっていく。（以上③参照）

明治維新直後に始まった、こうした強引な洗脳教育は、八十余年後のアメリカによる洗脳と似て、嫌日分子を大量生産して、親や親族・縁族や庶民を見下し、自分達を国の未来を託されたエリートだと自惚れる、高級官僚予備軍を生み出してしまった。この高級官僚予備軍は人生経験が不足しているのに、自惚れが強過ぎたために、当時流行した社会主義を日本で実現しようと画策しながら、兵士を消耗品の様に消費して、日本を亡国へと導いていくのである。これは、洗脳されて、母国を侮蔑する様になった若者達が、無意識に必ず通る途だといわれる。自分の家族と祖先を侮蔑して、自分の生きる基盤を失った人間が、無意識に、自分自身と家族の人生を破壊する事と、同じ様な現象、いわゆる「自己破壊衝動」ないし「自虐衝動」である。しかし、それが起きるのは半世紀も後の事である。

そして、前述の「洗脳教育」こそが、昭和の日本陸・海軍が兵士を大事にしない、一因にもなったのである。それで、若いエリート達は自然に「老人達から学ぶ事は何も無い」と思う様になっていくのである。これが世界を驚かせた日露戦争を昭和の陸・海軍のエリート達が真面目に勉強しなかった、一因であろう。

また、この学校教育の中で、「天皇の祖先は天照大神である」事も教えられたが、強い欧化教育の流れの中で、その教えは少し控えめであったと思われる。国家神道の教育が強化されるのは昭和一〇年頃の天皇機関説事件からであろう。

これは、恐らく、アメリカのリンカーン大統領が南北戦争（一八六一年～一八六五年）の後に南軍側人民に対して実施した洗脳教育を真似て、実施したものと思われる。岩倉使節団のアメリカ土産かもしれない。

なお、岩倉使節団とは明治四年一一月から六年九月（一八七一～一八七三年）の間に、新政府のトップ岩倉具視、木戸孝允、大久保利通、伊藤博文、山口尚芳を含む総勢一〇七人の岩倉使節団が欧米に派遣され、欧米の経済・政治の状況を視察した。この使節団は使節四六人、随員一八人、留学生四三人から成る大規模なもので、留学生の行先はイギリスとアメリカが多かった。期間は当初一〇ヶ月半の予定であったが、最終的に約二年間に延びた。（以上Ⓦ参照）

奥羽越列藩の子息も陸・海軍兵学校に入校

旧奥羽越諸藩の士族出身の若者達は殆どが

貧しいので、次々と給料の貰える陸軍・海軍に志願していき、真面目に勉強し、訓練に励んだが、自分達の親族・縁族の敵「薩長」を憎む思いは益々大きくなっていった。そして、「自分達が軍を思いのままに動かせる地位にまで昇進すれば、国は我々のものだ。その時こそ、薩長の奴らに復讐をしてやる」と考え、その思いを隠して、皆必死に頑張ったものと推察される。しかし、その証拠は殆ど無い。反国家分子の証拠にされるから日記にも書かなかったのであろう。

筆記試験の成績が優先　ここで、彼らの最も助けになったのは、伊藤博文、山縣有朋、井上馨ら、足軽出身の新政府要人が、農民や町人からの軍人の登用を筆記試験のみにより選抜する事にした事である。伊藤等の経験から、野外での集団での遊びが苦手な者などいる筈が無いので、学習意欲が高い者を選択する事にしたのである。しかも、この試験にはそれ程高い教養を必要としないので、貧しい家の子供でも合格出来た。極端な話、暗記力だけでも合格出来たのである。勿論、入隊の後でも軍事調練が全く身に付かない者は、適性が無いとして、除隊処分になったが、一応皆についていければ、士官学校や大学校などの最終筆記試験の成績が、昇進の決定に最も重視された。これは、階級が上がっていっても、同じであった。このために、実戦で部隊を指揮出来ない小心者が、筆記試験の成績で自動的に昇進していくなど、後世深刻な問題が起こる様になるが、旧奥羽越列藩出身の貧しい旧武士の家の子弟には好都合であった。（以上⑩参照）

ハワイ王国がアメリカに乗っ取られる　ハワイでは、一七九五年、カメハメハ一世（大王）が諸島を統一、ハワイ王国を建国したが、約百年後の明治二五年（一八九三年）に、ハワイ王国のリリウオカラニ女王が米国との不平等条約を撤廃する動きをみせると、これに反発したアメリカ人農場主らが海兵隊一六〇人の支援を得てクーデターを起こし、王政を打倒して「臨時政府」を樹立した。女王はイオラニ宮殿に軟禁される。この時、日本は国王派から依頼を受け、邦人保護を理由に東郷平八郎率いる軍艦「浪速」他二隻をハワイに派遣し、ホノルル軍港に停泊させて、クーデター勢力を威嚇した。この「威嚇」がアメリカ人の日本人に対する「黄色い猿のくせに生意気だ」という憎しみを生み出した端緒であろう。しかし、女王を支持する先住民らは涙を流して歓喜したといわれる。王政派が武装蜂起したが短期間で鎮圧、虐殺される。この武装蜂起を支援したとしてリリウオカラニ女王が逮捕・幽閉される。原住民の大虐殺の後、明治二七年（一八九五年）一月二二日、共和国はリリウオカラニ女王を廃位した（ハワイ王国が滅亡）。明治三〇年（一八九八年）八月一二日、米西戦争で、フィリピンとグアムを獲得し、ハワイの地政学的重要性を認識したアメリカ合衆国は、ハワイ共和国を併合、米自治領ハワイ準州となる。（以上ⓦ参照）

李氏朝鮮は大韓帝国に改名　明治三〇年（一八九八年）一〇月に、李氏朝鮮は**大韓帝国**

と国名を改めた。当初親日派が台頭したが、「日本が下関条約で獲得した満州の権益を清国に返還せよ」というドイツ、フランス、ロシア三国の干渉に屈したのを見ると、今度は親ロシア派が優勢になり、初代皇帝（高宗）はロシア領事館に匿われて政治を行う様になった。そして、高宗は、ロシアの言うままに、鉱山採掘権や森林伐採権を売り渡し、朝鮮を殆ど半植民地の状態にした。（以上⑬参照）

義和団の乱鎮圧　列強が清国を蚕食する中、清国に（欧米列強を排斥しようとする）秘密結社「義和団」が誕生した。これは古来の武道と白蓮教の一派とが合体したもので、貧民を吸収して、急速に拡大した。清国はこれを密かに支援した。明治三三年（一九〇〇年）に、義和団は北京に侵入し、各国の公使館を包囲した。清国はこれを好機と捉えて、欧米列強と日本に宣戦布告した。

欧米列強と日本は、在留自国民の保護の名目で、清国に軍隊を送り込み、清国軍と義和団とを簡単に打ち破り、在留自国民を救出し、清国に総額四億五〇〇〇万テールの賠償金を課し、軍の北京駐留を認めさせた。それで、清国は列強諸国の半植民地になった。

義和団に包囲された北京の列強の公使館群の中で、全体の実質的な指揮を執り、最小限の犠牲で、これを守り抜いたのは駐在武官の柴五郎（旧會津藩出身：江戸時代末期生まれ：当時三六歳）である。この功績が認められ、彼は列強政府から称賛され、勲章を授与された。（以上ⓦ参照）

フィリピンとグアムはアメリカの植民地になった　この頃、一八九八年（明治三〇年）四月、アメリカのマッキンレー政権（共和党）はキューバを獲得するために、その宗主国のスペインと戦争をして勝利し、キューバを保護領とすると共に、フィリピンに海軍艦隊を送って、同年五月初め、マニラ湾のスペイン艦隊を全滅させ、陸軍が未だ着いていないので、当時のフィリピン独立運動のリーダーのアギナルドを騙して、スペイン陸軍と戦わせ、スペイン陸軍が降伏して来たところで、両者の間に割って入って（裏で交渉をしていた）、降伏文書を受け取った。そして、フィリピンはアメリカの植民地にされた。フィリピンを獲得するに費やした期間は約三ヶ月である。この間に、アメリカ海軍はグアム島をも急襲して、即日島を占領した。同島には数十人のスペイン兵士しかいなかったので、即日彼らはアメリカ軍に降伏した。

勿論、この後、フィリピン人は一八九九年二月～一九〇二年まで激しく抵抗したが、アメリカ陸軍はフィリピン民衆を老若・男女問わず（一〇歳以上の者の）大虐殺を行い、アギナルドを拘束して終結した。犠牲者数は記録が無いので不明である。日本との衝突は目前であったが、日本は大陸の事に忙殺されて、見過ごしてしまった。これらの大虐殺の光景は、写真、イラスト、文章などで誇らしく表現され、遺されている、と言われる。（以上㉖ⓦ参照）

これで、ハワイ、グアム、フィリピンがアメリカに占領されて、アメリカからアジアに至る一直線の航路と中継地点が完成し、日本との衝突は目前になったが、それを日本は見過ごしてしまったのである。その頃の日本政府のトップは生真面目に「いくら交渉しても解決しない国とは戦争も仕方が無い」と考えていたので、交渉も無しに突然襲いかかってくる「軍隊」があるとは、信じられなかったのであろう。

高野五十六　は明治三四年（一九〇一年）一一月に、江田島の海軍兵学校三二期に一九二人中二番で入校した。この時から彼は高野家の大黒柱になった。同級生に堀悌吉、島田繁太郎、吉田善吾などがいる。彼は在学中に堀悌吉と親友になった。

入学時に二番の好成績だった山本だが、翌年の成績は一六番に落ちてしまう。兵学校での成績は、やがて海軍将校となり、昇進を重ねていく上で重要な意味を持ってくる。兵学校でトップクラスの成績でなければ、後々の栄進は期待出来ない。生徒達は常日頃から激しい競争にさらされていた。

五十六は明治三七年（一九〇四年）一一月に、海軍兵学校を一九二人中一一番で卒業する。この際に教官から「もっと喋れ」と注意された。かなり無口だったようで、自分でも認識していたので、反省している。話し言葉に長岡なまりがあって、それを気にしていたのかもしれない。卒業後、海軍少尉候補生として練習艦「韓崎丸」に乗船する。（以上⑥ⓦ参照）

後年、山本を支えた井上成美（海兵三七期）は、兵学校の卒業成績順位と最終昇進階級との相関関係を統計分析し、〇・五〇六という数字を算出している。つまり、昇進の約半分の要素が、兵学校の卒業成績に影響されるという訳だ。あとの半分は卒業後の約二五年間の勤務実績や戦功によるものということになる。（以上⑥⑦ⓦ参照）

堀　悌吉　は同年、江田島の海軍兵学校三二期に一九〇人中三番で入校した。そして、五十六と堀悌吉は出自など全く違うのに直ぐに親友になり、それは五十六が死ぬまで続いた。堀悌吉は大分県出身で、杵築郊外の生桑集落の裕福な矢野家の次男に生まれ、育ち、一〇歳の時に元杵築藩士の堀家の養子となった。堀の義両親はともに開明的で、進取の精神の持ち主だった。堀悌吉は高等小学校の頃は、丁度日清戦争の最中であったので、日本軍の様々な武勇伝が堀の村にも伝わり、軍人になりたいと思う様になったと思われる。しかし、彼の義父は彼を医者にしたい、と望んでいた様である。（以上⑥⑦ⓦ参照）

明治三七年（一九〇四年）一一月一四日、三年間の海軍兵学校生活が終わり、卒業式を迎えた。卒業生の首席は堀悌吉、塩沢は二位、山本は一一位、嶋田は二七位である。（以上ⓦ参照）

ロシアは満州に居座った　さらに、義和団の乱の後、各国が満州から軍隊を撤退させたにも拘わらず、ロシアだけは引き上げず、さらに部隊を増強して、事実上満州を占領した。

もはや、南下の野心を隠そうともしなかった。実は、ロシアは長年にわたって不凍港を求めていたのである。そのため、日本とロシアの間で軍事的な緊張が急速に高まっていった。しかし、国力の差があり過ぎるので、世界の列強は「日本が破れるだろう」と見ていた。なぜなら、国家歳入はロシアが約二〇億円で日本が二億五〇〇〇万円、常備兵力はロシアが約三〇〇万人に対し日本が約二〇万人で、陸海軍ともにロシアは世界一と言われていた。（以上⑬参照）

この様なロシアの脅威を睨んで、日本国内では陸・海軍の人員が急速に増強され、旧奥羽越列藩同盟諸藩出身の軍人も着実に増えていった。（以上ⓦ参照）

日英同盟が成立　明治三五年（一九〇二年）一月、日本はイギリスと軍事同盟を結んだ。長年、欧州や西アジアでロシアの南下を阻止してきたのはイギリスである。ロシアの満州支配や南下政策に危機感を抱いていた、イギリスは日本と利害が一致したのである。

日英同盟の成立に、一旦ロシアは満州から軍隊を撤退させる動きを約束したが、翌年ロシアはこの撤退の約束を反古にした。

これにより、日本国内では「ロシア討つべし」という声が高まり、多くの新聞社が戦争ムードを煽り、「政府は無為無策である」と激しく非難し、世論も「戦争すべし」に大きく傾いた。これは清国が余りにも弱過ぎたから、ロシアもそうに違いないと簡単に考えたのであろうが、政府は勝てるという確信が持てず、慎重であった。

明治三六年（一九〇三年）、ロシアは旅順に極東総督府を設置し、日本を挑発した。ここに至って、日本政府はロシアとの戦争は避けられないと覚悟した。（以上⑬参照）

日露戦争　明治三七年（一九〇四年）二月〜同三八年（一九〇五年）八月。

貧しい日本陸軍は近代的な兵器を大量に備えたロシアの大軍を相手に、死をも怖れない突撃をくりかえして、ロシア兵に恐怖を与えて、持ち場を逃げ出させる方法（戦術？）を採るしか無かったために、約八万人もの死者を出して、やや優勢に持ち込めたが、戦場が満州や朝鮮であったために、ロシアの継戦意欲は衰えず、勝負は海戦に持ち越した。

特に、旅順港を囲む砦は世界最大・最強の最新式砦であったが、乃木希典中将と伊地知参謀は世界で初めて、これを破壊する方法を考え出し、多大な犠牲者を出しながら、これを成功させた。後年、司馬遼太郎は世論に倣い、よく調べもせずに、乃木と伊地知を「無能」と罵ったが、彼らは欧米列強が「不可能」とした事を「可能」に変えた異能の人であった。

高野五十六と堀が海軍兵学校を卒業した明治三七年（一九〇四年）は、日露戦争開戦の年でもあった。開戦直後の二月には、連合艦隊司令長官・東郷平八郎の指揮の下、旅順港夜襲が水雷艇の駆逐艦により決行され、三次にわたる旅順港閉塞作戦が実行されていく。

五十六や堀は、卒業後直ちに海軍少尉候補生となり、「韓崎丸」での一ヶ月半の内地練習航海の後、翌明治三八年（一九〇五年）一月七日、山本は「日進」、堀は「三笠」に配乗となった。

五十六は装甲巡洋艦「日進」艦長の竹内平太郎大佐付となり、伝令の任務に就いた。「日進」は連合艦隊第一艦隊第一戦隊に編入されていた。そして、五月二七日に、世界屈指のバルチック艦隊を対馬沖で迎えることになった。日本海海戦である。

一方、堀悌吉は二月二六日にバルチック艦隊捜索の任を受けた「亜米利加丸」に乗り込んで、ベトナム、シンガポール周辺での外地航海での実地練習を積んだ。バルチック艦隊を探し当てた後は、これに先んじて「三笠」に戻り、堀は無事に日本海海戦をおえた。（以上⑤⑥⑦参照）

明石元二郎大佐の破壊活動工作　この戦争の陰で、明石大佐はロシアないし北欧に派遣され、ロシアと敵対する勢力に密かに活動資金や武器を与えて、破壊活動を援助する工作を行った。こうした工作には総計一〇〇万円（現在の価値では四〇〇億円以上）が費やされたが、この工作の効果は欧州列強を驚愕させた。（以上⑬ⓦ参照）

日本海海戦　午後二時過ぎには戦端が開かれ、主要な勝負は初めの三、四〇分でほぼ決した。連合艦隊の集中砲火を受けたバルチック艦隊は大きく陣形を崩し、敗走を始めた。翌二八日、バルチック艦隊は降伏し、重傷を負った、司令長官のロジェストウェンスキー中将も捕虜になった。ロシア戦闘艦艇三六隻の内二一隻が沈没、五隻が降伏、七隻が外地抑留となり、ウラジオストクにたどり着いたのは、損傷した小型艦など三隻のみであった。対する連合艦隊の喪失艦艇は、僅かに水雷艇が三隻のみで、日本海軍の圧勝であった。

さらに、日本の海軍艦隊は、東郷平八郎の下、T字戦法や、魚雷艇や駆逐艦を多用して魚雷により大型艦を撃沈する小技を考え出し、世界最強といわれるバルチック艦隊との対馬海峡での戦闘で、快勝して、全日本国民を驚喜させた。

ポーツマス条約　しかし、ロシア国内での戦闘でないため、ロシア皇帝に敗北を認めさせる事は極めて難しく、賠償金を取れない、不満足な講和（ポーツマス条約）になったために、新聞に煽られて、国内では政府に対する不満が爆発し、**日比谷焼き討ち事件**まで起きた。

しかし、勝利した日本は、当時の国家予算の数年分に相当する、一七億円余りに達した膨大な戦費の内、七億円を英米両国での戦時国債（外債）で調達していた。つまり、外国からのすさまじい借金によって戦争を続けていたのであり、国内産業も疲弊し、生産力も低下していたため、事実上、戦闘継続は不可能な状態だった。

なお、日露戦争での日本の勝利は列強諸国の植民地になって、苦しんでいた世界中の多くの人々と（何度もロシアと戦っていた）トルコの人々を狂喜させ、彼らに希望を抱かせた。

しかし、列強諸国の人々は父母や恋人を失った様に、悲しみ、自分達の未来が明るくない事を深く憂いた。それは、同盟国のイギリスでも同じであった。（以上⑬参照）

艦隊決戦思想　また、日本海海戦の大勝利は、この記念碑的大勝利に酔い、「艦隊同士の決戦によって勝敗を決する」という「艦隊決戦思想」の肥大化へと結びつき、科学技術の進歩を無視した、「**大艦巨砲主義**」を産む事になっていく。そして、海戦は「主力艦」である戦艦部隊の砲撃戦により勝敗が決まるとされ、巡洋艦や駆逐艦は「補助艦」と軽視された。（以上⑦ⓦ参照）

高野五十六　戦傷で長期入院　日本海海戦の最中、「日進」に乗り込んでいた高野五十六は、二七日の夕刻、左手の人指し指と中指を欠損し、左大腿部に重傷を負った。原因は公式記録では「敵砲弾の炸裂」となっているが、現場を熟知している者からは「日進」の前部砲塔における砲塔内腫発（脆くなった砲塔が熱くなり過ぎて破裂）である可能性が指摘されている。

海戦が終結した後、その三日後に高野五十六は佐世保海軍病院に入院し、一六〇日の療養をした。外科の治療としては、異例の長期間の治療で、化膿して腫れた左腕切断の可能性もあったが、奇跡的に回復した。この時は、姪の高野京が佐世保に来て、看病してくれた。回復した後、五十六は天に深く感謝し、「天はわれに新しい生命を授け、軍人としてもう一度国のために尽力するようにと命じられた」という自覚を得た様である。また、五十六は退院してからも、人知れずリハビリに努め、他人に指が二本無い事を気づかせない程にまで身体を鍛えた、という。(以上⑤⑥参照)

陸・海軍大学校の教育への影響　日露戦争の勝利のため、明治一五～二一年(一八八二～一八八八年)に設立された陸軍大学校と海軍大学校の教育内容にも支障が出る事になった。当初、この大学校は日清戦争や日露戦争の現場に必要な将校の育成を目的としたため、戦争を国家運営の一方法とする様な高次の教育はなされず、それは維新を成し遂げた旧薩長閥の元老達が担当していたが、元老達もやがて働けなくなるので、列強諸国では当たり前の、より高度な教育も必要であった。しかし、日露戦争の勝利により、列強諸国が日本を警戒し始め、それ以上の教育をしないまま、指導教官達を引き上げてしまう。その上、学生達の多くは日露戦争を牽引した(憎き)薩長閥の政治家達や老官僚達に教えを乞う事を毛嫌いしたため、彼らが列強諸国に留学しても、誰もそんな高度な事を教えてくれなくなった。そのために、東條英機らの昭和の高級軍人達は、「国を率いて行くには何が必要か?」を知らないままに大東亜戦争に突入し、最後まで「戦争をどこで止めるか?」を考えなかったのである。(以上ⓦ参照)

高野五十六　海軍大尉　はその後、防護巡洋艦「須磨」に五ヶ月、戦艦「鹿島」に五ヶ月、海防艦「見島」に四ヶ月、駆逐艦「陽炎」に四ヶ月と、艦隊勤務を経験した。明治四〇年（一九〇七年）には海軍砲術学校普通科学生を命じられ、在校中に海軍中尉に昇進して、首席で卒業、恩賜の銀時計を授与されている。さらに、同日付で海軍水雷学校普通科学生となり、四ヶ月間の教育を受ける。

卒業後、駆逐艦「春雨」、装甲巡洋艦「阿蘇」乗り組みをへて、三等巡洋艦（練習艦）「宗谷」に配属になる。「宗谷」では三七期少尉候補生訓練を行い、南雲忠一や、井上成美、草鹿任一、小澤治三郎、鮫島具重らを指導する。

最初の北米巡航遠洋航海ではハワイ・ホノルルを経由して、アメリカ西海岸各地を、次にマニラを経由して、オーストラリアを巡ってから、シンガポール、香港とたどり帰国した。この時「宗谷」の艦長を務めていたのは、（後に終戦時の首相となる）鈴木貫太郎大佐である。乗艦中に海軍大尉に昇進した若き高野五十六は、遠洋航海の生活の中で、鈴木艦長から船乗りとして、海軍軍人として、そして組織の長たる上官のあり方を学んだものと思われる。海軍では、大尉になって初めて、一人前の上官として扱い、部下を管理する分隊長などの指揮官職を与える事を通例としていた。鈴木は後年高野五十六を偲び次の様に回想している。（以上⑦参照）

「寡黙、剛毅、不撓で、最も真面目に勤務に当たり、不言実行をもって候補生を指導した。

指導官の会議に於いても、容易に発言しないが、一旦口を開けば、論旨明快で、主張も強固であり、その意見は概ね採用された。これが彼の熟慮断行の性格を表している」

進歩主義と社会主義の流行　日本の若者達が必死で欧米の科学技術や文化を学んで、一刻も早く我が国を強くしようと頑張っている、明治・大正の時代に、皮肉な事に、欧米で一番持て囃されていた政治思想が「進歩主義」と「社会主義」であった。そのため、この二つの思想は、明治一三年（一八八〇年）代から、「欧米を代表する思想」として、洪水の様に日本に流れ込み、若者達の間に広まった。

「進歩主義」は、ジャン・ジャック・ルソーから始まる「歴史・伝統・文化を敵視し、それらを解体しなければ、進歩がない」という考え方である。そして、「社会主義」は、「労働者を救うために、資本主義を打倒しなければならない」というものである。その背景には、近代産業国家の発展に伴って生じた、労働者の劣悪な状況があった。日本の若者達はこれらを学ぶ事が日本の独立を守る事だと信じてしまった。これは、軍人の道に入った者も同じであった。

事実、フランスはルソーの進歩主義に基づいてフランス革命を断行し、国民国家を作る事で強国になった。また、アメリカは、そのフランスの流れを汲んで、独立革命を行い、大国として台頭した。「フランスやアメリカの様な強国になるためには、我々も進歩主義を取り入れて、過去を否定するべきだ」と多くのエリート達が信じたのである。

そして、「家業」を捨て、都会に出て、工場で働いたり、自分で事業を興したりする様になった若者達は、社会問題に突き当たった。日本が近代産業国家になるとともに、格差や貧困や労働問題が生じ、それに対する対応が十分に出来なかったのである。低賃金や長時間労働（一二時間以上）、徹夜労働、子供や女性の酷使、公害問題や争議など様々な労働問題が続出し、明治政府は、明治一五年（一八八二年）から、労働者保護のための立法のための調査を開始したが、実際に工場法が施行されたのは、三四年後の大正五年（一九一六年）であった。

大正時代以降、この様な貧困問題などへの解決策を提示しようとしたのは、主として社会主義者とキリスト教徒だった。社会主義者は労働組合を作って資本家と交渉し、労働環境を改善しようとしたので、成功すれば効果が大きかった。キリスト教徒は慈善事業を地道に行った。そして、残念ながら保守派は、貧困問題に対して消極的だった。福沢諭吉の提言を受けて、皇室も貧困問題に貢献する様になったが、効果は限定的だった。こうして、「社会主義者だけが貧困問題を解決出来る」という通念が出来上がっていき、この通念に押されて、社会主義者の運動も次第に過激になっていき、警察も警戒する様になった。

（以上③ⓦ参照）

日本社会党の設立・解散　日本社会党は、明治三九年（一九〇六年）一月に、第一次西園寺内閣の融和政策の下で、社会主義政党の設立の気運が高まり、結成されたが、幸徳秋水が帰国して、ゼネラル・ストライキによる直接行動論を提唱するに至り、「これを取り締まれ」という元老らの声に押されて、明治四〇年（一九〇七年）二月、第二次西園寺内閣は「安寧秩序妨害」を理由とした結社禁止命令により、日本社会党は解散させられた。社会党は一年半ももたなかった。最初から、過激過ぎたのである。（以上⑬ⓦ参照）

高野五十六　海軍大学校　明治四二年（一九〇九年）にアメリカに駐在する（詳細は不明）。

明治四三年（一九一〇年）一二月、海軍大学校に入学する。

明治四四年（一九一一年）に海軍大学校乙種学生を卒業すると、海軍砲術学校（兵器学講座担当）と海軍経理学校の教官になり、同僚の米内光政と盟友になる。

大柄で重厚な米内光政とは容姿・性格双方で対照的だったが、親友となった。海軍砲術学校教官時代、同室の二人が退屈しのぎに短剣投げ競争を始めた頃から関係が深まった。東條英機をよく思っておらずニュースで名前を聞くと、よく皮肉の対象にしていた。米内は東條と同じ旧南部藩の出身である。

大正二年（一九一三年）、巡洋艦「新高」に配属され、砲術長を務めた。

大正三年（一九一四年）一二月、海軍大学校（甲種一四期）に入学する。同期生に阿武清、有馬寛、出光万兵衛、秋山虎六などがいる。海軍大学甲種学生課程は同級生の一六パーセント程度しか入学出来ない難関である。（以上⑦ⓦ参照）

大正二年（一九一三年）、高野貞吉（実父）と峯（実母）逝去。

高野五十六　山本家を継ぐ　五十六は海軍大学校在学中の大正四年（一九一五年：三一歳）一二月に、旧長岡藩家老の家柄の山本家（当主：本名：義路）を継ぐ者がいなかったので、これを惜しんだ（旧越後長岡藩主の家柄の）貴族院議員・牧野忠篤の口添えで、山本義路の養子となり、山本に改姓した。高野家は山本家程ではないが、名家の家柄で、両家とも戊辰戦争で激しく官軍と戦って、敗れ、貧しい境遇に没落したのである。なお、五十六が山本家から引き継いだのは、系図と麻裃一揃いと墓所のみであった。

小藩といっても北国の要であった長岡藩には、名君が多く、徳川幕府の台閣に列する立場にあり、内政においても、当時の日本で最も進歩的な方針を採っていた。それだけに国内の戦いを欲せず、最後まで和平に努力していたが、時代の流れに抗しがたく、望まざる戦いの場に立たされる事になった。その戦いは、戊辰の戦いの中で最も凄惨を極めたものであり、戦いの後には藩全体の悲しい境遇が待ち受けていたのである。

そうした長岡藩の中にあって、山本家はその象徴的なものであった。政府より断罪の布告が発せられ、断罪を取り除かれ、家名再興が許されたのは明治が大分経ってからである。

降伏を受け入れず最後まで戦い、斬られた帯刀（本名：義路）、その遺体を葬り、さらに進んで斬罪に服した、若き帯刀の従者豹吉。遺された人々は、涙をこらえてこの墓を守った。人々は、この家を継ぐ青年を求めた。そして、当時、海軍大学を出た青年少佐・高野五十六が、そうした山本家再興の期待を担って、山本の名を継いだのである。これは、高野家の隣家の小学校教師だった渡辺与の話である。高野貞吉よりも少し若い、元士族である。こうした話を聞いた五十六の心の中に、明治体制に対して憎しみの感情が湧かなかったであろうか。（以上⑤ⓦ参照）

山本五十六の人物像　山本の外見は「実物は五尺二寸ばかりの小男（身長：一メートル五九センチメートル、体重：六五キログラム）で、いかめしくもなければ、颯爽たる男ぶりというのでもない。船乗りに似合わず低い声で、髭の無い、やや長めの顔の、眼が細く、口が大きくて、意思的に締まっている」（高木惣吉海軍少将談）。また、山本は「背の低い、横幅の広い、はち切れそうな身体である。全身鋼鉄のような感じを受ける」（辻政信陸軍大佐談）とも言われる。（以上⑤ⓦ参照）

山本の性格は、「お茶目」（米内光政海軍大将談）であり、また、「とっつきにくい人だったが、はかり知れぬ深さのある人で二、三ヶ月もすればたいていの人は尊敬し、なついた」「任務に忠実、自らに厳しく他人には寛大、エチケット、表現しづらい多くの要素が一体となって山本の人格を形成し、太平洋戦争当時の日本海軍の中では最高の指揮官だった」（以上霞ヶ浦航空副長付及び連合艦隊作戦参謀の三和義勇筆）。また、「山本に半年仕えれば、一体感を持つようになる。仮に山本が危険に晒されたら反射的に命を捨てて守るだろう」（森田貫一中将筆）という感想もあれば、「山本は酒を飲まず、ゲームごとが好きでトランプに優れ、内外問わず老若男女を差別せずに接して、人々を温かく受け入れ、手紙や書、和歌を多く書いた」（奥宮正武中佐筆）という感想もある。「山本は公私のけじめを明確にしていた」（千早正隆中佐談）という評価もある。人間的には誰にでも好感を持たれる人物であった様である。

山本五十六　海軍大学校を卒業　山本は当時海軍大学校に程近い築地の寺で、二期後輩の古賀峯一と一緒に下宿していた。古賀は二度フランスに赴任したことがあり、パリでは堀と親交もあり、この三人はとても親しくなっていく。

大正三年（一九一四年）一二月に海軍少佐に昇進した堀は、欧州での戦争の激化を背景に、大正五年（一九一六年）三月に帰国を命じられ、五月三〇日に東京に戻った。同年七月には第一艦隊の戦艦「扶桑」の分隊長になり、一二月には海軍大学甲種学生になる。（以上⑦ⓦ参照）

山本五十六は大正五年（一九一六年）一二月、海軍大学校を卒業し、第二艦隊参謀に任じられたが、着任した直後、大正六年（一九一七年）に腸チフスに罹患した。さらに、腸チフスの療養中に発症した虫垂炎が悪化して生命の危険に陥り、数時間に及ぶ大手術により、一命を取り留めた。その後、故郷長岡で同年六月頃まで療養した。姪で看護婦の高野京が看病をした。

回復後の七月、海軍省軍務局員を務め、その後、海軍教育本部第一部勤務となった。

その後堀悌吉と山本五十六は再び同居を始める。

大正七年（一九一八年）五月、堀悌吉は山口千代子と再婚をした。千代子は、海軍主計大佐・山口与三郎の長女で、四竈孝輔大佐夫妻の媒酌であった。（以上⑦ⓦ参照）

山本五十六の結婚　この頃、東京帝大附属病院の医師水野礼司から紹介された三橋礼子（旧会津藩士三橋康守の娘で礼司のいとこ）に山本五十六は一目惚れし、見合いの翌日、長岡に回って、山本帯刀らが眠る寺に参拝している。遠く越後長岡より八十里を越え、戦い、この会津の地で悲運の最期を遂げた、人々の霊にぬかずくのが、その目的であったのである。

なお、二人の出会いを取り持ったのは、親友の堀悌吉だという説もある。礼子の母は、時の海軍大将で、同年九月、連合艦隊司令長官に親補された山下源太郎の従姉である。山本は、たまたま大尉の時に、少将山下源太郎の知遇を得て、山下家に親しく出入りしていた。それで、堀悌吉が礼子を山本に紹介した、というのである。

大正七年（一九一八年）八月末日山本五十六と三橋礼子は結婚した。山本夫妻と堀夫妻の新居は、ともに東京・麻布の高樹町であった。会津から出てきたばかりの妻のために、当座は何かと心細かろうと、仲人の四竈氏と堀の家の近くに、堀と山本が見つけた借家を

新居とした。（以上⑤⑦ⓦ参照）

堀悌吉の二論文　堀は海軍大学校時代に二本の論文を書いた。

一本目は「対米作戦に於けるフィリピンの戦略的価値」と題するもので、「当時仮想敵国とするアメリカとの戦争が、総合的な国力の点でも戦力の点でも不可能であり、日本が圧倒的に不利である」こと、また、「フィリピンだけに戦略的に拘るのは、広大な太平洋の何処を突いてくるのか分からない米艦隊を考えると、余り意味が無い」、と説くものである。

二本目は「戦争善悪論」と題するもので、「国家はその正当なる目的のために戦争を起こし、または、これに応ずることがある。然し、その目的を達するに、戦争によらずして、他に平和的手段があれば、それを採用すべきである。あらゆる場合に於いて、国家が行う戦争を是認して善とすべきではない」「戦争という行為は、常に乱、凶、悪である。人が好むところではなく、誰もが忌むところである」と説くものである。

二本目の論文には、「共産主義的な危険思想」だ、と嫌悪する教官もいた、といわれる。これが艦隊派に嫌われ、予備役に編入される事になる一因になったと言われる。（以上⑦ⓦ参照）

アメリカの日本への敵意　中国分割競争に出遅れたアメリカは、日本がロシアに勝利して以降、満州への進出を狙っていた。ポーツマス講和会議の二ヶ月後、セオドア・ルーズベルト大統領の意向を受けて、アメリカの鉄道王エドワード・ハリマンが来日し、南満州鉄道を日米で共同経営しようと提案してきたが、小村壽太郎外相が反対して、この計画は流れた。さらに、明治四二年（一九〇九年）に、アメリカの国務長官フィランダー・ノックスが「満州の全鉄道を中立化して、国際シンジケートで運営しよう」と提案するが、「分け前をよこせ」という事と解釈して、日本とロシアは結束して反対し、また、イギリスもフランスも同意しなかったので、この提案は流れた。（以上ⓦ参照）

大正中期までは、日本人とアメリカ人の互いに対する感情は良好で、明治三九年（一九〇六年）のサンフランシスコ地震の際も、大正一二年（一九二三年）の関東大震災の際もお互いに最大規模の義援金を贈り合い、アメリカのジャズや野球など文化やスポーツも日本に多く受け入れられて、親しく交流していたのである。

しかし、明治三一年（一八九八年）にアメリカがハワイを乗っ取って、さらに米西戦争で勝利し、スペインからグアムとフィリピンを取り、大正後期から昭和初期に入ると、日本とアメリカの衝突は避けられない運命となる。アメリカは支那が美味しい市場を大人しく提供してくれると、勝手に信じていたのである。勿論、支那はそんな積もりは無かった。（以上⑮参照）

朝鮮併合　日露戦争後、当初日本は大韓帝国を保護国（外交処理を代行する国）とし、漢城に統監府を置き、初代統監に伊藤博文が就いた。日本は大韓帝国を併合しないで、近代化によって、独り立ちさせようとしていた。酷く貧しい大韓帝国を併合すれば、日本国内と同等にするために、大韓帝国に莫大な投資をする必要があったからである。

しかし、明治四二年（一九〇九年）一〇月に、伊藤博文統監がハルビンで朝鮮人テロリストによって暗殺され、状況が一変した。国内で併合論が高まると同時に、大韓帝国政府からも併合の提案がなされ、大韓帝国最大の政治結社から、「日韓合邦」を勧める声明文が出された。それでも慎重な日本政府が、列強諸国に「大韓帝国の併合」を打診すると、これに反対した国は一国も無かった。それどころか、イギリスやアメリカの新聞は「アジアの安定のために併合を支持する」という記事を掲載したので、日本はようやく併合を決断した。「三国干渉」の再現を恐れたのである。だが、欧米列強は朝鮮半島には全く興味が無かった。

明治四三年（一九一〇年）八月、漢城にて、大日本帝国と大韓帝国は日韓併合条約を締結した。（以上⑬ⓦ参照）

併合した後、日本は朝鮮半島に凄まじい資金を投入して、近代化に大きく貢献した。例えば、併合前まで百校ほどしか無かった小学校を四二七〇校に増やし、全国児童に義務教育を施し、一〇パーセント程の国民の識字率を六〇パーセントにまで引き上げ、同時にハングルを普及させている。事大主義のせいで、ハングルはそれまで全く使われていなかったのである。これこそ宝の持ち腐れであった。

また、全土がほぼはげ山だったところに約六億本もの木を植え、鴨緑江には当時世界最大の水力発電所を造り、国内の至る所に鉄道網を敷き、工場を建てた。さらに、新たな農地を開拓し、灌漑を行い、耕地面積を倍にして、米の収穫量を増やし、三〇年弱で人口を約二倍に増やした。同時に二四歳だった平均寿命を四二歳まで延ばした。

また、厳しい身分制度や奴隷制度、おぞましい刑罰などを廃止した。

この様に、日本政府の政策の実態は、欧米の収奪型の植民地政策とはまるで違うものだった。これは欧米人にはとうてい信じられない事であった。（以上⑬参照）

しかし、身分制度の廃止は両班階級の生活手段である特権を奪う事になり、この屈辱は日本民族に対する激しい恨みとなって、この後百年以上も日本を苦しめる事になったのであろう。しかし、世界的な常識に逆らって、その恨みを素直に表現する事が出来ないために、何を怨んでいるのか、日本人には全く理解出来なかった、と思われる。（以上⑬ⓦ参照）

不平等条約の解消　明治四四年（一九一一年）、日本は幕末にアメリカ、イギリス、フランス、オランダなどと締結した修好通商条約に残されていた、最後の不平等条項である

「関税自主権が無い」という条文を完全に消し去る事に成功した。条約締結から五三年を費やした。日露戦争に勝った日本を、列強諸国は日本を対等の国家と認めたのである。（以上⑬参照）

日本はアジア最高の文明国　明治の日本は、間違いなくアジアで最も高度な文明を持つ国であった。そのため、大陸から孫文や周恩来など多くの留学生が日本に来て、文化を吸収して帰った。彼らによって、「和製漢語」はまたたく間に中国や朝鮮に広められた。現代の中国語も朝鮮語も、「これらの〝和製漢語〟が無ければ、社会的な文章が成り立たない」と言われる。また、日本は欧米の書物を数多く翻訳した事により、日本語で世界中の様々な本が読める、特異な国になった。当時、日本語こそ、東アジアで最高の国際言語であった。（以上⑬参照）

中華民国誕生　明治四四年（一九一一年）、清帝国の各地で、「清朝打倒」を掲げる、いわゆる漢人による武装蜂起が相次いで、明治四五年（一九一二年）一月、南京に、臨時政府「中華民国」が誕生し、孫文が臨時大統領になった。翌月、清朝最後の皇帝宣統帝（溥儀）は退位させられ、ここに清帝国は二九六年の歴史の幕を閉じた。なお、中華民国はほどなく軍閥の袁世凱が実権を握り、孫文を追い出して、大統領になった。しかし、その中華民国は未だ一〇近くもある軍閥の一つでしかなかった。それで、ここではこの国を古来

の「支那」と呼ぶ事にする。「支那」は欧米列強の使う「チャイナ」の漢字版であり、蔑称ではない。（以上⑬参照）

大正天皇即位　大正時代：大正一～一五年（一九一二～二六年）
明治四五年七月（一九一二年）、明治天皇が崩御し、大正天皇が即位した。

ロシアは再度欧州に目を向けた　日本に負けてアジアでの南下政策を諦めたロシアは、再度欧州への進出の機会を窺っていたし、植民地獲得競争に出遅れたドイツはオーストリア・ハンガリー帝国、イタリアと三国同盟を結んで、海軍を増強していた。ドイツの動きを脅威と見たイギリスはフランスとロシアと結び、三国協商を結んだ。二つの陣営は、他の欧州諸国を同盟関係に巻き込みながら、新たな侵略の矛先をバルカン半島へと向けていった。（以上⑬ⓦ参照）

欧州の火薬庫　バルカン半島　この地域は長い間、オスマン帝国の支配下にあった。一三世紀に興ったオスマン帝国は、一六世紀以降、中東、北アフリカから東欧に至る広大な領域を支配してきたが、一九世紀を迎える頃から弱体化し始めていた。これに合わせるかの様に、バルカン半島では小国のナショナリズムが高揚してきた。バルカン半島の諸国・諸民族が独立を目指す動きを見せる中、その民族感情を利用する形で列強が入り込み、ま

さに一触即発の状態へと緊張が高まっていき、この半島は「欧州の火薬庫」と呼ばれた。(以上⑬ⓦ参照)

第一次世界大戦：大正三年（一九一四年）七月～同七年（一九一八年）一一月。

大正三年（一九一四年）六月、ボスニアのサラエボを訪問中のオーストリア・ハンガリー帝国の帝位継承者夫妻がセルビア人のテロリストによって暗殺され、これに応じ、翌七月二八日、オーストリア・ハンガリー帝国はセルビアに宣戦布告し、翌々日、ロシアがセルビアを支援するために総動員令を出すと、八月一日、オーストリア・ハンガリー帝国の同盟国ドイツがロシアとフランスに宣戦布告し、これを受け、フランスとロシアの同盟国イギリスがドイツに宣戦布告した。七月二八日からたった一週間の出来事だった。その後も続々と参戦する国が現れ、僅か数週間の内に、欧州二八ヶ国が連合国側と同盟国側に分かれて戦う事になり、人類が見た事も無い大戦争へと拡大した。欧州諸国で中立を保ったのはスイス、スウェーデン、デンマーク、ノルウェーなど、一部に過ぎなかった。

日本もイギリスと同盟を結んでいる関係で、八月にドイツに宣戦布告し、ドイツの租借地であった山東半島と北マリアナ諸島、パラオ、マーシャル諸島などを攻めて占領し、また、ドイツが地中海などでUボート（潜水艦）などを使い通商路の破壊作戦を始めると、イギリスなど連合国の求めに応じて、戦艦や駆逐艦などを地中海や大西洋、インド洋、太平洋東縁などに派遣して、連合国側の商船や艦船を守った。

この大戦は欧州を舞台に四年以上も続いた。戦車、機関銃、飛行機、潜水艦、毒ガスなどの新兵器が多数使われ、最終的に、両陣営合わせて戦死者約一〇〇〇万人（ドイツ約一七七万人、ロシア約一七〇万人、フランス約一三六万人、オーストリア・ハンガリー帝国約一一〇万人、イギリス約九〇万人、イタリア約六五万人など）、戦傷者約二〇〇〇万人、行方不明者約八〇〇万人という、人類史上最多の犠牲者を出す、悲惨極まりない戦争となった。

戦闘機や爆撃機などが何万機も生産　特に、一九〇三年にアメリカの自転車屋のライト兄弟により実用化された、エンジン駆動の飛行機はこの大戦の間に目覚ましい発展を遂げて、欧州列強では戦闘機や爆撃機などが何万機も生産された。日本でも、陸軍、海軍のそれぞれが、ドイツの租借地の青島を攻撃する際に、飛行機を使ったが、陸・海軍の当時の飛行機の保有数は一六機と一二機であった。

しかし、日本は戦争の主戦場から遠く離れていたため、被害は極めて小さかったのと、欧州の工業地帯が全て戦争に巻き込まれたために、戦争に必要なあらゆる物資の注文が殺到して、アメリカと共に非常な好景気に沸き続けた。（以上⑬ⓦ参照）

二、共産主義国家ソ連の誕生

ロシア　二月革命　大正六年（一九一七年）三月八日、第一次世界大戦中のこの日、ロシアの首都ペトログラードで、食糧配給の改善を求める数万人規模のデモが行われた。初めの内は穏健なデモであったが、デモの規模は次第に拡大して、規制が不能になり、遂に警官隊がデモ隊に発砲して、市民に多数の死傷者が出た。これに激怒して、一部の軍隊が反乱を起こし、これが他の軍隊にも伝染して、騒乱状態になったので、社会革命党のアレクサンドル・ケレンスキーらがソビエト（臨時政府）を発足させ（二月革命）、権力を掌握しようとしたが、彼等もドイツとの戦争を止めようとしなかったため、この騒乱は翌月には全国に拡大し、各地で労働者・兵士の臨時政府が発足して、（皇帝を支持する政府もあった事から）二重〜三重に権力の大混乱状態となった。（以上⑦ⓦ参照）

ロシア　十月革命　第一次世界大戦中の、大正六年（一九一七年）一一月、レーニンは、ペトログラードでの集会で「世界中の政府を暴力で転覆し、世界中の金持ちを皆殺しにせよ。そうすれば全人類は幸せになれる」という意味の演説をして、合法的活動に拘り、遅々として進まない革命に苛々していた「ボルシェビキの闘争心」に火を点け、武装蜂起を促して、臨時政府を倒し、十月革命を成功させた。そして、全ロシア＝ソビエト会議を招集し、レーニンは人民委員会議（臨時政府）の議長に就任して、権力を掌握した。その後、制憲議会を招集したが、ボルシェビキが多数派にならなかったので、全ロシア＝ソビエト会議の権限で、議会を閉鎖してしまった。これが共産党の「一党独裁」の始まりである。（以上⑦ⓦ参照）

ボルシェビキ「共産党」に改称　翌大正七年（一九一八年）一月、全ロシア＝ソビエト会議は首都をモスクワに移動する。こうして、人類史上はじめて共産主義国家が誕生した。政権を掌握した直後、レーニンは皇帝一家の大惨殺を実施し、実行力を誇示すると共に、後顧の憂いを排除し、さらに、ロシア帝国の同盟国に連絡も無く、（ドイツの目論見通り）ドイツに降伏した。ドイツと戦っているロシアの同盟国の英仏両国にとっては大悪夢だった。

また、第一次世界大戦以来の食糧不足を解消するために、労働者を農村に送り込んで、作物を強制的に徴発した。そのために、各地で飢餓状態に陥った農民の反乱が発生し、反革命運動が各地で起こったため、誕生したばかりの共産主義国家は内戦状態に陥った。これに対して、ソビエト政府は「チェカ」と呼ばれる非常委員会や「赤軍」を組織して、反革命運動などを取り締まった。（以上⑦ⓦ参照）

コミンテルン（第三インターナショナル）設立　第一次世界大戦後の、大正八年（一九一九年）三月、世界各国の革命勢力を結集して、「世界の共産主義化」を実現するため、レーニンはレフ・トロッキーを責任者にしてコミンテルン（第三インターナショナル）を設立した。このため、この頃に世界各国に共産党が誕生した。（以上⑦ⓦ参照）

この事と欧州での大戦のために工場の労働環境が悪化したアメリカでは、労働運動が過激化し、警官隊や軍隊と衝突する事件が増加していき、同年一二月に、パーマー司法長官の自宅を爆破する暴動事件が発生して、それに関与した左翼・アナーキスト約二五〇人が拘束され、船便でソ連に送還された。これ以降、治安を重視する共和党の政治家は社会・共産主義者を警戒する様になった。（以上Ⓨⓦ参照）

敗戦革命論　そして、大正九年一二月（一九二〇年）、レーニンはコミンテルンの活動家会議で、ロシアに共産主義革命を成功させた経験を基に、「日本を共産化するためには、日本に敵意を抱きつつあるアメリカと日本を煽動して、両国に戦争をさせて、日本を敗戦に追い込み、さらに敗戦した日本を騒乱状態にして、そこに最小限の武装組織を投入して、革命政権を樹立すれば、簡単に成功するだろう」と話し、これを「敗戦革命論」と名付けた。そのためにはアメリカを徹底的に利用しなければならないので、密かにアメリカ共産党を作り、彼らに大規模な反日キャンペーンを担当させたのである。これは共産主義を理想とする者が誰も考えた事の無い「**悪魔の方法論**」であった。（以上③ⓦ参照）

対ソ干渉戦争　大正七〜一一年（一九一八〜一九二二年）、ロシア皇帝軍と同盟して、ロシア内部に入り込んで軍事行動を行っていた、チェコ軍の救出を名目に、英仏両国が北ロシアに軍隊を派遣して、反革命勢力（白軍）を支援した。また、日本もアメリカと共にシベリアに出兵し反革命勢力を支援した。そのために、白軍は一時国土の大部分を占領したといわれる。（以上⑬ⓦ参照）しかし、外国軍の侵入はかえってロシア民衆の愛国心を呼び覚ました。

次第に支持を拡大したソビエト政府は、全工業を国有化し、農民からは食料を徴発するなど、徹底した戦時共産主義によって、政治・経済の統制を図ったほか、赤軍を強化して反撃を開始した。こうして、外国軍の干渉を排除したソビエトは、中央アジアやカフカス地方の共和国を支配下に収め、大正一一年（一九二二年）、に**ソビエト社会主義共和国連邦**を形成した。（以上⑬ⓦ参照）

アメリカ国内での移民排斥運動　第一次世界大戦以降、日本が強国になってから、アメリカには安全保障の観点から対日警戒論が強まっていった。アメリカは大正二年（一九一三年）に排日土地法を成立させ、日本人の農地購入を禁止し、大正九年（一九二〇年）には、日系アメリカ人でさえ土地を取得出来ない様にした。さらに、大正一三年（一九二四年）には、アジアからの移民を全面的に受入禁止にした。当時、アジアからの移民の大半が日本人であった。こうして、根強い人種的偏見を背景にして、アメリカ国内での移民排斥運動はますます激化し、日本国内でも反米感情が湧き起こった。（以上⑬参照）

パリ講和会議　ベルサイユ条約　大正八年一月（一九一九年）、第一次世界大戦がドイツなどの同盟国側の敗北に終わったため、パリで講和会議が開かれ、アメリカ、イギリス、フランス、日本、イタリアの五大国が参加した。ここでベルサイユ条約が結ばれ、ドイツは植民地の全てと領土の一部を失い、国家予算の二五年分という莫大な賠償金を科された。この余りにも過酷な制裁が原因で第二次世界大戦が起こった、と言っても過言ではない。なお、この際、日本は赤道以北の広大なドイツ領南洋諸島の統治権を委任された。

だが、この条約の結果、太平洋に新しい緊張関係が発生した。即ち、アメリカのグアムは日本の委任統治領の中に孤立する事になったのである。アメリカは太平洋岸の軍港サン・ディエゴからハワイ、グアムを経て、フィリピンのマニラへと伸びる、太平洋のパワー・レーンを日本により分断されたに等しいゆゆしき事態が生じた、と認識した。しかし、日本はそんな事には気が付かなかった。棚ボタ式の豪華なプレゼントに浮かれていたのである。（以上⑥ⓦ参照）

国際連盟の設立　パリ講和会議で、アメリカのウッドロウ・ウイルソン大統領は世界平和のための機関「国際連盟」の設立を提案した。日本もこれに賛成し、国際連盟規約の制定の過程で、「人種差別をしない」という規定を加える事を提案したが、賛成国が多かったのにも拘らず、議長国のアメリカが黒人を差別していた事情で、この提案は議長裁定で却下された。大正九年一月（一九二〇年）に国際連盟は発足し、イギリス、日本、フランス、イタリアは常任理事国に名を連ねた。（以上⑬参照）

山本五十六　ハーバード大に留学　は、大正八年（一九一九年）四月〜大正一〇年（一九二一年）五月に、アメリカに駐在を任命され、ハーバード大学に留学した。この間、五十六は講義を殆ど欠席（二回だけ出席）して、アメリカ国内をあちこち視察して、自動化された油田や自動車産業、飛行機産業とそのサプライチェーンに強い感銘を受けている。日本で専売指定されている砂糖と塩でさえ、アメリカでは、ともに自動化されたプラントで大量生産され、市場で大量消費されている事を、ワシントンD・Cの喫茶店で身をもって知り、彼我の生産および流通の圧倒的な差に衝撃を受けた。さらに、この際に、駐米海軍武官・上田良武大佐（海軍航空開発の第一人者）から航空機利用の現況の指導と視察、研究の影響が、航空機の活用に着目するきっかけになった可能性がある。山本はのちに海軍次官在任中に「デトロイトの自動車工場とテキサスの油田を見ただけでも、日本の国力で、アメリカ相手の戦争も、建艦競争も、やり抜けるものではない」と語っている。

山本がハーバード大学に留学する一年前から、彼は毎月「ナショナル・ジオグラフィック」を購読していて、本棚の半分はアメリカの歴史に関する本で、他に黄色い背表紙の

「ナショナル・ジオグラフィック」が沢山並んでおり、付録の地図もケースの中に大切にとってあったし、山本はアメリカを知るためにあらゆる勉強をしていた（山本義正筆）。（以上⑤参照）

この「アメリカ」の中には「戦争」も入っていたと思われる。アメリカ人がどんな風に戦争をするのかは、「ナショナル・ジオグラフィック」にもあっただろうし、大学や図書館にもアメリカ・インディアンやスペインやハワイやフィリピンでの戦争の報告書があったと思われる。それらをむさぼる様に読んで、山本は「アメリカ人は白人以外を人と認めない、冷酷で残虐な国民だ」という事も学んだ、であろう。

山本五十六は大正一〇年（一九二一年）七月に帰国後、軽巡洋艦「北上」副長、続いて海軍大学校教官（軍政学担当）に転じる。一年後、海軍大学校教頭に山本英輔が着任し、山本五十六の航空機観に強い影響を与えた。

八八艦隊計画　この頃、アメリカを仮想敵国とする日本海軍は、大建艦計画を進めていた。いわゆる「八八艦隊」計画である。艦齢八年以内の新鋭戦艦と巡洋戦艦八隻から成る艦隊を三艦隊保有する計画であった。二四隻の戦艦を維持するには、補助艦船を計算に入れて、日本海軍は、毎年、巨大戦艦または巡洋戦艦を三隻ずつ竣工させていかねばならない。その前提として、海軍省は八八艦隊予算を計上していた。毎年二隻ずつの戦艦を竣工させ、完了年次は大正一六年度末（計画時）である。しかし、大正一〇年当時の日本財政から見て、到底かなわぬ計画であった。日本海軍は軍事費的に小さな海軍に脱皮し、航空主兵の思想を具体化すべき時期が目の前に迫っていたのである。（以上⑥ⓦ参照）

世界初の正規空母「鳳翔」が完成　第一次世界大戦中のイギリスで世界初の空母「アーガス」が建造されたが、ドイツ軍による空襲のために就航が出来なかったために、日本で日英共同研究・建造を行った結果、大正一一年（一九二二年）、世界初の正規空母「鳳翔」が完成した。全長一六八メートル、最大幅一九メートル、速力二五ノット、搭載機計二一機等である。

アメリカの景気急上昇時代　なお、山本五十六が、大正八年（一九一九年）以降、アメリカに出張ないし駐在した時期は、アメリカの景気が登り坂にあり、多岐にわたる大衆消費財の導入で駆り立てられた、大きな経済的繁栄の時代であり、政治的には保守的な、ウォレン・ハーディング大統領、カルビン・クーリッジ大統領、ハーバート・フーバー大統領と、共和党政権が三期続いた時代であった。白人達が浮かれている陰で、黒人達や黄色人種が厳しい差別を受けて、苦しんでいる事も多く目撃したであろう。しかし、この経済的繁栄の時代は昭和四年（一九二九年）一〇月、アメリカのニューヨーク株式市場が大暴落した事をきっかけに、多くの会社や銀行が倒産し、終了した。（以上ⓦ参照）

ワシントン軍縮会議　大正一〇年一一月〜一一年二月（一九二一〜二二年）、アメリカのワシントンで軍縮会議が開催され、アメリカ、イギリス、日本、フランス、イタリア、ベルギー、オランダ、ポルトガル、中華民国が参加した。なお、中華民国は未だ支那の十近くもある軍閥の一つであった。なお、当時、日本は、未だ日英同盟が生きていたし、ロシアを太平洋から駆逐したので、仮想敵国はアメリカしかいなかった。そして、大正五年（一九一六年）には、アメリカが自国海軍の軍拡計画（ダニエルズ・プラン）を打ち出し、日本海軍も「八八艦隊計画」を打ち出すなど、建艦競争が激化していた。

第一の議題は、第一次世界大戦の様な、悲惨な戦争を繰り返さないための軍縮だった。会議で列強五ヶ国の戦艦のトン数制限と保有比率が議論され、その結果はアメリカ五、イギリス五、日本三、フランス一・六七、イタリア一・六七であった。この比率は、攻める側の艦隊は、迎え撃つ側の艦隊五割増し以上の兵力優勢を必要とするという、当時の軍事常識によって導かれており、さらにそれを丸めた数字である。

アメリカ海軍はこの戦艦・巡洋戦艦の建艦比率を前記の様に定め、日本海軍の「八八艦隊計画」を停止させようとしたのである。これは英米の一〇に対し、日本は三で戦うという、極めて不利な条約であった。しかし、全権として会議に臨んだ海軍大臣・加藤友三郎は条約の締結を決断した。彼は「このまま無制限の建艦競争を続ければ、海軍の八八艦隊計画による財政破綻が日本経済を直撃する。今、海軍の軍備増強にストップを掛けねばならぬ。それには、ワシントン条約を口実にして実現するしかない」という大英断であった。しかし、この条約は、八年後に、ロンドン軍縮会議で破棄されてしまった。この加藤の流れをくむ人々は「条約派」と呼ばれ、軍備により日本の安全を保障したい、と考える人々は「艦隊派」と呼ばれる様になった。（以上⑥⑬参照）

第二の議題は「支那に於ける列強の権益」についてで、会議の結果、「支那の領土保全」と「門戸開放・機会均等」が合意された。つまり、「列強も現状以上の中国への侵略は控え、ビジネス的な進出に切り替えよう」という合意であった。これには中国大陸進出に出遅れたアメリカの意向が色濃く反映されていた。（以上⑬参照）

日英同盟の破棄　最後の議題は「日英同盟の破棄」についてで、これを強引に主導したのはアメリカだった。（日本に敵意を抱いていた）アメリカは、将来の日本との戦いのために、日本をイギリスから切り離しておこうと考えたのである。アメリカは「日英同盟を破棄する代わりに、フランスとアメリカを加えた、四ヶ国条約を結んではどうか？」と日本とイギリスに提案した。イギリスは同盟の破棄を望んでいなかったが、日本の全権大使、幣原喜重郎は「四ヶ国条約の方が国際平和につながるだろう」と安易に考え、この提案を呑んで、日英同盟を破棄してまった。しかし、「四ヶ国条約」はただの目くらましの紙屑であった。（以上⑬引用）

これに反し、日英同盟には実績があり、信頼に足る同盟であった。この時、もし日英同盟が破棄されていなければ、日本はナチス・ドイツと同盟を結ぶ事もなく、アメリカと戦争する事も無かったろう。大正から昭和の日本は、ここぞという重大な局面で選択を誤るのである。幣原喜重郎は大東亜戦争の敗戦後の総理大臣でもあるが、色々な場面で、軽はずみで、深く考えない人間であった、といわれる。（以上⑬参照）

これらの合意は「九ヶ国条約」に纏められた。

山本五十六　霞ヶ浦海軍航空隊勤務　大正一一年（一九二二年）、五十六夫婦に長男が生まれ、「義正」と命名した。子が出来そうだというので、千駄ヶ谷の借家に転居していた。結婚から五年目であった。山本は余程嬉しかった様で、知人に会う度に「俺に跡継ぎが出来たぞ」と自慢していた。そして、それを契機として、山本は日記をつけ始め、家族の記録を書きとめる様になる。この後、山本は霞ヶ浦海軍航空隊勤務となったために、一家は茨城県・土浦に転居した。ここで、山本夫妻には長女・澄子が生まれた。

家にいる時は、山本はよく子供達のオシメを替えていたそうである。そして上手であり、手際がよかった。家にいる時は、それを自分の役割と決めていた様であった。また、子供は山本の子でなくても誰でも可愛がった。しかし、家にいる時間は少なかった。家にいない日は、海の上か外国にいたのである。

大正デモクラシー 激動の世界の中にあって、大正の日本は民主主義制度が発展した時代であった。明治時代に権勢を振るった旧薩摩・長州藩出身者による藩閥政治は後退し、選挙によって選ばれた政治家や政党が内閣を作った。もっとも、当時は元老（明治維新に功労のあった薩長出身の重鎮）の推薦が無ければ組閣が出来ず、（時々元老達らから横槍が入り）完全な民主主義制度にはなっていなかったが、それが功を奏して、日露戦争の際でも、一度も明治憲法が停止された事は無かった。（以上⑬参照）当然と言えば、当然である。

しかし、日本人は未だ民主主義制度に馴染めておらず、大正元年から昭和七年五月までの約二〇年間に、内閣総理大臣が一六回も入れ替わった。この内三回は総理大臣の暗殺事件による交代であった。

これは「民主主義とは相手の瑕疵を言い立てて、新聞などをも巻き込んで騒動を起こし、倒閣に持ち込める制度」くらいに考えていたからであろう。このために、大胆な政策を実施する事は極めて困難であったと思われる。これは大戦後の日本でも同じである。（以上ⓦ参照）

大正七～一〇年（一九一八～二一年）間に、原敬は日本で最初の本格的な政党内閣を作り、爵位を持たない最初の総理大臣になって、そのため、「平民宰相」と呼ばれた。その原はかつて賊軍であった、元盛岡藩家老の息子である。それで、山縣有朋はその原を自分の後任にと期待していたが、原は大正一〇年一一月に、勘違いのテロリストによって無意

味に暗殺された。（以上⑬参照）

　大正時代には市民運動も盛んになり、第一次世界大戦による好景気を背景に工場労働者が急増したことを受けて、全国で労働組合も組織され、大正一一年（一九二二年）には部落解放を掲げた「全国水平社」も組織された。女性の地位向上のための婦人運動も活発になった。

　こうした自由な空気と民主主義制度への流れは「大正デモクラシー」と呼ばれた。

　第一次世界大戦後（大正七年〜：一九一八年〜）は、国民の生活も大きく変わった。街には活動写真（映画）を上映する劇場が多く作られ、ラジオ放送も始まった。食生活でも、カレーライス、トンカツなどの洋食やキャラメルやビスケット、ケーキが庶民生活の中に溶け込んでいった。東京や大阪には鉄筋コンクリートのビルが立ち並び、デパートが誕生し、バスが運行した。電話交換手やバスガールなど、女性の社会進出も増えた。

　雑誌や小説が数多く発行され、芥川龍之介、谷崎潤一郎、志賀直哉などの人気作家が続々と現れた。東京六大学野球や全国中学校野球大会（現在のインターハイ）や宝塚歌劇団が生まれたのもこの頃だ。また子供向けの娯楽も誕生し、動物園、遊園地、雑誌、レコード（童謡）、玩具なども多く作られた。（以上⑬参照）

普通選挙制度　大正一四年（一九二五年）に普通選挙制度が出来た。これにより納税額による制限が撤廃され、満二五歳以上の男性は全員参政権を持った。

親補職制度の拡充　早く昇進して憎い薩長に親族・縁族の敵を討つべく、日夜真面目に訓練と勉学に努めて、順調に昇進してきた、旧奥羽越列藩出身の青年軍人達が、さらに旧薩長閥対策として考えたのが、「親補職」制度の利用の拡充である。「親補職」とは、陸軍大臣、参謀総長、軍司令官、師団長、軍事参議官などの「天皇陛下自身が親しく補職（任命）する重要な職」である。特に軍事参議官は天皇の諮問に答える軍事参議院のメンバーであるが、かなり暇な仕事なので、親補職でないポストに就く際には、この前後に軍事参議官に補職される事が多かった、といわれる。海軍でもこの事情は同様である。この職に任命されると、通常、上官は天皇陛下だけになるので、敵前逃亡などの重罪でなければ、何の責任も問われなくなるのである。勿論、天皇陛下は責任を問えるのだが、誰かが上申書を提出しないと、どうしようもないし、こんな恨まれる仕事は誰もしたくないので、実際上、何も起こらないのである。

それだけではなく、陸・海軍ともに、その内部が官僚組織と全く同じになって、連合艦隊司令長官といえども、「関連する部門の決済を貰わないと、何も出来ない」ように変わってしまっていた。例えば、空母を二隻使いたい時には、海軍省の軍務局、兵備局、軍需局、主船局、艦政局に決まった書式の書類を提出し承認を求め、誰を艦長や参謀や様々な役職にするかを決めるためには、海軍省の人事局と軍令部総長とに同様の書類を出し決定して貰うのである。そして、人事局では海軍兵学校や海軍大学校の卒業年次や卒業時の成績などでおおよその候補者リストを作成し、軍令部の次長以下の部員と相談してさらに候補者を絞り、その中から最終的に海軍大臣と軍令部総長と連合艦隊司令長官との会議で決まるのである。このシステムでは、例えばA中将の指揮で全空母が沈没しても、選んだ人達の誰にも責任が及ばない事になるのである。そのために、官僚組織と同じシステムにしたのである。陸軍から始めたので、陸軍でも同様である。作戦は軍令部と連合艦隊で合議の上で決定したから、人事とほぼ同様である。

明治天皇を支えた維新の元勲達は大正時代に皆亡くなって、明治二八年一〇月（一八九〇年）に、元老院も廃止され、昭和天皇を支える元勲達は全くいない状態になる。それでも、若い高級将校予備軍達はこの職の対象を比較的小規模な軍団・師団にまで故意に拡大して、上級将校達からの責任追及や嫌がらせを排除しようとしたのであろうと思われる。そして、この制度は陸・海軍を問わず、殆ど全ての派閥から歓迎されたが、この動きは、昭和の官僚気質で無責任な将校達を、より緩んだ酷いものにした。（以上ⓦ参照）

山本五十六の人物像　「統率は申し分なく立派。作戦は落第」（横山一郎少将談）という評価や、松田千秋少将は「情誼に厚い立派な人で、先見の明があって、航空をあれだけ開発発展させたことは非常な功績だ。しかし、作戦は感心できるようなものがほとんどなかった」と山本を辛口で評価している（艦隊派流でないという意味？）。しかし、連合国軍最高司令官ダグラス・マッカーサー元師は、山本を「連合国との戦争に反対し、開戦となると真珠湾攻撃で大成功をおさめた。ソロモン群島での日本側の作戦を全般的に指揮し、日本海軍の行った戦争努力の戦略的頭脳と一般にみなされていた」と高く評している。山本が戦争の現場に近い所に出かけていて、艦隊派や軍令部の干渉が弱いか殆ど無かった場合には、第三次ソロモン海戦やガダルカナル撤退作戦（イ号作戦）の様に、山本の指揮で軍を動かす事が出来るので、良い結果を出す事が出来た様である。こんな苦労をしていたので、「山本は何も決められない政治に力を貸したいと思っていた」（米内光政大将筆）と言われる様になったのであろう。

山本は博打が好きで腕もよく、特にポーカーやブリッジに強かった。山本は「博打は一ドルなら一ドル出して自分の言葉に責任をもつ事」「博打をしないような男はろくな者じゃない」「二年ほどヨーロッパで遊べば、戦艦一～二隻の金はつくれる」「私欲を挟まない。科学的数学的でなければならない。冷静に観察し、計測すれば必ず勝つ機会が分かる」と語っている。山本は「予備役になったらモナコに住み、ルーレットで世界の閑人の金を巻き上げてやる」と語ったこともあり、モナコではカジノ協会からあまりに勝ちすぎるため出入禁止処分を受けたという。今村均陸軍大将によれば、山本とは中佐・少佐時代に友人の家でトランプ遊びをした時以来の知己であり、毎週末に山本、今村、安達二十三陸軍中将らの家でポーカーが開かれていたという。海軍次官時代に副官を務めた横山一郎は「山本のブリッジはブラフ（はったり）が多い。堅実にやったら必ず勝てた。山本のブラフと僕の合理的な方法なら、僕が勝つ」と述べている。（以上ⓦ参照）

山本五十六　欧州・米国を視察　大正一二年（一九二三年）七月、山本は井出謙治大将と共に、九ヶ月にわたり、欧州・米国計六ヶ国を視察した。

ロンドン滞在中に関東大震災が発生すると、「日本人は偉大な民族であり、前より立派に復興する」と動揺する一行を励ましている。（以上ⓦ参照）旧越後長岡藩出身の山本は相当根性が据わっている様である。（以上ⓦ参照）

第一次世界大戦以来、アメリカでは「制空権下の艦隊決戦」という標語とも思想ともとれかねない言葉が流行し、大正一三年（一九二四年）にはミッチェル将軍の「航空国防」という著作が出版されて、軍事評論界に波乱を呼び、大正末期には、米海軍の航空本位の海戦思想が一般に紹介されていたので、これも山本の「航空主兵論」に強く影響を与えたであろう。（以上㉙参照）

山本五十六　霞ヶ浦航空隊勤務　山本には、海軍省副官や元帥副官の話が持ち込まれていたが、五十六自身の希望と山本英輔の推薦により、砲術から航空へ転科し、大正一三年（一九二四年）九月、霞ヶ浦航空隊付、一二月に教頭兼副長に任じられた。五十六は三和義勇（副長付）から航空機の操縦を学び、後に日本海軍の航空発展に深く関与する様になった。霞ヶ浦航空教官兼分隊長城英一郎大尉は、山本について、「公私分別、操縦勘も良く、適材適所に使い、情義厚く、航空隊内では山本は偉くなるぞと評判であった」と日記に遺している。山本はまず教頭兼副長を副長兼教頭に改め、三和に「当隊の軍紀風紀を刷新し、遅刻、脱営者を皆無にするから補助しろ」と言った。また、壇上で「下士官、兵にして頭髪を伸ばしている者はみんな切れ、一週間の猶予をやる」と指示した。三和義勇によれば脱営者の見回りのため、自身で率先して巡検していたという。

また、正規空母「鳳翔」が就航すると、空母への着艦、発艦の訓練も加わった。この際に、「鳳翔」への着艦には天才的な技量が必要と言われていたが、山本は「天才的な人間でなければ着艦出来ない様な航空母艦は、帝国海軍には必要ない。搭乗員の大多数が着艦出来るものでなければならない。素質もさることながら、要は訓練方式の改善と訓練努力の如何によると信じる」と訓示して、譲らなかったので、皆がアイデアを出し合って、訓練方式の改善に努めた結果、大多数の人間が着艦出来る様になったという。（以上⑥ⓦ参照）

薩摩・長州閥軍人の陸軍大学での卒業成績の引き下げ工作　また、反長州・薩摩閥の将校達は、昇進して陸軍士官学校や陸軍大学校の教官になると、示し合わせて、特定の人にだけ、わざと非常に難解な質問を次々に繰り出して、長州・薩摩閥の人間を上位の成績で卒業させない様に工夫した。これには殆ど全ての反長州・薩摩閥の若い将校達が参加した。彼らはドイツなどへの欧州留学の際にも、好機を捕らえて会合を持ち、作戦を練った様である。その効果は絶大で、昭和一〇年代の陸軍には、現役の長州・薩摩閥の高級将校は殆ど居なかった、と言われる。（以上ⓦ参照）

なお、海軍ではこれほどの不正は横行せず、亡国まで薩長閥の「艦隊派」は強力であった。しかし、「艦隊派」は科学技術の進歩を無視して、今後のアメリカとの戦争でも「日露戦争の時の様に、大型戦艦や重巡同士の艦隊決戦で勝敗を決すべきである」と主張する、保守的な集団であり、このために、山本五十六達条約派（反薩長閥）は航空機動部隊の新設に大変な苦労をした。ちなみに、海軍の薩長閥（艦隊派）は彼らの仲間を追い出した陸軍をさらに憎み、警戒する様になったのである。（以上ⓦ参照）

コミンテルンの方針転換　コミンテルンは「世界の国々全てを共産主義国家に変える」という目的のもと、アメリカや欧州に工作員を送り込んでいたが、革命を起こす程の組織の構築には至らず、ドイツやハンガリーでは革命に失敗していた。そのため、大正九年（一九二〇年）、「活動の重要拠点を植民地や中国大陸に移す」という路線変更を行って、コミンテルンの丸抱えの援助で、大正一〇年（一九二一年）七月に、支那共産党が作られ、また、支那共産党の下に、大正一一年（一九二二年）七月、日本共産党が作られた。このため、日本共産党は支那共産党の指揮下にあった。（以上ⓦ参照）

欧州で殆ど共産主義革命が成功しなかったのは、有史以来、欧州では隣国との戦いが頻発しており、周囲の敵国からの工作員の潜入は極当たり前の事で、警察や情報機関は工作員の摘発に慣れていた、からであろう。それに比べて、歴史的、地理的な理由から、日本やアメリカの警察や情報機関は工作員の摘発に慣れていなかった。日露戦争で欧州列強を驚かせた、明石大佐のロシアに対する秘密工作も、反薩長閥出身の若い将校達に（自己保身のためか）警戒されて、忘れ去られていた。（以上ⓦ参照）

最高指導者ヨシフ・スターリンの粛正　大正一一年（一九二二年）四月、最高指導者レーニンはヨシフ・スターリンをソビエト連邦共産党書記長に任命し、二年後の大正一三年（一九二四年）一月に死去した。レーニンの死後、スターリンは、世界同時革命論をとるレフ・トロッキーらとの主導権争いに勝利し、彼等とスターリンの古参・同僚達の多くを排除して、一九二九年までに独裁権力を確立した。

この後、一〇年間、社会主義国家の建設を目指して、工業化と農業の集団化を推し進め、この間、この政策と彼の独裁に反対ないし批判的な膨大な人々を厳しく処罰し、粛清して、彼への個人崇拝を強めていった。これによる死者数は約一〇〇〇万人～一〇〇〇万人と言われる。（以上⑦⑬ⓦ参照）悪魔の方法論で建国された共産主義国家は、**悪魔の国**になったのである。

第一次国共合作　大正一〇年（一九二一年）七月にソ連とコミンテルンの指導によって結成された支那共産党は、最初は蒋介石の率いる国民党と協力していた。これが「第一次国共合作」である。なお、これら二党は十近くある軍閥の一つにすぎなかったので、この国を「支那」と呼ぶ事にする。

この頃、蒋介石の率いる支那国民党政権と支那共産党による反日宣伝工作が進められ、排日運動や日本人への脅迫や虐め、暴行が日常的に多数行われる様になっていた。これは「日本軍を支那の奥地深くにまで引き込んで、疲労困憊させて、敗北させろ」というレーニンとスターリンの指示によるものであった。（以上⑬参照）

関東大震災　大正一二年（一九二三年）九月、「関東大震災」が起こった。

東京や横浜など関東一円では、震災による建物倒壊と火災で、多くの民家や建造物が焼失した。東京では、市街地の約四四パーセントが焼失した。死者・行方不明者は合わせて一〇万人を超えた。これは日露戦争の戦死者を上回る数である。これによる経済的損失は、当時の国家予算の約三倍に上る膨大なものであった。

なお、震災直後、流言飛語やデマが原因で、日本人自警団が多数の朝鮮人を虐殺したと言われているが、この話は誇張である。一部の朝鮮人が殺人・暴行・放火・略奪を行った事は事実である。中にはテロリストグループによる犯行もあった。司法省の記録では、自警団に殺された朝鮮人犠牲者は二三三人である。（以上⑬参照）

山本五十六　駐米大使館付武官　山本は、大正一四年（一九二五年）一二月、駐米大使

館付武官となって、再びアメリカに滞在する。山本の航空隊在任は一年三ヶ月であったが、「天洋丸」に乗船してアメリカに向かう山本の頭上を、航空隊の部下達が編隊を組んで見送った。天性の物腰柔らかな態度を買われてアメリカに赴任した山本は、英語力に磨きをかけると共に、書道の腕前で、アメリカの海軍士官やその妻達を楽しませた。信じられない様なスピードで絹布の上に漢字を書いて見せたからである。

また、この時期、ニューヨーク総領事をしていた同郷の**斎藤博**との交友を深めている。斎藤は山本と同じ長岡で産まれ、育って、二五年ぶりに再会した懐かしい後輩であった。その後輩が自分の知りたい事を調べるために、協力してくれている事を、山本は何か運命的なものを感じたであろう。山本は斎藤の交友関係を使わせて貰って、アメリカの戦争の仕方や、政党による考え方の違いや、人種差別の実態なども詳しく知ろうとした、と思われる。また、この際にも、アメリカの石油や自動車、航空機や船舶などの生産や流通体制を視察、研究し、この経験が後の対米戦の戦略立案に大きな影響を与えた。その上、斎藤は欧米各国の事情についても、詳しく豊富で、山本の目を大きく世界に開かせてくれた。斎藤は会話の中で「日本はアメリカ・イギリスの側で生きるべきだ」という言葉を頻繁に挟んで、山本を辟易させたであろう。しかし、長岡中学校の後輩が立派な大人になって、世界のトップと肩を並べて仕事をしているのを見ると、誇らしく思えた。

航空機の発達も目覚ましく、第一次世界大戦では何万機もの戦闘機や爆撃機、偵察機が生産され、実戦に使われた。大戦の末期には航空母艦を滑走路兼格納庫として使う事が可能になってきて、英米では実用化への研究開発が進んでいた。この頃、アメリカは郵便を早く届けようという目的で、太平洋横断飛行に挑戦していた。（以上⑦⑥参照）

斎藤博　ニューヨーク総領事　なお、斎藤は父親までが旧越後長岡藩の武士で、斎藤博自身は長岡で明治一九年（一八八六年）に生まれた。従って、山本より二歳程年下であり、長岡中学校まで長岡にいて、同じ野球チームでコーチをした様である（その後は岐阜県に移住したかも知れない）。また、父親は武士の後は札幌農学校で英語を学び、各地で英語の教師をしていたが、その後に、外務省の主任翻訳官を務めた様である。斎藤博自身は、日本中学校、学習院を経て、明治四三年（一九一〇年）七月に、東京帝国大学法科大学卒業後、同年に外務省に入省した。同年末、外交官補としてワシントンＤＣに赴任し、アメリカ・イギリス勤務が長く、大の親英米派として知られた。（以上ⓦ参照）

昭和時代　昭和元年〜六四年（一九二六年〜八九年）

大正一五年（一九二六年）一二月、大正天皇が崩御し、昭和天皇が即位した。

山本五十六　五十六は、昭和二年（一九二七年）八月初め、美保関事件で軽巡洋艦「神通」の艦長・水城圭次が自決した際に、駐米次官・伊藤整一が「死んでは意味が無い」と述べたところ、山本は「死をもって責めに任ずるという事は、我が武士道の根本である。

その考えが腹の底にあればこそ、人の長としても御勤めが出来る。そういう人が艦長に居ればこそ、日本海軍は大盤石なのだ。水城大佐の自決は立派とも言えるし、自分としては当然の事をやったとも考えている。君の様な唯物的考えは、今時流行るのかも知れぬが、それでは海軍の軍人として、マサカの時に役に立たぬぞ」と叱りつけている。もう立派な「さむらい」である。小・中学校の時代に大人達に何度も言われている内に、自然に潜在意識に入ったのであろう。

なお、「美保関事件」とは、昭和初期に島根県松江市美保関沖で、日本海軍が演習中、軍艦四隻が立て続けに衝突し、一隻が沈没し、一一九人が犠牲になったとされる。（以上ⓦ参照）

支那　国共対立　支那共産党は、最初は蔣介石の率いる国民党と協力していた（第一次国共作）が、やがて対立する様になり、昭和六年（一九三一年）、江西省瑞金において、「中華ソビエト共和国臨時政府」を建てた。しかし、国民党との争いで劣勢に陥った支那共産党は、蔣介石に対して、「共通の敵である日本を倒すために、手を結ぼう」と提案したが、蔣介石は「国内の共産党を壊滅させてから、日本と戦う」という方針を変えなかった。（以上⑬参照）

リンドバーグ　大西洋の単独無着陸飛行に成功　昭和二年（一九二七年）、チャールズ・リンドバーグが単葉・単発・単座のプロペラ機で、ニューヨーク・パリ間の大西洋の単独無着陸飛行に成功した。これは画期的な偉業で、これ以降、飛行機は軍用だけでなく民間用にも広く利用される様になった。

山本五十六　空母「赤城」艦長　は、昭和三年（一九二八年）三月にアメリカから帰国後、同年八月から軽巡洋艦「五十鈴」艦長を務め、水雷学校での講義で「将来の海軍は航空主兵となる」事、「対米作戦では、積極作戦を採り、ハワイを攻めるべき」と発言している。なお、この時点ではハワイはアメリカ海軍の重要な基地ではなかった。

四ヶ月後には多段式空母「赤城」艦長に就任した。ここで、着艦に失敗しそうになった、飛行機に自ら飛びつき、山口多聞中佐らと共に、飛行甲板から落ちるのを防ぐなど、航空に全力を注いだ。佐官時代は愛煙家だったが、空母「赤城」艦長時代、航空機搭乗員が宣告された禁煙を無視していると、山本は「私も煙草は好きだが、日本のためだ、君ばかりに止めてはいない」として禁煙を宣言した。それ以来、山本は煙草を吸わなかった。

山本五十六　駐米大使館勤務　五十六は間もなく、駐米大使館勤務となり、この際にも前回と同様に、あちこちアメリカを旅して、調査・研究すると同時に、斎藤博と親しく交際し、世界情勢についても突っ込んだ話をしたと思われる。

一方、五十六の留守中に一家は、神奈川県・鎌倉に引っ越し、昭和四年（一九二九年）

四月、長男・義正は鎌倉第一小学校に入り、ここで次女・正子、次男・忠夫が生まれた。鎌倉の中でも、山本一家は二度程引っ越しをしている。もともと、横須賀の軍港に近い関係で、鎌倉には海軍の軍人家族が多く、隣も海軍だらけだった。

最後の家は、妻の礼子が倹約の末に、お金を貯めて、足りない分は親戚から借りて、材木座の滑川のほとりの、ネギ畑の中に買った、安い土地は八角形をしていた。そこへ、礼子が自分で間取りを決めて、材料選び、材木の一括買い付けをして、親しい大工に建てて貰った二階家であった。ここは緑が豊かで、子供達の健康にとても良いので、山本は自分の不便を顧みずに、喜んでいた。しかし、子供達がこの川で遊ぶのを喜んだので、礼子は子供達を心配して、生きた心地がしなかった、という。また、「あの家を建てた後、毎日、文字通り財布の底の一銭玉を数える程だった。子供が病気したら、どうやってお金のやりくりをしようかと心配した」と礼子は後日述懐している。生真面目な性格がよく出ている。この川べりの暮らしは約六年間も続いた。気管支系統が弱く、時には風邪で高熱を出す、山本を礼子が看病していたのもこの家であった。

山本五十六の人物像　山本は子供が食事の事で不平を言うと、「飯が旨いのまずいのと文句を言うんじゃない。沢山食べれば良いんだ」「親から与えられた服を喜んで着、親から与えられた食事を喜んで食べ、丈夫に大きく育てば良いんだ」とたしなめた。これは、子供達が大きくなるまで、変わらなかった。しかし、子供を連れて、どこかに出かけた時は、その時に一番食べたがっているものを察して食べさせてくれた。どうしてそれが分かるのか、子供達には実に不思議であった。

鎌倉での山本は、勤務の暇さえあれば、子供達と遊んだ。和服でくつろいだ姿で、ステッキを片手にした山本は、子供達を海岸や山あいの寺や神社への散歩に連れて行く事が多かった。山本の泳ぎ方は長岡で覚えたものらしく、古式の泳ぎ方だった。また、山本は大きなビーチ・パラソルを持っていて、突然開いて、大きな日陰を作って、親子三人でその日陰につつまれて涼んだ。直径は二メートルもあって、子供達は喜んだ。

山本は、時々そんな突飛な事や、いたずらをする事があった。豆を食べる時にポンと空中に放り上げて、ぱくっと口で受け止める芸当の名人だったし、親類の子にせがまれると、ホイキタと逆立ちして見せたりする。六十近くなっても、少年の様な心をどこかに留めている人だった。

由比ヶ浜の奥の方には、レストランなどが軒を並べ、ところどころに急造の舞台がしつらえてあって、演芸などをやっていた。それに続く砂浜には、金魚すくい、コリントゲーム、ベビーゴルフ、輪投げ、玉突きなどの店がびっしり並んでおり、裸電球に照らされて、大勢の人で賑わっていた。山本は子供達を連れて、そのひとつひとつを覗いて回った。

昭和七年（一九三二年）、一番下の弟・忠夫が生まれたのもこの鎌倉の家だった。

風呂で見る山本五十六の身体は、およそ軍人の様ではなく、雪国の人間に特有の色白なすべすべした肌であった。しかし、腿の肉を砲弾でえぐられたり、その傷の治療のために、尻の肉を削って移植したりしたので、いわばつぎはぎだらけの無残な身体である。だから、山本は家族の者以外とは、決して入浴しなかった。旅館の風呂や銭湯に入る時でも、いつも最後のしまい湯に、一人で入った。自分の身体の醜い傷跡が、他人に不快を与えては済まないという心遣いからであろう。（以上⑤ⓦ参照）

また、山本五十六はこの戦傷の経験から、障害、貧困、病弱といった、人生の悪条件を乗り越えて、人生の栄光を獲得した人に対しては、最大の敬意を払っていた。かつてのアメリカ大統領・リンカーンを尊敬していたのも、彼が貧困の中に育ち、大統領になってからも、常に悲しめる人々の味方であった、という話が大きく影響していたのであろう、と考えられてきた。（以上⑤ⓦ参照）しかし、これは南軍側の若い人々の洗脳のために捏造された物語であって、事実は「黒人を綿花農場から解放して、ベルトコンベアー式工場の『工奴』にしただけ」であった。工場の労奴となった黒人達は、有害な粉塵や廃液にまみれて、一二時間〜から一八時間も連日働かされ、疲労困憊し、公害病などに罹って、倒れて、殆どがもだえ苦しんで死んでいった、といわれる。しかし、そのことは当時新聞で報道される事は無く、山本に「アメリカにも素晴らしい善人がいる」と誤解させた。（以上⑤ⓦ参照）

支那共産党日本特別支部創設　日露戦争で日本が勝利して以降、日本には支那から留学生が大勢押しかけてきたが、昭和の初期頃から、日本の大学などでは、貧困問題の解決方法として、社会主義経済が熱心に研究されていた、そして、同じ問題を抱える支那人留学生達も自然に社会主義に熱中する様になり、自然に社会主義は日本から支那へと伝わって行った。そのために、支那のインテリ層には急速に社会主義が広まり、その考え方に類似した支那共産党に入党する者も少なくなかった。

この留学生の流れを伝って、共産主義が日本にも伝わってきて、コミンテルンの命令により、昭和三年（一九二八年）、支那共産党日本特別支部が作られた。日本特別支部の莫大な活動資金は留学生が運んできた。日本の特高警察は留学生には甘いので、このルートは安全であった。

支那共産党日本特別支部に所属した支那人留学生達は、同じ留学生達を支那共産党の活動に引き込むだけではなく、日本共産党や労働組合との連携を強め、活動資金も渡していた。しかも、その工作は日本の陸・海軍や満州鉄道（満鉄）なども対象としていた。この流れで、日本陸軍への多額の資金提供が始まり、昭和一〇年（一九三五年）には陸軍の軍務局長・永田鉄山にもそれが渡っていた様である。（以上③⑬参照）

世界恐慌　昭和四年（一九二九年）一〇月、アメリカのニューヨーク株式市場が大暴落した事をきっかけに、多くの会社や銀行が倒産し、その衝撃は数日で世界に広がった。日本経済はアメリカへの輸出に頼る部分が大きかったため、多くの企業が倒産した。これは経済をそれ程知らない政治家が、第一次世界大戦の間に停止していた金本位制を、機械的に復活したために起きたデフレ不況であった。しかし、それを見極め、適切に対処出来る政治家が殆どいなかったために、世界不況はたちまち深刻化した。

金本位制は各国が保有している金に対応する通貨しか流通させられない制度であるが、第一次世界大戦の間には、戦争をするために軍需物資を大量に生産しなければならないので、膨大な通貨が必要になり、金本位制を停止して、お金を大量に刷って、市場に流通させた。しかし、大戦が終わると、なんとなく金本位制に戻さなければならない様な気になり、各国が一斉に金本位制に戻って、まだ大量に出回っていた通貨を急激に減らしたために、急激に商品の価格が下がり、同じく会社の利益も激減し、それと同時に給料も下がり、多くの国がデフレスパイラルに陥った。これを浪費が原因と考えた各国政府が、さらに通貨の流通量を絞ったために、世界的な恐慌に陥ったのである。

デフレ不況は、大規模な公共事業などで通貨の流通量を増やせば回復するのであるが、その事を知っていたのは世界でも極僅かな人だけで、その内の一人が高橋是清であった。

(以上⑬⑲参照)

高橋是清の財政政策　の概略は以下の通りである。なお、高橋是清は日露戦争の戦費調達で功績を挙げ、その後、貴族院議員、日銀総裁、大蔵大臣となり、大正一〇年一一月（一九二一年）、高橋は財政手腕を買われて総理大臣になった。（以上⑬参照）

昭和二年（一九二七年）、三度目の大蔵大臣在任中（田中義一内閣）に起こった金融恐慌で、全国的な銀行取付騒ぎが起きた際には、支払猶予措置（モラトリアム）を断行すると共に、片面だけ印刷した急造の二百円札を大量に発行して、銀行の店頭に積み上げさせ、預金者を安心させて、昭和金融恐慌を瞬く間に鎮静化させた。（以上⑬参照）

ところが、次の濱口雄幸内閣は、経済に弱い井上大蔵大臣の下で、財政と金融の緊縮政策を進め、昭和五年一月（一九三〇年）、欧米に合わせて、金本位制への復帰を実施してしまった。このため、欧米と同様に、日本は激しいデフレとともに、空前の大不況（世界恐慌：昭和恐慌）に陥ってしまい、高橋の政策の効果は潰されてしまった。（以上⑬ⓦ参照）

昭和五年（一九三〇年）には豊作による農作物の価格の暴落「豊作飢饉」で農家の収入が激減した上、翌昭和六年には一転、冷害による大凶作となったため、東北の農村では多くの餓死者も出、多くの娘が身売りさせられるという、悲劇的な状況になった。このため、国民の中に、政党政治そのものに対する強い不信感が育っていった。（以上ⓦ参照）

昭和六年（一九三一年）、四度目の大蔵大臣在任中に（犬養毅内閣）、高橋は再度金輸出再禁止（金本位制の停止）、日銀引き受けによる政府支出の増額、時局匡救事業（景気対策のための公共事業）などの政策を矢継ぎ早に打ち出し、世界のどの国よりも早くデフレから脱却させる事が出来るかと期待されたが、その結果が表れる前の、昭和七年（一九三二年）五月、犬養首相が暗殺（五・一五事件）されてしまい、また元の木阿弥であった。（以上⑬参照）

高橋是清暗殺される（二・二六事件）　昭和一一年（一九三六年）二月、六度目の大蔵大臣在任中に、軍事予算縮小を図ったところ、軍人達の恨みを買い、青年将校らに自宅で射殺された。（以上⑬ⓦ参照）金融に明るく、決断力と判断力に優れた、偉大な政治家であったが、経済学に疎い青年将校らにはただの「拝金主義者」に過ぎなかった。

ブロック経済　日本政府は世界恐慌から脱出するために、金融緩和に踏み切ると共に、積極的な歳出拡大をし、農山漁村経済更生運動を起こし、インドや東南アジアへと輸出を行い、欧米諸国よりも早く景気回復を成し遂げた。これに対し、欧米諸国は、「日本が輸出する安い製品は、労働者の不当に安い賃金によるもので、ソーシャル・ダンピングだ」と非難した。

また、高橋是清が金本位制を停止し、事実上の管理通貨制度に移行した事で、円相場が下落して輸出が拡大した事も、「日本がソーシャル・ダンピングをしている」という非難をさらに過熱させ、欧米諸国との経済摩擦につながった。

イギリスやアメリカやフランスは自国および植民地の経済を守るため、それぞれ「ポンド・ブロック」、「ドル・ブロック」、「フラン・ブロック」と呼ばれた経済ブロックを形成して、それ以外の国からの輸入品に高い関税を掛けた。これは「ブロック経済」と呼ばれるもので、極端な保護貿易である。これにより、輸出に頼っていた日本、ドイツ、イタリアなどは経済的な危機を迎えた。日本が満州の開拓に乗り出したのも、後に「大東亜共栄圏」を構想するのも、アジアに「円ブロック」を作ろうとする動きであった。（以上⑬参照）

満州の発展　日露戦争でロシアを満州から追い出して以降、日本は満州鉄道（満鉄）を始めとする大規模な投資により、満州のインフラを整え、産業を興してきた。そのお蔭で満州は大発展したので、満州人だけでは労働力が足りなくなっていた。この頃、清国では戦乱が相次ぎ、日本は満州の治安を守るために、関東軍を置いて、戦乱の波及を防いだのである。そのため、治安の悪い清国から大量の難民が押し寄せることとなった。そして、日露戦争が始まった明治三七年（一九〇四年）頃に約一〇〇〇万人だった満州の人口は、二十数年の間に三〇〇〇万人に増えていた。

元馬賊だった張作霖は権謀術数にたけた人物で、日露戦争後に日本の関東軍と手を結び、軍閥を組織して満州を実効支配し、徴収した金を全て自分のものとしていた。

当初、張と関東軍の関係は良好だったが、大正の末頃から、物資の買い占め、紙幣の乱発、増税など行い、関東軍と利害が対立する様になっていた。さらに、欧米の資本を入れて、日本の南満州鉄道（満鉄）と並行する鉄道（第二満鉄）を敷設した事で、両者の衝突は避けられなくなった。満鉄は鉄道事業が中心であるが、満州全域に広範な事業を展開し、日本軍による満州経営の中核となっていた会社なので、関東軍としても見過ごす訳にはいかなかったのである。（以上⑬参照）

ロンドン海軍軍縮条約交渉　ワシントン軍縮条約で決まった、対米六割に不満を募らす日本海軍は、主力艦での劣勢を挽回しようと、大型潜水艦や一万トンクラスの大型巡洋艦などの補助艦を次々に建造して、アメリカに対抗しようとした。さらなる軍拡の開始である。すると、今度はこうした補助艦についても保有数を制限する軍縮の機運が高まってくる。そして、昭和二年（一九二七年）、ジュネーブ軍縮会議を開催した。しかし、会議に参加したのは日、米、英の三ヶ国だけで、フランスとイタリアは出席しなかった。結局、合意には至らず、会議は失敗に終わる。しかし、日本の建艦状況を見て、補助艦の軍拡を制限する国際的枠組みの必要性を痛感していたアメリカは、積極的に動き、昭和五年（一九三〇年）、ロンドンで補助艦の保有量を制限する海軍軍縮会議を開催する事に決まった。

昭和四年（一九二九年）一一月一二日、山本はロンドン海軍軍縮会議全権委員の海軍側随員を命ぜられ、ロンドンに渡った。軍縮問題を担当する海軍省軍務局長になっていた。堀の推薦によるものである。山本は出発に当たり、海軍少将へと昇進している。日本の首席全権は元首相の若槻禮次郎、海軍大臣の財部彪、駐英大使の松平恒雄、駐ベルギー大使の永井松三の計四人である。山本を含む全権団は、日本を発つ前に閣議決定された「（端的に言えば）補助艦兵力の対米比率七割を参加国に認めさせる」事を任務としていた。

海軍随員であった山本と山口多聞は軍縮案に強硬に反対、日本側代表団は混乱した。最も強硬に対米七割を主張し、首席全権の若槻禮次郎を困らせて、大蔵省から派遣された賀屋興宣が「財政面から軍備の大きい負担には耐えられない」旨の意見を言おうとした際には、「賀屋黙れ、なお言うと鉄拳が飛ぶぞ！」等と怒鳴りつけて、賀屋を黙らせたともいわれる。それでも、賀屋は、山本について、「聞き上手で話しやすい人、真に度胸のある、正しい素直な人、いつ論じ合っても後味の悪い事が無い」と言っている。会議の席で怒鳴りつけられても、こんな風に山本を評するなんて、普段は山本は余程穏やかな人格者だったのであろう。

ロンドン軍縮会議は昭和五年（一九三〇年）一月二一日に始まり、一〇回に及ぶ会合がもたれたが、なかなか妥協点は見いだせなかった。しかし、最終的に、日本の保有トン数はアメリカの約七割に抑えられ、日本政府は、海軍軍令部の了承を取り付けた上で、これを受け入れた。山本は、自分は余り発言しないで、日本側の議論が紛糾した時に、「東京の上官が決めたのだから、軍人らしく、それに従うべきではないか」と柔らかく話して、皆の熱をさましていた様である。右の記述とは全く違う態度で、なかなか上手に対応している。

この軍縮条約を巡って、海軍内に艦隊派と条約派という派閥争いが生じ、海軍の人事に大きな影響を与え、この一件が、山本五十六が艦隊派から同志であると受け止められた一因となり、山本出世のきっかけにもなった。結局、外交団代表は山本の意に反して、軍縮条約に調印した。同期の友人に山本は「適任でなかった」と語り、「失意の山本が海軍を辞める」という噂さえ流れた。だが、山本は立ち直り、軍令部次長・末次信正に対し「劣勢比率を押しつけられた帝国海軍としては、優秀なる米国海軍と戦う時、先ず空襲を以て敵に痛烈なる一撃を加え、然る後に全軍を挙げて一挙決戦に出るべきである」と進言した。

しかし、これを受け入れた濱口内閣を、一部の軍人や野党政治家が、「統帥権干犯問題」を持ち出して、激しく非難した。（以上⑦⑬参照）

統帥権干犯問題　「統帥権」とは、軍隊を指揮する最高権限の事である。明治憲法の第十一条には、「天皇は陸・海軍を統帥す」とあり、その意味するところは、憲法成立時から「政治家は、軍事を専門家である陸・海軍に任せる代わりに、軍も政治に介入しない」という事と、憲法の文言とは全く異なる解釈がされてきて、軍人には選挙権も与えられていなかった。

ところが、ロンドン海軍軍縮条約に反対する野党政治家（犬養毅、鳩山一郎など）が、それまでの明治憲法の解釈と運用の実績を無視して、「陸海軍の兵力を決めるの天皇であり、それを差し置いて兵力を決めたのは、天皇の統帥権と編制大権を侵すもので、憲法違反である」と言い出して、政府を批判したのである。これまでの憲法の運用の慣例によれば、この件に「統帥権」は無関係だったし、政府の条約締結は憲法に違反していなかった。（以上⑬参照）

しかし、犬養、鳩山ら野党政治家は「運用の実績や慣例ではなく、憲法に書いてある事には従うべきだ」と主張し、やがて一部の軍人や国民にも政府を非難する者が出てくる事を期待したのである。ここで、多くの反薩長閥のエリートが明治憲法の大きな欠陥に気が付いた。ちなみに、犬養も鳩山も系譜は旧岡山藩の藩士である。

そして、彼等は「憲法の運用の実績など、薩長閥の元老達が勝手に決めた事はどうでも良い」と考える様になっていくのである。それ程、憲法条文に書いてある文面とその解釈とが余りに違い過ぎた。運用の実績が憲法と同じ力を発揮するのは、憲法や法律が国民多数によく理解され、議会が十分に機能している、安定した民主主義国家でのみ可能である。しかし、当時の日本は民主主義の何たるかもよく知らず、薩長閥の寡占体制を憎む、反薩長閥の政治家と軍人が多数台頭してきた時期であり、彼らは薩長閥の作った国家体制そのものを揺さぶって、主導権を奪還しようとしていた。これは国家に対する一種の反乱であった。しかし、これを取り締まる機関は特高警察しかないが、法律の解釈は特高警察には越権行為であり、また、軍人もこの論争に参加し出したので、特高警察も動けなかった。

そして、彼らの期待通り、国会での激しい論争の最中に、昭和五年（一九三〇年）一一

月、首相の濱口雄幸は右翼の直情的テロリストに銃撃されて、重傷を負い、首相を辞職し、九ヶ月後に死亡した。（以上⑬参照）

これは政党政治家の自殺行為であった。この一連の事件以降、内閣が陸・海軍に干渉出来ない空気が生まれ、陸・海軍の一部が、「憲法の欠陥」と「親補職制度」を上手く利用して、中央の指示を無視して、満州事変などの軍事行動を起こし、暴走していくことになった。

また、軍事知識が不足している、政党政治家達の台頭に危機感を持つ青年将校の間に、政策を論じるグループが生まれていった。これは軍人勅諭に違反しており、危険な兆候であった。（以上⑬参照）

張作霖爆殺事件　昭和三年（一九二八年）六月に、張作霖が奉天近郊で列車ごと爆殺された。事件の首謀者は関東軍参謀（河本大作大佐が自首）と言われているが、最近旧ソ連の公開された極秘文書から「スターリンの命令により、ソ連の特務機関が行った」という説も浮かび上がってきたが、決定的な証拠は未だに無い。張作霖の後を継いだ、息子の張学良はこの後、満州に入植してきた日本人と朝鮮人の権利を侵害する様々な法律を作った。また、第二満鉄の運賃を異常に安くする事で、満鉄を経営難に陥れた。そのため、満鉄は昭和五年（一九三〇年）後半から深刻な赤字が続き、社員に千人の解雇を余儀なくされた。（以上⑬参照）

満州事変　「日本政府の無為無策では南満州鉄道や入植者を守れない」と判断していた関東軍は、昭和六年（一九三一年）九月、奉天（現在の瀋陽）郊外の柳条湖で南満州鉄道が爆破された事件を、中国軍の仕業であるとして、満州の治安を守るために、板垣征四郎大佐と石原莞爾中佐らが軍事行動を起こした。政府は不拡大方針を採ったが、総勢一万四五〇〇人の関東軍は、昭和七年（一九三二年）一月までの約四ヶ月間で、満州をほぼ制圧し、二六万五〇〇〇人の兵を擁する張学良を追放した。

こんな事は欧米式の戦い方では到底不可能な事であった。この事変は石原莞爾の異能ぶりをアピールする事になったが、「暗記の虫」の東條英機とことごとく対立したので、彼は東條内閣の成立と共に、昭和一六年（一九四一年）三月に予備役に編入されてしまった。

翌年、昭和七年（一九三二年）三月、関東軍主導のもと、満州は支那から分離され、「満州国」が建国された（円ブロックの形成）。国家元首には清朝最後の皇帝、愛新覚羅溥儀が就任した。石原莞爾は満州国を同盟国として育てようと考えていたが、石原がいなくなると、後任者達は満州国を植民地と見なす様になった。

列強諸国は、「九ヶ国条約」違反だとして、日本に抗議した。しかし、この条約では、中国に満州が含まれるかどうかは曖昧にされていた。満州は古来、いわゆる漢民族が実効支配した事は一度も無い。明治四五年（一九一二年）に南京に臨時政府を建てた、孫文が「中華民国は清朝の領土を引き継ぐ」と宣言したが、これは一方的な宣言に過ぎない。中華民国の体制は非常に弱く、その支配は限定的で、満州に限らず、支那の広い版図の大半の地域に地方軍閥が割拠していた。（以上⑬参照）

山本五十六　海軍航空本部技術部長　昭和五年（一九三〇年）一二月、山本は海軍航空本部技術部長に就任し、「航空主兵」を強力に推し進めると同時に、未熟だった日本海軍航空機の発展に尽力した。外国機の輸入と研究に積極的であったが、「外国機の輸入は我が航空科学技術の恥辱と思わねばならぬぞ。それは日本科学の試験台なのだ。もし、国産機が外国機の単なる模倣に終わったら、欧米科学に降伏したものと思え。その代わり、それを凌駕する優秀機が作られたら、勝利は日本科学の上に輝いたと思え」と技術者達を激励している。

昭和六年（一九三一年）松山茂本部長（三代目）、山本五十六技術部長、和田操首席部員のトリオは第一次航空機国産試作五ヶ年計画をたてた。実際の起案者は和田だったが、これを「大臣決裁」にまで持ち込んで、この基本計画が途中で変更されない様に「重み」を持たせたのは山本だった。本部長や技術部長が二、三年で変わる度に、基本計画が変更されたのでは、欧米には追いつけないという考えからだった。試作機の中心となるのは艦上戦闘機であったが、山本は「英米の艦上機より速力で絶対に優勢であること、そのためには他の諸性能は若干劣勢になっても差し支えない」との指示を出した。（以上⑥ⓦ参照）

当時の艦上戦闘機の最高速度は一六〇～一七〇ノットであり、複葉機か一葉半機であった。山本の指示を聞いて、技術部員佐波次郎は「二〇〇ノット（約三七〇キロ）を出すためには、空気抵抗の少ない単葉型機を採用し、空母への離着艦速度を、現在より増加させる事が絶対条件になります。ついては、母艦の最高速度は二五ノット以上、また飛行甲板の長さは赤城、加賀以上であって欲しい」と申し出た。これに、山本は左記の様に即答した。

「空母は艦上機を行動させるための道具であるから、飛行機を母艦に合わせて設計するのは誤りで、母艦を飛行機の性能に合わせて設計、改造すべきである。新戦闘機が二〇〇ノットだしたら、母艦は改造させるから、直ちにこの方針で研究せよ」

佐波は戦後、「この一言でわが海軍が列強海軍に先駆して低翼単葉機を採用し、大東亜戦争中期まで他の追随を許さず、また、従来の艦上機が陸上機に劣るとの固定観念を打破する事が出来たのであった」と語ったという。

昭和七年（一九三二年）山本は海軍航空機の条件として、「国産、全金属、単葉機」の三つを掲げた。複葉機から単葉機への移行中に単葉機の速度が増し、着艦距離が延びる事が問題になったが、山本は「母艦発着甲板の方を長くせよ」と指導した。（以上⑥ⓦ参照）

こうした経緯で昭和八年二月に完成したのが三菱の「試作七試艦上戦闘機」で、二機作られ、いずれもテスト飛行中に事故を起こした。山本は未だ技術部長として、在任中の事である。しかし、「日本における最初の低翼単葉片持翼を採用した斬新な設計」であり、「八試特偵、九六式艦戦、九六式陸攻に受け継がれ、それら飛行機の成功から全国的に行き渡り、近代式飛行機に貢献した。」と評価されている。

この艦上機の技術と設計を受け継いだ傑作機・九六式艦攻は山本が航空本部長（昭和一〇年一二月～一一年一一月）在任中に採用されたが、速度は二三〇ノット（四二六キロ）で、当初予定の二〇〇ノットを優に超えるものが完成した。山本が技術部長時代に種を蒔いていたのが、本部長として帰ってきた時に、結実したのである。これは「零戦」が登場（昭和一五年九月）するまでの花形戦闘機となった。

当時の松山航空本部長は、艦上戦闘機とは別に長距離大型陸上攻撃機というものを着想していた。南洋諸島から日本に向かう敵艦隊を、本土の陸上基地から発進して攻撃する飛行機である。山本技術部長はこの開発にも直接関わり、在任中に試作機第一号機（八機）が完成した。（以上⑥ⓦ参照）

中翼単葉、二枚垂直尾翼、固定脚、最大速度一三二ノット（二四四キロ）、航続距離二〇〇〇ノット（三七〇〇キロ）、爆弾（又は魚雷）二トン積載というもので、七試大攻（九五式陸攻）と呼ばれた。この技術は後に日本海軍の代表的な艦攻である九六式艦攻に引き継がれていった。日支戦争初期の、台湾から暴風雨をついて南京爆撃を敢行した、渡洋爆撃、あるいは大東亜戦争初期のマレー沖海戦で、「プリンス・オブ・ウェールズ」や

「レパルス」を撃沈したのはこの「九六式艦攻」である。

昭和九年（一九三四年）、「赤城」の第一航空戦隊研究会で、横空分隊長・源田実大尉は、「敵の航空母艦を先制制圧するために急降下爆撃機を用いる」事、航続距離の延伸、操縦性の軽快さ、戦闘機としての流用等を考慮した〝単座急降下爆撃機〟を考案して、戦闘機と爆撃機の半数ずつを入れ替える」という意見を出した際、山本五十六は「源田の言う様に、飛行機は爆撃に使用すべきである」としつつ、「航法上の安全性からやはり二座になる」と「単座」を却下した。（以上ⓦ参照）

こんな風に、山本は海軍航空軍備の成長期に、技術部長という要職にあって、航空隊の行く末をあやまたず、その方向性を的確に指示した功労者であった。ただ、山本はここから一歩踏み出して、「空軍を作る」という案には断固反対した。これは「陸軍が親ソ連である事」から「陸軍が共産主義国家を作ろうとしている」と海軍が疑っていた事に基づくもので、油断の出来ない問題であった。空軍を陸軍に牛耳られたら、海軍も一転弱い立場になる可能性が大きくなる。（以上⑥ⓦ参照）

山本五十六の人物像　山本は乃木希典陸軍大将を尊敬していた。山本も友人の歌人から「乃木将軍を　稍々口悪く、素気無く描けば　そこに山本がいる」と冗談めかして評されている。東郷平八郎元帥に対しては、自身の同志や友人を海軍から追放した経緯から否定的な感情を抱いていた。東郷神社が建立された際、「面倒臭いこと（軍縮条約締結）をやって貰って神様になったのだから、拝めば何か御利益があるだろうよ」と周囲に皮肉交じりに語った。東郷は老害が酷くなっていたので、晩年には青年将校達には余り尊敬されない存在になっていたのである。（以上⑤㉔ⓦ参照）

そのためか、真珠湾攻撃の成功により海軍内で自らが軍神の如く神聖化されて扱われることに対し、「俺は神様でも何でもないんだ」と不満そうに言った。昭和一八年の自らの戦死後、周囲が「山本神社」を建立しようと動いた際、山本の遺志を知る人々がその動きを止めた、といわれる。（以上⑤ⓦ参照）

五十六は将棋を趣味にしており、アメリカ留学時代、留学生・小熊信一郎と互いに意地を張った結果二六時間連続で将棋を指した。一〇〇番予定だったが双方疲労の末、七五番で切り上げた。連合艦隊司令長官になっても将棋をやめる事はなく、浴衣に着替えると渡辺安次、藤井茂と日課のように将棋を指し、藤井には苦戦した。普段無口な山本だが、将棋を指す時には冗談を交えつつ参謀をからかっている。真珠湾攻撃の前日にも渡辺と指し、ミッドウェー海戦でも空母「赤城」、「加賀」、「蒼龍」の被弾炎上という急報を「大和」作戦室で渡辺と将棋を指している時に受け取った。そんな時に、慌てても、何の役にも立たない。「大和」を戦場に近づければ「沈めてください」と御願いしているみたいなものである、と考えていたのであろう。戦艦などは空母同士の戦闘の場では、ただの餌食に過ぎない。

五十六は酒を飲まなかったが、甘いものが好物で、夜食に汁粉が出ると喜んだ。副官は「虎屋の羊羹を切らさぬように」と近江に注意をしている。山本の同期生嶋田繁太郎大将も「長門」を訪れた際に大量の「虎屋の羊羹」を土産に持参した。あめ最中も好物としており、新潟市白山駅の「渡辺あめや」には礼状が飾ってある。日本では柿、南方ではパパイヤを好物とし、「大和」の冷蔵庫にはパパイヤが山のように保存されていた。水饅頭が大好物であった。ただし、これはくず粉を用いて作った透明の生地で餡を包んだ夏季の生菓子の水饅頭ではなく、酒饅頭を冷水で浸したものに砂糖を掛けたものであった。

五十六は非常にお洒落な人物であり、大切にしていた特製のサージの軍服は、逆光で青色に光った。毎日五足以上の靴を磨かせて並べて履き替えていたが、靴の中が熱くなるのを嫌っていたからであった。従兵長達が山本のために精一杯豪華な食事を用意し続けたため窮屈な軍艦内部の生活が原因で運動不足になり、高血圧から脚気になった可能性がある。山本は一九四二年末〜一九四三年にかけて手足のしびれ・むくみを訴えたため、古賀峯一大将が心配している。また、女性に対して細やかな気配りを見せ、得意の逆立ちで宴席の場を盛り上げるなど、花柳界ではかなりの人気者だった。その一方で山本は下戸であり、一説によると彼の徳利には番茶が入っていた。連合艦隊旗艦「長門」艦長・大西新蔵は、宴会で専用の徳利から酌をされる山本を目撃している。海軍将校間の宴会では無口だった山本だが、拳骨の腹に徳利を吸いつけて酌をする隠し芸を披露した。

五十六は他人に揮毫を頼まれた時は「常在戦場」と好んで書いている。この言葉は、故郷旧長岡藩の藩是である。「号」は「兜城」（長岡城の別名）、のちに「長稜」（長岡の雅名）を使った。戦前、山本は「支那の夜」（渡辺はま子）という流行曲を気に入り、昼食時に軍楽隊に演奏させていた。逆立ちが得意で「アメリカ行きの船の中で催されたパーティーで、階段の手摺の上で逆立ちを披露した。続いて皿回しを披露して乗客を唸らせた」「妙義山頂の岩の上や加治川急流下りの舟の舳先などで逆立ちを行い、皆がハラハラする様を楽しんだ」といった話が伝えられている。河合千代子不在の折に妾宅を訪れ、山本とは面識のない千代子の兄が留守番をしている前で、逆立ちをし、屁をひとつひって、「これでも海軍大佐だ」と自己紹介した、といわれる。（以上ⓦ参照）

明治憲法の大原則は「君臨すれども親裁せず」　大日本帝国憲法の基本原則は、「統治権は天皇が総覧するが、実際の政治は政府が行う」という事であった。それで、明治天皇は憲法制定以降は基本的に「君臨すれども親裁せず」という政治姿勢を取った。つまり、明治天皇は立憲君主であって、専制君主では無かったのである。だから、明治天皇は御前会議の場でも、基本的に閣僚達の意見を聞いているだけで、自らの意見を余り口にする事は無かった。そして、内閣の決めた事には余り異議を挟まなかった。それは維新を成功させた経験豊富な元老達が、一致協力して天皇を支えたからである。（以上⑬参照）
しかし、明治憲法には重大な欠陥があった。陸軍、海軍、議会（衆議院、貴族院）、大審院（裁判所）、枢密院（顧問機関）の長と各国務大臣が全て天皇直属になっていて、天皇以外の誰にも権力が集中しない様になっていたのである。しかも、内閣と内閣総理大臣については何の規定もなく、内閣総理大臣は単に国務大臣のリーダーとして、最初に天皇から組閣を命じられ、また、最後に各大臣の辞表を取りまとめる者にすぎなく、総理大臣には各国務大臣の任命権も罷免権もなかった。さらに、連合艦隊司令長官や方面軍司令官、師団長などの親任官や親補職も天皇に直属していた。これは江戸幕府の様に、天皇と国民の間に、別の強い権力が介在する事が無いように、工夫したものだった。維新の元勲達は反薩長閥の巻き返しを強く警戒して、この憲法を作成したのである。それに、衆議院の多数党の党首にどんな人間が就くか全く分からないので、用心した面もあった。（以上㉑Ⓨ等参照）
だが、全ての政府機関が天皇に直属すると、天皇の仕事が過重になり、また「親裁する」事になるので、維新の元勲達が天皇の直下に介在して、超法規的に各機関を指導して、天皇の代わりに調整した。最初から、憲法に大きな欠陥がある事を、元勲達も認識していたのであるが、彼らは「陸・海軍の武力がその欠陥を埋め合わせてくれるだろう」と高を括ったのである。憲法制定の時点では、維新が成功し、戊辰戦争も西南戦争も乗り切ったばかりなので、維新の元勲達は、陸・海軍が圧倒的に多数派の反薩長閥に支配される可能性を全く考慮しなかった。彼らの思考力の範囲では、そんな事はある筈が無かったのである。しかし、（反政府の証拠とされる事を怖れて）証拠の文書は殆ど無いが、旧武士階級の親達や親の親類縁者達は軍人になる子供達に敵討ちを期待し、殆どの子供達もそれを受け入れたものと思われる。

誰が多数の政府組織間の調整をするのか　しかし、その経験豊富な元老達がいなくなったら、誰が多数の政府組織間の調整をするのか、決めていなかった。であれば、天皇が調整役をするしかないのだが、それでは「親裁」する事になってしまうし、仕事量が過大になる。それならば、各政府機関との間に天皇の補助をする新たな組織を作れば良いだろうが、明治憲法には「改正の発議は天皇だけが出来る」となっているので、昭和天皇に「憲法改正の発議をして下さい」とお願いするのは、明治天皇に不敬であるし、自分達の無能や不仲をさらけ出す事にもなるので、それも出来ない。という訳で、憲法の重大な欠陥がそのまま放置されて、昭和の日本を破滅に追い込むのである。国の機関が全く連携を欠いていて、それでいて国家の存亡をかけた戦争に突入していくのだから、結果は破滅しかない。（以上ⓦ参照）

昭和天皇は憲法学の講話を受けていた筈ではあるが、憲法の欠陥問題については、明治天皇に対して不敬であるので、殆ど話を聞いていなかった、と思われる。

しかし、昭和初期の日本国の実情は、漫然と明治天皇の「君臨すれども親裁せず」の姿勢を真似ていればそれで良い、という状況ではもう無かった。気の毒ではあるが、誰も支えてくれる実力者がいなくなった以上、自分の地位さえ自分で守る覚悟が必要だったのである。

この後、クーデターやクーデター未遂事件が連続する、昭和七年（一九三二年）前後になると、競争相手の皇道派を潰して、権力を掌握した統制派の高級将校達が天皇を半ば公然と「てんちゃん」と呼ぶようになる。これは、仮に彼らが天皇に逆らって、クーデターを起こし、強制的に天皇を替えたとしても、天皇にはそれに抵抗するために使える陸軍部隊が全く無くなった事を、意味していた。昭和天皇はその事に気付いていたのだろうか？

いや、それならば、名将山下奉文大将を八年間も冷遇する筈が無いであろう。彼は裏で青年将校達を操っていた訳ではない。彼は（五・一五事件の首謀者達の無罪と少しでもバランスを取って）、「二・二六事件の首謀者達を武人として死なせて下さい」と御願いしただけである。この二事件の裁決は明らかに不公平であり、天皇を利用した陰謀の匂いがする。

大蔵省と内大臣府が実務的な調整をした　しかし、そうは言っても陸軍も海軍も他の機関も予算を大蔵大臣に認めて貰わなくては動きが取れないし、またトップの人事を内大臣に認めて貰わなくては親任官や親補職などの制度も使えないので、全ての政府機関は大蔵省と内大臣府に官官接待を繰り返し、なんとか最低限の予算やトップ人事を認めて貰おうと頑張った。山本五十六や東條英機はこの官官接待に長けており、海軍や陸軍に無くてはならない人材であった、といわれる。真珠湾攻撃以前に、山本の辞表が威力を発揮したのには、こうした事情もあったのである。

しかし、それでも、こうした事務的な折衝では「アメリカと戦争するのかしないのか」、「いつ戦争を始めて、どうなったら戦争を止めるのか」、「ソ連とは戦争をしないのか」、「支那とはいつまで戦争を続けるのか」など、国家の運営に欠かせない基本方針を決める事は出来なかったので、その場しのぎの折衝に終わった。大蔵大臣や内大臣府にはそうした問題を論ずる責任も権限も無かった。ましてや、総理大臣には何の権限も無いので、誰も相談には行かなかった。だから、大東亜戦争の開戦の際にも、日露戦争の時の様に、国の滅亡の危機に備える態勢も取られる事はなかった。ただ、国家総動員法により、国家が自由に国民の所有物を徴発する事が出来る様にしただけであった。（以上⑲参照）

駐米大使・斎藤博　昭和八年（一九三三年）、外務大臣・廣田弘毅は、大抜擢人事として、斎藤博を駐米大使に任命した。駐米大使・斎藤博は、彼の外交的信念から、日本を米英の側に止め置くためのあらゆる手段を講じている。（以上⑥参照）

彼は、かつての日英同盟に替わる「日米同盟」案を練り上げて、密かにルーズベルト大統領とハル国務長官との単独交渉に臨んでいる。しかし、日本の外務省は、次第に陸軍の左翼将校と志を同じくする若手外交官に要職を占められつつあった。東京で次々と打ち上げられる外交的アドバルーンは、駐米大使の斎藤博の意図とは全く異なっていた。日本は支那大陸への野心を露骨に表し、親ヒトラーの路線に傾いていった。東京の外務省から孤立し始めた大使を、アメリカ国務省は敬して遠ざける策に出た。斎藤大使の「日米同盟」案は葬り去られる運命にあった。日本は、急速に極東での軍事的冒険に乗り出す準備を始めた。人種差別主義者の彼らが「斎藤を敬した」という事は、雪国生まれの父母や先祖の遺伝子を引き継いで、斎藤は色白で、彫りが深く、長身で白人に近い風貌だったのであろう。

山本五十六　第一航空戦隊司令官　は昭和八年（一九三三年）一〇月に、第一航空戦隊司令官となり、空母「赤城」に座乗した。この際、故郷長岡の希望者二二人を「赤城」に招き、自ら艦内を案内した事もある。（以上ⓦ参照）

山本五十六の人物像　一番年下の忠夫が生まれたのも、鎌倉の家でだった。

山本は長男の義正を名門の府立一中に進学させたいと考え、その学区内の有名校の青南小学校に転校させる事にし、青南小学校の校区内の青山に転居する事になった。家族が多くなっていた山本一家にとっては、家具や荷物の置き場所にも困る程の手狭な家だった。しかし、通学には大変便利で、子供の足でも三、四分で学校に着くのだった。付近は、大きな邸宅が建ち並ぶ屋敷町で、こんもり茂った深い木立の奥からピアノの音が流れてくる、という様な環境であった。その一角に、細い路地があり、ここだけは珍しく小さな家ばかりが、びっしりと建っていて、その小さな家のひとつが、山本五十六の新居であった。

（以上⑤参照）

青山に転居してから、山本は長男の義正を誘って、少年時代から好きだった野球の試合を見に行く事が多くなった。特に、家から神宮球場が近かったので、六大学の試合をよく見に行った。山本は無口なので、どこのチームが贔屓なのかはなかなか分からなかったが、その内、試合が終わってからの山本の挙動で、慶応が贔屓らしい事が義正にも分かってきた。しかし、何故慶応が好きなのかは義正には暫く分からなかった。

しかし、ある時、山本が読んでいたペスタロッチの著書の中で、「人間はすべて平等である」という箇所に、鉛筆で傍線が引いてあるのを、義正は見つけた。また、さらに後に、福沢諭吉の「学問のすすめ」を読んだ時、義正は「天は人の上に人を作らず、人の下に人を作らず」とあるのを見つけ、やっと山本の慶応贔屓の理由が分かった様な気がした。

実際、山本五十六は「職業の貴賤とか、貧富の差で人間を差別すべきでない」という思想の持ち主であった。例えば、家の近所の酒屋や下駄屋の店員さんなどと、散歩の道すがら、実に気さくに世間話をする。相手の店員さん達も、山本の海軍中将という肩書きを忘れて、山本に冗談を言って、笑い合ったりしていた。しかし、子供達に対しては、決して

甘い顔をしなかった。そんな事から、山本の所へは、様々な人が身の上相談的に、山本を頼って、訪れた。(以上⑤参照)

ワシントン条約の破棄　昭和九年（一九三四年）九月二〇日、枢密院の本会議は、ワシントン条約の破棄案を通過させた。枢密院は海軍の意志を時の元帥・軍令部総長・伏見宮博恭王の意志に基づいて判断した。日本政府の決定を受けて、駐米大使・斎藤博は、昭和九年（一九三四年）一一月末、アメリカ国務長官のハルに、日本政府の「ワシントン条約の破棄通告文書」を手交した。これで、昭和一一年（一九三六年）一二月末日を以てワシントン条約は効力を失う事になった。この時、山本はたまたまロンドンにいた。翌年に行なわれる予定の予備交渉を行っていたのである。

山本五十六　第二次ロンドン海軍軍縮会議予備交渉　昭和九年（一九三四年）、九月、山本五十六は第二次ロンドン海軍軍縮会議予備交渉の海軍側首席代表として、日本を離れた。対米強硬派の軍事参議官・加藤寛治は「見送り盛んなり。但し、山本少しのぼせ気味。大いに託するに不足」と書いている。山本は政府の意を受けて「戦艦・空母の全廃、兵力量の各国共通制限設定」を主張し、列強交渉団と互角に渡り合う。

ただし、「戦艦・空母の全廃」は会議の決裂を日本政府が意図したものであり、山本が出発する直前に「ワシントン海軍軍縮条約の破棄」が決定している。この様な状況の下で欧米と交渉中、同期の親友・堀悌吉が予備役に編入される「大角人事」があって、山本は気力を失い、またアメリカも条約締結について冷淡であり、結局予備交渉は中断した。堀への手紙で、山本は「日本の対外強硬論」への不満と苛立ちを語り、また愛人への手紙にも、「自分がただ道具に使われたに過ぎぬ様な気がして、誠に不愉快である」と心境を明かしている。また、かつての部下に宛てた手紙には「海軍としては何はともあれ航空の躍進こそ急務中の急務なり」と書いた。山本の焦りが見える様である。（以上ⓦ参照）

ロンドンからの帰途、昭和一〇年（一九三五年）一月に、山本五十六はベルリンでリッベントロップやエーリッヒ・レーダー海軍統帥部長官や日独協会会長のパウル・ベンケ提督らと会談した。昭和九年（一九三四年）末にはハインケル社と日本海軍との間に、急降下爆撃機の技術売却交渉が始まっており、交換条件として航空母艦「赤城」の技術提供をドイツ海軍が要望していた。急降下爆撃機の技術導入は空母艦載機の攻撃能力一新がかかった重要課題であり、九九式艦上爆撃機の完成に結実した。また、「赤城」の技術情報を得た、ドイツ海軍は空母グラーフ・ツェッペリンの建造に着手、昭和一三年（一九三八年）一二月進水式を行った。日独間の対ソ提携の件はその夏以降、駐独陸軍武官の大島浩とリッベントロップの間で進められる事になった。（以上ⓦ参照）

昭和一〇年（一九三五年）二月、山本五十六はシベリア経由で日本に帰国し、東京駅に降りた彼を海軍大臣・大角岑生、外務大臣・廣田弘毅等が出迎えた。この時のシベリアの風景は恐らく山本に「荒れ果てた林が果てしなく続く」印象しか与えなかったであろう。

人の住む町は非常に希にしか現れなかった。アメリカとは全く異なる、荒涼とした土地であった。帰国した山本は海軍を辞めようとしたが、堀に慰留された。山本はしばし故郷の長岡で休養し、母校の学生達と交流した。

山本五十六　海軍航空本部長に就任　昭和一〇年（一九三五年）一二月、山本は海軍航空本部長に任命される。

空軍独立論について、山本は陸軍が主導権を握る事を懸念して、強硬に反対した。のちに、太平洋戦争の島嶼戦における陸海軍航空隊の指揮権を統一する案が出た時も、一貫して反対している。（以上Ⓦ参照）

この頃、欧米列強は新世代戦艦（ポスト条約型戦艦）の開発・建艦を一斉に開始し、日本も大和型戦艦の建造計画をたてた。山本五十六は航空本部教育部長・大西瀧治郎大佐と共に反対論を唱え、艦政本部と対立した。山本の航空主兵論と艦政本部長・中村良三大将の大艦巨砲主義論の対立は結論が出ず、軍令部総長・伏見宮博恭王の仲裁で、昭和一一年（一九三六年）七月に高等技術会議で大和型二隻の建造が決まり、三万トン級正規空母（翔鶴型航空母艦）二隻の建造も決まった。

山本は「砲戦が行われる前に艦載機の攻撃により撃破されるから、今後の戦闘には戦艦は無用の長物になる」と反対し、大型戦艦建造に携わった福田啓二によれば、山本は福田の肩に手を置き「どうもすまんがね、君達は近いうちに失職するぜ。これからは海軍も空軍が大事で大艦巨砲はいらなくなると思う」と語った。これに、福田は「不沈艦は無理でも沈みにくい船を造る」と反論したが、明らかに説得力が無かった。また、山本は九六式陸上攻撃機など攻撃機の量産で航空戦力の攻撃力を強化したが、大西瀧治郎と共に戦闘機を軽視した事で、戦闘機無用論者と見なされている。（以上ⓦ参照）

山本五十六の人物像　「やってみせ　言って聞かせて　させてみて　ほめてやらねば　人は動かじ」は山本の格言として有名である。これは上杉鷹山の「してみせて　言って聞かせて　させてみる」から影響を受けているとされる。「苦しいこともあるだろう　言いたいこともあるだろう　不満なこともあるだろう　腹の立つこともあるだろう　泣きたいこともあるだろう　これらをじっとこらえてゆくのが　男の修行である」という意味で、『男の修行』は経営者や指導者のための格言になっている。また警察予備隊、保安隊、自衛隊の教育方針として引き継がれている。

旗艦乗り組みの下士官兵の間では、艦内で出会った際に敬礼すると、山本は殆ど同時に正確な挙手の答礼を返してくる、と言われていた。新米士官の斉藤一好は、言葉を交わした事もない山本から「任官おめでとう」と声をかけられたという。戦艦「武蔵」で勤務していた蝦名賢造（海軍少尉、連合艦隊司令部通信士官）は、山本の敬礼の美しさに感激している。また、山本が書くべき考課表を部下達自らに書かせて、「大尉にもなって自分の長所短所が判然と分からぬようでどう修養するつもりか。真実なら自分の事は自分が一番よく知っているはずだ」と諭している。伏見宮博恭王（軍令部総長）と将棋を指した時には一方的に勝ち、伏見宮の付き人に手加減するよう耳打ちされると「同僚や部下には戯れで負ける事もあるが、大事な目上の方には誠心誠意相手をする」と答えた。

山本は、戦死した部下には、その家族に自筆で手紙を書き、場合によっては自ら墓参に訪れる事もあった。空母「赤城」艦長時代、艦載機一機が行方不明となった時は食事も通らず涙をこぼし、搭乗員が漁船に救助されて戻ってくると涙を流して喜んだ。南郷茂章大尉が戦死した際は遺族の元を訪れ、父親から話を聞くと、山本は卒倒する程慟哭し、周囲から助け起こされる程だった。戦死または殉職（事故死）した部下の氏名を手帳に認め、その手帳を常に携行していた。この手帳は生前宇垣纏に見せた事があり、山本戦死後、宇垣の秘書を務めた蝦名賢造少尉が整理した。蝦名によれば万葉集、明治天皇、大正天皇、昭和天皇の詩歌や山本の自作詩がぎっしりと書き込まれており、戦死者への賛美と死への決意で満ちていたという。（以上ⓦ参照）

天皇機関説事件　大日本帝国憲法の解釈は、当初、東京帝大教授の穂積八束らによる天皇主権説が支配的で、藩閥政治家による専制的な支配構造を理論の面から支えた。しかし、政党政治が始まると、明治三三年（一九〇〇年）頃から昭和一〇年（一九三五年）頃まで東京帝大教授の一木喜徳郎と美濃部達吉が唱える「天皇機関説」が定説として支配的になっていた。この説は「統治権は法人たる国家に帰属する」とした国家法人説に基づき、「天皇は国家の諸機関のうち最高の地位を占めるもの」と規定する天皇機関説を唱え、天皇の神格的超越性を否定し、「国民の代表機関である議会は、内閣を通して天皇の意思を拘束しうる」と唱え、政党政治に理論的基礎を与えた。このため、天皇機関説は現実的だとして官僚達にも明治天皇以降の各天皇にも受け入れられていた。

ところが、統帥権問題で陸・海軍が憲法の大きな欠陥に気が付くと、彼らの一部は天皇を絶対権力者に祭り上げて、最大限に利用するために、天皇機関説を叩き潰す事にしたのであろう。そして、昭和一〇年（一九三五年）政党間の政争を絡めて、貴族院において天皇機関説が公然と排撃され、さらに、美濃部は不敬罪の疑いで取り調べを受け（起訴猶予）、貴族院議員を辞職した。美濃部の著書三冊も、出版法違反として発禁処分となった。そして、当時の岡田内閣は、同年八月に「天皇が統治執行機関だという思想は、国体の間違った捉え方だ」、「統治権は天皇に存する」とする国体明徴声明を出して、天皇機関説を公式に排除し、その教授も禁じた。また、最初に戻ったのである。ちなみに、昭和天皇はこの決定に不満であった、と言われるが、残念ながら、公式には何も発言しなかった。

（以上ⓦ参照）

コミンテルンと支那　当時、上海の租界には約二万八〇〇〇人の日本人が住んでいたが、コミンテルンの指示に従い、日本人を標的にしたテロ事件や挑発的行為が頻繁に起きていた。

　昭和六年（一九三一年）、商社や商店、個人が受けた暴行や略奪は二〇〇件以上、通学児童に対する暴行や嫌がらせは約七〇〇件、殺害事件も何件も起きている。犠牲者も軍人だけでなく、托鉢僧や商社員、新聞記者など民間人が多数含まれていた。（以上ⓦ参照）

第一次上海事件　この様な状況を受けて、昭和七年（一九三二年）一月末、海軍陸戦隊が支那軍と市街戦に突入し、二月末まで、上海共同租界周辺で、戦闘が継続した。支那側の戦死者数は約四一〇〇人、負傷者数は約九五〇〇人、行方不明者数は七五〇人、日本側の死者数は約七七〇人、負傷者数は約二三二〇人である。支那側には、この他に民間人の死者数が約六〇八〇人、負傷者数が二〇〇〇人、行方不明者数が一万四〇〇〇人いた。陸戦隊が市街戦に突入すると、堀悌吉司令官が率いる第三戦隊（軽巡洋艦・駆逐艦部隊）が、居留民保護のために、急遽上海に派遣され、戦闘に加わった。三月初めから停戦交渉が行われ、五月上旬には停戦協定が締結された。（以上ⓦ参照）
　この際に、堀艦隊が上海の入り口に到着すると、現地の砲台から突然砲撃を受けた。この時、堀司令官は直ぐ反撃を命ずるのではなく、一時退却した後に、居留民の安全を確認し、付近の外国船舶等に攻撃を予告し、さらに砲台以外の民家に被害が及ばないように兵達を冷静にしてから、反撃に転じた。しかし、「戦争は常に悪である」と主張する堀を敵視する艦隊派は、「一時退却した」事のみを取り上げて、「戦う気概が無い」と激しく非難した。

しかし、支那軍を退却させた、日本の上海派遣軍司令官・白川義則陸軍大将が参謀本部の追撃命令を無視して、戦闘を止めて、停戦協定の交渉を始めた事には、何の異論も出なかった。これは、白川義則陸軍大将が親補職であった事で責任追及が出来なかったのである。堀悌吉司令官は、以前に「戦争は常に悪である」という主旨の論文を書いたために、誹謗・中傷し易かったのであろう。この家族を巻き込んだ激しい誹謗・中傷に心を病み、堀の妻・千代子は寝込んでしまって、そのまま、約一〇年後の昭和一七年（一九四二年）に結核で死去してしまった。（以上⑦ⓦ参照）

大角人事　昭和七年（一九三二年）一二月に、条約派・艦隊派のどっちに付くのかを曖昧にしてきた、大角岑生が海軍大臣になった。海相就任後の大角は、艦隊派に接近して、条約派の軍政系（海軍省系）の重鎮と目される提督達を、伏見宮と東郷平八郎の両元帥の威名の下に、次々に予備役に編入し、海軍から一掃するという「大角人事」を遂行した。先ず標的になったのは、山梨勝之進大将（昭和八年八月）で、昭和九年（一九三四年）には谷口尚真大将、左近司政三中将、寺島健中将、坂野常善中将、堀悌吉中将も大角の辞令で予備役に編入された。堀悌吉の件では、山本は軍令部総長・伏見宮博恭王に直接意見書を上呈したが、無視された。伏見宮博恭王は山本の様な小男は嫌いだったのである。海軍

艦隊派（多数派）も陸軍統制派（多数派）も訳の分からない事ばかりをやっているのである。（以上⑦ⓦ参照）

ルーズベルト大統領の誕生とソ連の承認　世界恐慌の最中、昭和七年（一九三二年）のアメリカの大統領選挙に社会主義的なニューディール政策（政府による積極的な経済への介入）と不戦公約を掲げて出馬し、当選し、大統領になった。フランクリン・ルーズベルト大統領は、中米の内戦に介入していた海兵隊を引き上げさせ、ニューディール政策などを次々と実施したが、余り効果が上がらず、支持率も余り芳しくなかった。

それで、大統領は、「ソ連は危険だ」という共和党の大反対を押し切って、昭和八年（一九三三年）一一月にソ連を国家として承認し、国交を樹立した。これにはアメリカの農産物の余剰問題を解決するために、食糧の不足に悩むソ連に余剰農産物を買ってもらおうと期待したのである。この期待は達成され、大統領の支持率は少し上昇した。しかし、第二次世界大戦後に抱える羽目になった「人類滅亡の恐怖」に比べると、実に下らない取引であった。アメリカはこうした目先の小さい利益に目がくらむ傾向が強い、といわれる。（以上ⓦ参照）

ルーズベルト家は先祖が清国へのアヘン貿易で栄えた一族だったので、罪の意識からか、この家系の人々は、大国のくせにゴマをするのが上手な支那人には親近感を持ち、小国でありながらゴマすりの下手な日本人には「猿のくせに生意気だ、皆殺しにてやる」という憎しみを抱いていた。

この人種差別主義者を間近で支えていた、ホワイトハウスと国務省の補佐官や秘書官達の中に最終的に一二七人のソ連の工作員が入り込み、大統領をスターリンの命令に沿う方向（米日・米独戦争）に誘導していった。（以上⑬⑩参照）

ヒトラー政権が誕生 昭和八年（一九三三年）一月末、ドイツにヒトラー政権が誕生し、**ルーズベルト大統領が誕生** 同年三月始め、アメリカ大統領にフランクリン・ルーズベルトが就任した。（以上⑥参照）

リットン調査団 列強諸国の日本への非難に応えて、国際連盟は満州事変の背景を調べるために、昭和七年（一九三二年）三月から三ヶ月に亘り、満州にリットン調査団を派遣した。この時、調査団は「満州における日本の権益の正当性や満州に在住する日本人の権益を、中華民国が組織的に不法行為を含む行いによって脅かしている」事を認める報告書を出している。つまり、満州事変には相応の発生理由があったと、国際的に認められた。だがその一方で、調査団は日本による満州国建国は認めず、満州は支那の領土であるとした上で、「支那には管理能力が無いので、日本に管理させた方が良い」と報告している。リットンは日本には実を取らせ、支那には花を持たせようとした、と考える人もいる。

（以上③⑬参照）

国際連盟を脱退　ところが、この報告書を日本の新聞や雑誌は「反日文書だ」と糾弾し、煽られた世論はリットンを蛇蝎の如く嫌悪し、ポピュリズムに流された政府は国際世論への説得ではなく、リットンと国際連盟への敵視を始めた。またもや、妥協を知らない新聞や雑誌が、日本の行方を大きく狂わせたのである。こうして、日本と敵対した国際連盟総会は、満州の占領地からの日本軍撤退と、満州国際管理を勧告し、日本はこの勧告を拒否し、昭和八年（一九三三年）三月、国際連盟を脱退した。

新聞・雑誌の煽動に負けて、政治判断を大きく誤ったのは、松岡洋右外相だけではなく、内閣全体の責任であった。民主主義制度の中では、内閣は国民の支持だけが頼みなので、それだけを重視すると、こんな事がよく起こるのである。

なお、これはスターリンの指示で日本の新聞や雑誌が日本の世論を派手に煽ったのだと思われる。愛国者を装って、敵国に都合の良い状況を作り出すマスコミ人はいつの時代も何処にでもいるものである。しかも、明治時代から、新聞は見かけ上は愛国的な反日キャンペーンを盛大に煽って、国を戦争に導くテクニックには習熟している。（以上⑬参照）

アメリカ海軍は日本軍のハワイ空襲の可能性を確認　F・ルーズベルト大統領は、（日本の国際連盟脱退を憂慮して）就任以前に、アメリカ海軍に無条約時代における戦略上の重要問題の検討を命じた。それで、アメリカ海軍は、ハリー・E・ヤーネル海軍大将の提案によるハワイ空襲の模擬訓練を実施する事にした。昭和七年（一九三二年）、ヤーネル部隊は空母二隻から成る機動部隊を編制し、仮想敵軍として、「真珠湾空襲」を計画・実施した。真珠湾のアメリカ太平洋艦隊は仮想敵の攻撃に備えて厳重な警戒態勢に入ったが、ヤーネル機動部隊は、（一〇年後の昭和一六年に、山本五十六が選んだコースとほぼ同じ）航路を北方から南下して、嵐の中、真珠湾の未明空襲に完全に成功した。これで、昭和七年（一九三二年）に、ルーズベルトは、実際の日本軍による真珠湾攻撃の一〇年も前に、それが可能である事を確認したのである。しかし、この結論はアメリカ海軍に衝撃を与え、また「そんな馬鹿な事がある筈が無い」と非難が集中したので、ヤーネル提督の定年退官と共に直ぐに忘れ去られてしまった。アメリカ海軍も「大艦巨砲主義者」の巣窟だったので、これから脱却するためには、日本海軍の真珠湾攻撃で驚愕する必要があった様である。山本五十六はアメリカ海軍の偉大な恩人だったのである。しかし、大統領は忘れなかったであろう。（以上ⓦ参照）

陸・海軍への社会主義の浸透　社会主義経済を勉強するだけで、「非国民」として逮捕し断罪するばかりで、不況脱出に向けた抜本的な経済政策をとろうとしない、永遠に変わりそうもない政府の姿勢に、とうとう我慢が出来なくなった軍の若い将校達の中に「社会主義と全体主義を組み合わせた国家体制を今直ぐ取るべきだ」という考え方が大勢を占める様になっていた。そして、これを支持する高級軍官僚達の後押しで、統制派の桜会が昭和六年三月と一〇月（一九三一年）にクーデターを計画したが、計画がずさん過ぎて直前に中止した。しかし、これを呼び水にして、昭和七年（一九三二年）五月に五・一五事件が、また昭和一一年（一九三六年）二月に二・二六事件が起こった。五・一五事件の首謀者達は世論に押されて、軽い刑で済んだが、二・二六事件の首謀者達は、天皇の怒りに触れて、死刑を受けた。（以上③⑩参照）

これらの運動資金は支那共産党を経てソ連からもたらされた、といわれる。それも使用目的を限定しない巨額の資金で、陸軍統制派の重鎮であった永田鉄山軍務局長へも届けられた、様である。こうして、次第に統制派は親ソ連に変質していき、日独伊三国同盟を締結した後も、この姿勢が変わる事はなかった。お金の力は強力なのである。（以上①②③参照）

明治維新以前を完全に否定した洗脳教育を受けて育った若者達は、「世界主義」や「社会主義」を何の抵抗も無く消化し、これを血や肉として、母国を持たないコスモポリタンになっており、国体を変える事に少しも抵抗を感じなかった。そんな事よりも、この不景気を何とかしたかったのである。しかし、その不景気をなんとか出来る高橋是清を自分達が殺してしまった事には気付かなかった。そして、自分達が引き起こした命令系統の乱れが、日本国の崩壊に繋がるかも知れない、事にも気付かなかった。いつでも、どこの国でも、高い教育を受け、父母や先祖を侮る若者は、簡単に騙されて、家族を破滅させ、祖国を亡国に導くのである。それは、彼らが「この世は高度な理論でどうにでも変えられる」という軽薄な人生観を持っているからである。だから、横文字で書いてある屁理屈を簡単に信じ、父母や祖父母の素朴で簡明な人生観を軽蔑して、大失敗をしてしまうのである。

但し、海軍は日本にいてもほぼ閉鎖された空間にいて、一般社会との情報交流も殆ど無く、兵達は皆諦めて訓練に励んでいたので、古風な上意下達の気風が強かった。それでも、海軍省や軍令部など、首都圏に勤務する軍人や、地方の軍港勤務の軍人にも、陸軍の知人・友人に影響されて、政治運動に参加する者も少なからずいた。しかし、当時の海軍トップには、薩長閥が多かったし、少数ながら永野修身、米内光政、堀悌吉、山本五十六、井上成美などの親英米派（反薩長閥）もいたので、陸軍統制派に完全に取り込まれる事は避けられた。（以上①②③参照）

五・一五事件の概要　昭和七年（一九三二年）五月一五日に、世界恐慌による経済苦境の中で、ロンドン海軍軍縮条約と政党政治に不満を持った、海軍の急進派青年将校らが兵士、血盟団、農民決死隊など約二五名を率いて、クーデターを起こし、首相官邸、内大臣官邸、立憲政友会本部、日本銀行、警視庁などを襲撃して、犬養毅首相を射殺した。

軍人が共謀して首相を殺害するなど許しがたい暴挙だが、それ以上に驚くのは、当時の新聞が犯人らの減刑を訴えた事である。この報道に踊らされて、国民の間に助命嘆願運動が沸き上がり、将校らへの量刑は異常に軽いものとなった。そして、この事が陸軍将校の反乱である二・二六事件を誘発したと言われる。こうして、またもや、新聞・雑誌が政治や法律をゆがめていったのである。しいて考えれば、この助命嘆願運動も、皇道派に二・二六事件を起こさせるための布石でなかったか、と疑われる。ソ連には「ソ連を最も警戒すべきである」と主張する、この皇道派の存在が邪魔だったのである。

事件の後、大正一三年（一九二四年）から八年間続いていた、政党内閣は終わり、選挙で選ばれた訳ではない、軍人や官僚が首相に任命される様になった。これにより、大正デモクラシーの旗印「憲政の常道」（総選挙によって組閣される）は有名無実化していく。

（以上⑬ⓦ参照）

永田鉄山斬殺される　昭和一〇年（一九三五年）八月、統制派のリーダーで軍務局長（陸軍少将）の永田鉄山が皇道派の相沢三郎・陸軍中佐に局長室で惨殺された。軍人にしては広い分野の要人と話が出来、柔軟な思考の出来る、器の大きい逸材であり、生きていれば陸・海軍を纏めて、アメリカとの戦争は選択しなかったろう、といわれる。しかし、その場合には永田がソ連を裏切る事になるが、それでソ連はこの逸材を警戒していたのであろう。その意味では、スターリンの指示で永田鉄山が殺された、という事も考えられる。

（以上ⓦ参照）

二・二六事件の概要　昭和一一年（一九三六年）二月二六日に、陸軍の皇道派の一部の青年将校達が、一四〇〇人の兵士を率いて、首相官邸や警視庁などを襲撃し、高橋是清大蔵大臣や斎藤実内大臣を殺害し、国会周辺を占拠した。

高橋は陸軍の予算を削った事で、青年将校の恨みを買っていた。彼等は腐敗した政党や財閥や政府重臣を取り除き、「天皇親政」という名の軍官僚による（社会主義）独裁政治を目指していた。これは立憲君主制をうたった明治憲法を否定するものであった。

この直後、軍首脳部が部下を討つ事を躊躇したので、大日本帝国憲法を否定するテロ行為に激怒した天皇は、「自ら近衛兵を率いて鎮圧する」と強い意志を表明したので、止む無く陸軍首脳部は鎮圧部隊を動員し、反乱軍は三日後に鎮圧され、首謀者らは死刑となった。

また、これの将校らの背後に、彼等を煽った皇道派の高級将校らがいる事も分かっていたが、彼等は罪に問われなかった。これも前述の「親補職制度拡大」の悪弊である。しかし、彼等は通常の人事異動によって要職からは異動させられ、軍を動かす権限を失った。

ちなみに、このクーデター失敗により、昭和六年の（三月事件や十月事件などの）クーデター未遂事件の裁判で苦境に追い込まれていた、陸軍の統制派が皇道派を駆逐して、完全に権力を掌握したために、「これは統制派の謀略ではないか」という疑惑が浮かんでは消えを繰り返している。しかし、確証は未だに無い。なお、皇道派は天皇親政と対ソ警戒論を掲げる陸軍の有力な派閥であり、ソ連との協力により社会主義体制を追求する統制派とソ連には邪魔な存在であった。（以上⑬⑩ⓦ参照）

さらに、二・二六事件の際に、米内光政は、横須賀鎮守府司令長官の権限で、海軍の第一艦隊を素早く芝浦沖に集結させようとしたが、天皇の許可が必要とされて、半日待たされたが、翌日夕方には築地に陸戦隊を上陸させ、艦隊にも砲撃準備態勢を取らせて、陸軍を牽制した事を陸軍は重大な問題と考えていた。海軍は、陸軍が（この事件を利用して）より大規模な政変を起こさないか、牽制したのである。そして、そのため海軍の諜報網が事前に緻密に張り巡らせていたのである。その意図を正しく理解した陸軍が、その後、石油を海軍になかなか渡さない様になったのであろう。

山本五十六　は、この二・二六事件の際、反乱に賛同する海軍青年士官を一喝して追い返し、重傷を負った侍従長・鈴木貫太郎のために医師を手配しており、さらに、総理大臣・岡田啓介の救出に米内光政と共に関わった。この事件における米内の対応を山本は高く評価し、後日、永野修身が海軍大臣を辞任する際に、山本は米内を後任として推薦している。（以上ⓦ参照）

共産党の宣伝ビラの文章にそっくりな決起軍の宣伝ビラ　それよりも問題なのは、この二つのクーデターの際に撒かれた宣伝ビラの文章が、一部を除いて、共産党の宣伝ビラの文章にそっくりだった事である。軍人が書いたビラだから、「天皇を殺せ」という言葉はないが、それ以外は全く同じである。これは「同一人物が書いた」とか「見本があった」というよりも、「軍人個々人がすっかり社会主義者や共産主義者と同じ考え方をする様になっていた」と考えた方が合理的である。何故なら、大不況のせいで「彼らの親族・縁族や恋人の若い女性達が、身売りをさせられて、連れて行かれた」という悲しい手紙が頻繁に故郷から来て、何とかならないかと社会主義や共産主義の話を聞き、冊子を読んでいたからである。それで、軍人の殆どはもう既に社会主義者や共産主義者になっていたのである。そして、これは皇道派の軍人も同じであった。

ただ、「共産革命を起こせば問題が全て解決する」という確証が無いので、殆どの軍人はクーデターに参加出来ないでいた。唯一の共産主義国のソ連の民衆はどんな生活をしているのか知り様がないから、殆どの軍人が一歩前に進めないのであった。皇道派の軍人達は「共産主義や社会主義は理想だが、ロシア人は大嘘つきだ」、「あいつらはまた必ず攻めてくる。それも、日本がソ連を全く警戒しなくなった時に」と考えていた。統制派の軍人達も、嫌ーな予感がするから、一歩踏み出せなかったのかも知れない。日本人はそれ程馬鹿ではない。第六感もあるのだ。七〇年前の明治維新の時もそうだった。「攘夷」「攘夷」と叫んでいたのに、戦いが終わると、いつのまにか「開国」になっていた。この世は油断

も隙も無いのである。（以上③⑩⑬参照）

この二つのクーデターは、日本の全体主義的傾向に決定的な影響を与えた。この事件を機に、〝統制派〟と呼ばれる反米・反資本主義さらに親ソ・親社会主義傾向の強いグループが軍の主導権を握り、日本共産党の幹部の縁者の法制局長官の主導で、「軍部大臣現役武官制」を復活させて、軍が政治を動かす体制を作り上げたからである。これは現役の軍人だけが陸・海軍大臣になれるという制度である。

また、軍を批判するとテロの標的にされるという恐怖から、政治家は軍を批判出来なくなってしまった。そして、この事件以降、「統制派」が統制経済、言論の自由弾圧といった全体主義的な政策を推進していく、という異常事態となったのである。この頃、敵対する皇道派が無力になったので、慢心した統制派のトップの高級将校達は天皇を茶化して（陰で）「てんちゃん」と呼んではばからない様になっていた。それは、万一の場合でも、陸軍内部から統制派のクーデターを阻止する様な軍が出現する事は無くなった事を示唆していた。

しかし、海軍は別であった。海軍は建軍当初から陸軍といがみ合っており、しかもこの時期に、海軍大臣の永野修身・海軍大臣間近の米内光政・海軍次官の山本五十六・井上成美らは大の英米好き・自由主義好き（条約派：少数派）であり、また、明治の海軍の伝統を継ぐ薩長閥（艦隊派）は未だ強力で、（薩長閥を追い出した）陸軍と激しく対立したので、陸軍にとって海軍は危険な存在であった。（以上⑩⑬ⓦ参照）

明治初期生まれの彼らも既に軍のトップにまで上り詰めていたのである。この世に生を受けてから半世紀以上が経っていた。彼らの記憶からは、両親や祖父母や兄弟達が貧窮の中で苦しんでいた光景はもうモヤの中に霞んでいたが、彼らの怨念は子孫の高級将校達の潜在意識の中にしっかりと根を下ろし、時折悪夢となって五十歳代の高級将校達を苦しめると共に、潜在意識の中のその怨念が彼らに反国家的な行動をさせていたのであろう。想念や怨念の長い年月にわたる積み重ねは、本人の顕在意識とは無関係に、本人の肉体を現実に動かすのである。（以上㉕参照）

三、第二次世界大戦の始まり

ファシズムの嵐　日本の政治の主導権を陸軍の「統制派」が握ったのと同じ頃、欧州でも全体主義の嵐が吹き荒れていた。ソ連の共産主義とドイツ、イタリアのファシズムである。三国に共通するのは、国家全体を最優先し、個人の自由や意見は完全に否定される点であった。そのためにこの三国では、政策に反対する国民には、国家による凄まじい粛清が行われた。粛清の規模はソ連が圧倒的に大きく、最大一〇〇〇万人超といわれる。

また、ソ連にはレーニン、スターリン、ドイツにはヒトラー、イタリアにはムッソリーニという独裁者が現れ、国家と国民を完全に支配した。ソ連のレーニン、スターリンは暴力革命で政権を強奪したのであるが、ヒトラーのナチス党もムッソリーニのファシスト党も、正当な選挙で政権を取ったのである。（以上⑬参照）

ヒトラーが再軍備と徴兵制の復活を宣言　昭和一〇年（一九三五年）三月、ドイツのヒトラーはベルサイユ条約を破棄し、再軍備と徴兵制の復活を宣言し、軍事大国への途を歩み出す。また、反ユダヤ主義を鮮明にし、ユダヤ民族の絶滅を計画した。政策に反対する国民は、裁判無しで収容所に送ったり、人知れず処刑したりした。（以上⑬参照）

ドイツと支那国民党の蜜月　ドイツはまた、蔣介石の支那と手を結んでいた。当時、国際的に孤立していたドイツは、資源の安定供給を求めて支那の国民党に接近し、武器を売る代わりに、タングステンを輸入していた。それから関係が深まり、昭和八年（一九三三年）に、ドイツは軍事・経済顧問を送り込んで、中国軍を近代化させた。

元ドイツ軍参謀総長で軍事顧問のハンス・フォン・ゼークトは、蔣介石に「日本一国だけを敵とし、他の国とは親善政策を取る事」と進言し、「今、最も中国がやるべきは、支那軍兵に対して、日本への敵愾心を養う事だ」とも提案した。これを受けて、蔣介石は対日敵視政策を取る様になる。昭和一〇年（一九三五年）に、支那国民党の秘密警察は親日要人へのテロ事件を起こしている。ドイツが日本を敵視したのは、第一次世界大戦で、日本に中国の租借地であった山東半島と北マリアナ諸島、パラオ、マーシャル諸島などを奪われたからである。しかし、諜報機関を持たない日本はその不当な恨みの存在を認知しなかった。（以上⑬参照）

山本五十六の政戦略　山本は、大艦巨砲主義が趨勢の中で、いち早く航空主兵論に着目した事、対英米強硬論や日独伊三国軍事同盟に対して反対した事など、政治家的資質もある先見性のある人物として評価される。なお、「航空主兵論」とは「今後は、航空機が戦争の主体になる」という理論である。

山本の太平洋戦争における戦略は、攻勢作戦によって大戦果をあげて相手の戦意をくじき、有利な条件で早期講和を締結するというものだった。空母機動部隊による艦隊決戦で勝利すれば、講和の機会が訪れる以上の考えはなかったという。それはそうだろう。それ以上に何が考えられるのだ。それさえ、非常に難しいのに。山本は桑原虎雄少将に対し、日本の大幅譲歩による講和への希望を語ったが、「結局、斬り死にするほかなかろう」と政治への失望も語っている。

ロンドン海軍軍縮会議で米：英：日の海軍力が五：五：三比に決定すると、山本は航空兵器で差を埋める事を主張し、航空技術本部長として研究を重ねた。山本は「頭の固い鉄砲屋の考えを変えるのには、航空が実績をあげてみせるほか方法はないから、諸君は更に一層訓練や研究に努めるべきだ」と航空主兵論者を励ます一方、横須賀航空隊で「金持ちの家の床の間には立派な置物がある。そのものには実用的の価値はないが、これがあるが故に金持ちとして無形的な種々の利益を受けている事が多い。戦艦は、なるほど実用的価値は低下してきたが、まだ世界的には戦艦主兵の思想が強く、国際的には海軍力の象徴として大きな影響力がある。だから諸君は、戦艦を床の間の置物だと考え、あまり廃止廃止と主張するな」と訓示もした。（以上ⓦ参照）

スターリン、アメリカへの工作開始　昭和八年（一九三三年）の国交樹立を機に、スターリンはコミンテルンを通じて、アメリカに共産党を作り、これに「ソ連共産主義体験ツアー」と「反日宣伝工作」を担当させた。アメリカ共産党はアメリカの青年を大量にソ連に招待し、偽装した理想郷を体験させ、共産党員にする仕事と、アメリカに「日本の侵略に抵抗する支那人民の戦い」を支援する世論を形成して、アメリカの力で日本を押さえつけるべく、有名人を幹部に据えて「アメリカ支那人民友の会」を設立した。

このため、支那事変の開始と共に、アメリカも支那国民党に軍需物資等の援助を始める様になり、景気も徐々に上向いてきた。そして、大統領は「やはり戦争にはうまみがある」と考える様になっていく。

昭和一〇年（一九三五年）、第七回コミンテルン大会で、スターリンは日独と戦うために、アメリカやイギリスの資本家や社会主義者とも手を組んで、広範な人民統一戦線を構築する様に、世界各国の共産党に指示した。失業者への社会保障を訴え、支持を拡大していたアメリカ共産党は「反戦・反ファシズム・アメリカ連盟」を設立し、「教職員組合（ＡＦＴ）」や「産業別労働者組織委員会（ＣＩＯ：組合員数一五〇万人）」などの労働組合や「アメリカ反戦会議」といった平和主義団体、そして宗教界、スポーツ界、芸能界などに入り込んでいった。

人民統一戦線を理論的に支えたのが、当時アメリカ最大のアジア問題のシンクタンク「太平洋問題調査会（ＩＰＲ）」であり、ここにもエドワード・カーターなどソ連の工作員が多数参加していた。ＩＰＲは急速に共産党に乗っ取られ、昭和一四年（一九三九年）以降、「日本は専制的な軍国主義国家だから戦争を起こすのだ」とする偽りの対日観に基づくアジア政策を次々と提案し、ＣＩＡも未だ無く、弱体であったアメリカ政府に多大な影響を与えた。また、「日本は世界征服を目論んでいる」とか「国家神道によって国民を洗脳している」とか「支那で南京大虐殺を行った」という様な反日パンフレットを大量に配布した。

こうした動きは在アメリカ日本大使館や領事館のスタッフからも報告があったが、近衛首相の時代だったので、この報告はゴミ箱に直行した。（以上ⓦ参照）

山本五十六　はまた、礼子と結婚した後、病気にかかる事が少なくなり、礼子に感謝しているにも拘らず、若い兵士達には「若いうちの結婚は止めた方が良い」と強く言う事が多かった。それは、「ある海軍兵士と美女の仲人をして結婚をさせた後、すぐにその兵士の方が敵の戦艦に体当たりして、戦死してしまったのだが、新妻も子を身籠もっていて、非常に申し訳ない事をした、と深く後悔した」という体験があっての事であった。山本夫妻の事は、山本家の養子になったからには、山本家の後を継ぐ子供を作る責任があるので、仕方ない事であると覚悟していたようである。

ただ、子供達の眼から見ても、二人が深く愛し合っていたのは間違いないが、礼子のそばには常に子供がいるので、山本の「無口と照れ屋」のせいもあり、愛の言葉を発する事が殆ど不可能だったのであろう。
妻の礼子は家庭で山本五十六を呼ぶ時、普通は「あなた」と言い、「お父さん」とは言わなかった。しかし、山本がいない時、子供達の前では、何故か「パパちゃん」と呼んだ。
礼子は、山本を絶対的なものとして、尊敬していた。子供達にはやさしく甘い母親だったが、一面、大変芯の強いところのある女性で、幼い頃父に折檻されても、決して泣かず、自分が悪くないと考えた時は、謝ることもしなかったという。しかし、山本に対してはどんなことでも言う事を聞き、夫婦喧嘩らしきものをした事がない。(以上⑤参照)
そして、山本が礼子を叱る事は滅多になかった。唯一義正が覚えている例は、礼子が生花を買うのを無駄だと思ったのか、「造花の作り方を習いたい」というと、山本が「そんなもの習わなくても良い。花は自然なままが良い」とやさしくたしなめた事だけである。しかし、子供達と遊ぶ山本が遊びに熱中して衣類を汚したり、ずぶ濡れにしたりすると、礼子が山本に「こんなにして、困ります」とビシッと言う事が多かった。(以上⑤参照)
新婚早々、アメリカ駐在になったりして、留守の多かった山本は、しばしば礼子に手紙を書き送った。筆まめでもあったが、ごく自然に、日常感じている事を、こまめに手紙に書いた山本であった。それらの手紙は、礼子が大切に保存して、時々取り出し、懐かしそうに眺めていた。たまには、子供達に見せてくれる事もあった。山本も礼子からの手紙を待ち遠しく思っていた様である。二人は大人の男女の付き合いを求めていたが、子供達の手前それが出来なかったのであろう。

職業に関しては、山本は非常に自由な考えを持っていた。「人間は、自分の力量と気質に応じた職業を選ぶべきだ」というのが、山本の思想だった。だから、義正も「こういう職業を選べ」という様な事は一度もいわれた事がない。それにも拘らず、山本が義正を兵学校に入れ、海軍軍人にしたいと希望している事は、本人も察していた。義正はそういう山本の心を察していたが、中学時代に肋膜を患ったり、強度の近眼になったりしたので、兵学校への進学を諦めねばならなかった。山本は特に何も言わなかったが、かなり落胆した様である。（以上⑤参照）

家で、いつも一番遅く床に就くのは山本で、一番早く目覚めるのも山本であった。そして、朝は、書類を見たり、電話に出るのが山本の一日の最初の行事であった。それから手洗いと洗面を済ませ、書斎に入って瞑想するのである。その時、山本の左手には、黒い表紙の手帳が握られている事があった。時々、手帳を開き、また閉じて、眼をつむる。そんな動作を何度も繰り返して、三〇分も、一時間もじっとしているのであった。そこに何が書いてあるのだろうかという疑問は、家族みんなの疑問であった。しかし、山本は最後まで、その手帳の内容を、誰にも見せてくれなかったのである。

家族がその黒い手帳を開いて見たのは、昭和二五年頃である。そこには、階級、姓名、艦名、戦死の日、戦死の場所、本籍、現住所、遺族の氏名などが、克明に書いてある。それは、戦死した山本の部下の名を記した手帳であった。俳句や天皇陛下の短歌なども小さい文字で書かれていた。

ちなみに、山本は驚く程短時間の睡眠で事足りる人だった。海軍大学で勉強した青年時代から、山本の短い睡眠時間は有名で、同室の人間を辟易させた。徹夜にも強く、麻雀、トランプ、将棋で夜明かしすれば、最後には必ず山本が勝つ、と言われる。（以上⑤参照）

若い頃から、これからの海軍の主力は航空機であると予見した山本は、大正一三年に霞ヶ浦海軍航空隊副長を務めて以来、海軍の航空部隊とは切っても切れない関係があった。その途上で事故死した者達には国の態度は冷たかった。しかし、山本にとっては、皆等しく可愛い部下であり、尊い犠牲者であった。山本は、訓練中の事故で死んだ部下達の名を手帳に書き留め、毎朝、その冥福を祈る様になったのである。

ただ、その場合でも、山本は仏壇に向かって合掌するとか、神棚に祈るとか、そういう事はしていない。山本は特定の宗教や宗派に帰依していなかった。しかし、信仰心の厚かった父親を見て育った山本もまた、自然と宗教の持つ大きな力にすがって、生きる事を受け入れる様になった様である。（以上⑤参照）

山本五十六　海軍次官就任　官舎での生活　昭和一一年（一九三六年）一二月に、山本は海軍次官に就任した。そして、山本の家族が、霊南坂の官舎に引っ越したのは、昭和一一年の暮れも押し詰まった頃である。初めて見る官舎は途方もなく大きくて、広かった。がらんとした官舎の中には、二〇畳くらいの部屋が沢山あり、青山の自宅にいた頃には、置くところにも困った家財道具が、官舎に運ばれると、一体何処へ行ったのかと思う程、全く目立たなくなってしまった。結局、広い洋館のうち、応接室や山本の書斎を除いて、殆どの部屋を使わなかった。家族が普段使ったのは、もっぱら奥の二部屋で、ここだけは日本間だった。芝生の南側の庭に面し、離れの様な所であった。長男の義正は昭和一〇年四月に府立第一中学校に入学していたので、彼だけが玄関脇の書生部屋に机をセットし、寝る時だけ、二階の一部屋を使っていた。折角あてがわれた勉強部屋だったが、この次官官舎での生活の後半には、義正の気管支系統の療養生活が始まったため、山本の書斎が義正の病室に早変わりしてしまった。

この広い家は、第一に掃除が大変で、これは到底主婦・礼子一人の手には負えなかった。大型の電気掃除機があったが、それを操作するために、海軍省から掃除の小母さんが週に二回程派遣されてきた。客も多く礼子には忙しい毎日が多かったが、礼子は「忙しかったけど、やっぱり霊南坂が一番楽しかった」といっていた。それは、山本が毎日家に帰ってきたからであろう。山本一家は足かけ四年を、この洋館で過ごしている。これは二人が一緒に過ごした最長記録であった。海軍大臣は永野修身から米内光政に替わり、内閣も、廣田、林、近衛、平沼とめまぐるしく代わっている。（以上⑤参照）

山本は新聞記者に人気があり、海軍記者クラブ「黒潮会」に山本目当てで入会する者が多く、次官会見室で座れない記者が出る程であった。山本は海軍担当記者の家庭についても把握して話題にしていた。英国大使・松平恆雄が葉巻を山本に贈ろうとしたところ、「支那事変の解決までは吸わない」と断った。同様に、次官時代の山本に三年間接した松島慶三（海軍報道部部員）によれば、「山本は私怨を抱く程の小人物ではない」という。

しかし、新聞記者に追い回され、ことあるごとにカメラの放列に遭遇していた山本は、いつのまにか写真嫌いになってしまったらしい。それで、家に取材に来た新聞記者に対しても、「私的な話は一切ダメだ。それから、家でくつろいでいる時の写真もダメだ」と言っていた。そのために、家では殆ど写真を撮った事がなかった。それで、山本の戦死の後、山本の写真も殆ど無くなっていて、礼子は「パパちゃんと、もっと沢山写真を撮っておけば良かった」と寂しく語っていた様である。（以上⑤ⓦ参照）

昭和一二年（一九三七年）、山本は、南京総領事・須磨弥吉郎の肝いりで、対外情報収集と宣伝活動を目的とした内閣情報部設立に関与する。

同年一二月、高松宮宣仁親王（海軍少佐）が軍令部に着任する際、海軍省の正面玄関で職員全員が皇族を出迎える計画だったところ、山本は予定を取り消させ、高松宮は一少佐として到着した。ただし、山本は自ら親王の部屋に出向いて挨拶している。

山本五十六の海軍次官就任は、山本の政治手腕を買っていた永野修身の熱望によるものだったが、山本自身はあくまで航空本部長の職を天職だと考えており、続投を望んでいた。ちなみに、永野修身もアメリカ留学組（ハーバード大学）だったので、何となく山本に親近感を抱いていたが、ただ、（天才を自認する）天真爛漫で自信過剰な性格の永野と性格の起伏が激しい山本の仲がしっくりいかない事は、新聞記者達の間では周知の事実だったという。二ヶ月後、廣田内閣が総辞職して、林内閣が成立し、山本は、海軍大臣になった米内光政の下で林内閣、第一次近衛内閣、平沼内閣と留任する。この当時、海軍省では会議の後、米内が会見を行わず、山本の会見だけで終わる事もあった。

米内の海軍大臣就任は永野の最大の功績の一つとされ、（艦隊派としてワシントン海軍軍縮条約に反対し、統帥権でも問題を起こしていた）末次信正の大臣就任阻止と加藤寛治海軍大将の影響力を抑えるという一面もあった。（以上ⓦ参照）

第二次国共合作　昭和一一年（一九三六年）一二月に、蔣介石が（日本を恨んでいた）張学良に支那共産党の討伐を命じた際に、張は突然蔣介石を裏切って、彼を監禁し（**西安事件**）、「国民党と共産党が組んで日本と戦う」事を蔣に約束させた。これを機に、第二次国共合作による、抗日民族統一戦線が結成される事になった。この当時、支那共産党は国民党に追い詰められて、瀕死の状態にあったが、この事件で時間稼ぎが出来て、生き延びたのである。これは一年前のスターリンの指示による動きであろう。それればかりではない、共産党はこの統一戦線の結成を利用して、支那と日本において、国民党の党員とシンパを大量に共産党に引き入れた。悪事にかけては支那人には絶対にかなわない。（以上⑬ⓦ参照）

昭和一二年（一九三七年）三月、アメリカの太平洋問題調査会の機関誌の編集長オーウェン・ラティモアとT・A・ビッソンがジャーナリストのアグネス・スメドレーと共に支那共産党の当時の本拠地「延安」を訪問し、毛沢東、周恩来らと会談した。訪問した三人もスターリンの工作員だった。その後、ラティモアらは蒋介石の国民党ではなく、支那共産党を支持する雑誌「アメラジア」を創刊した。（以上ⓦ参照）

日独防共協定締結　昭和一一年（一九三六年）一一月、日独防共協定が締結された。これは共産主義運動を抑え込むためにドイツが提案した協定であるが、親ソ連の陸軍が何故これを主導したのか、極めて不可解である。恐らく、アメリカを参戦し易くするために、スターリンが屁理屈を使って薦めたのであろう。

昭和一一年（一九三七年）二月の林内閣の成立から、二年七ヶ月に及ぶ米内海軍大臣・山本海軍次官時代が発足する。同年一〇月には、井上成美は軍務局長として加わった。米内・山本時代の最も大きい歴史的業績は三国同盟交渉を流産させた事である。ヒトラーの願望は、日独防共協定でソ連を抑止するために日本陸軍を利用する事であり、日独伊三国同盟（第一次）では、ポーランド侵略に際して、第一にイギリスを、第二にアメリカを、日本の海軍力により抑止する事であった。しかし、この陸軍で多数派の統制派は親ソ連であったが、それが三国同盟締結に積極的だったのは海軍には理解不能であった。

　山本五十六は、ドイツとの結合は日米関係を悪化させるとして、鋭く反対し、同盟案を見るとすぐに（昭和一三年：一九三八年：八月）、「防共協定はかえって日本に不利ではなかったか」などと、反対の意思を事務当局に明示している。（以上⑤ⓦ参照）

近衛文麿内閣とソ連の工作員　二・二六事件の後、昭和一二年（一九三七年）六月、近衛文麿は西園寺公望に要請されて、四五歳で総理になり、第一次近衛内閣を組閣する。間も無く、支那で盧溝橋事件が勃発して、近衛は当初、不拡大方針を採っていたが、結局、戦局を拡大し、和平工作も失敗し、昭和一四年（一九三九年）に総辞職した。

　近衛の周りには、いたるところにコミンテルンのスパイや共産主義者が紛れ込んでいて、尾崎秀実やリヒャルト・ゾルゲらは、近衛のブレーンとして、政界や言論界に多大な影響を与え、支那事変の戦線拡大を煽り、日本を泥沼へと誘導していった。そして、支那事変が泥沼化すると、今度は「東亜新秩序」とか「大東亜共栄圏」などのスローガンを打ち立てて、米英との対立を煽っていった。この様に煽りつつ、彼等は政権中央で国策に関与し続けた。このため、近衛の願望は何一つ実現しなかった。

　尾崎は朝日新聞の記者として世界の情報を近衛に教え、近衛の信用を勝ち取り、近衛の周辺で機密情報を収集した。一方、ゾルゲはドイツの新聞記者およびナチス党員として日本で生活し、尾崎から情報を受け取り、これを密かにソ連に打電していた。（以上⑬ⓦ参照）

日本は周囲を海に囲まれて、陸続きの隣国は無いので、工作員の摘発には慣れていなかった。江戸時代には幕府が隠密を全国に潜入させていたので、幕府も各藩も工作員の摘発のノウ・ハウは十分に持っており、日露戦争の際には明石元二郎がロシアや周辺国の反ロシア活動を援助して、大きな成果を上げたが、日露戦争以降には、（自己保身のために？）反薩長閥の軍人達に嫌われて、このノウ・ハウも失われていた。その上、首相のお気に入りは捜査しにくいターゲットであった。このため、二人を逮捕するまでに、大量の重要な機密情報がスターリンに渡ってしまったのである。尾崎の情報収集に積極的に協力したのは、武藤章軍務局長などである。（以上ⓦ参照）

欧州と日本の工作員事情　欧州で殆ど共産主義革命が成功しなかったのは、有史以来、欧州では隣国との戦いが頻発していて、周囲の敵国からの工作員の潜入は極当たり前の事で、警察や軍の情報機関が工作員の摘発に慣れていたからである。それに、欧州諸国の国民には強い愛国心があり、祖国を滅ぼそうとする人には、敏感であった。そして、その「カン」を警察や軍のエリート達も共有していた。

しかし、日本では、エリート達は欧米で流行している学問ばかり勉強して、自惚れが強く、無学な両親や先祖や民衆を軽蔑していたので、「カン」を共有出来なかった。

そうして、日本のエリート達は親・兄弟や民衆を置き去りにして、勝手に暴走して行くのである。（以上③⑬参照）

盧溝橋事件　昭和一二年（一九三七年）七月七日、北京郊外の盧溝橋で演習していた日本軍が、国民党軍が占領している後方の陣地から、射撃を受けた事がきっかけで、日本軍と国民党軍が戦闘状態になった。ただこれは小競り合いで、四日後には現地で停戦協定が結ばれた。この射撃事件に関しては、支那共産党の劉少奇グループが支那国民党軍と日本軍の両方に銃弾を撃ち込み、戦闘を引き起こしたという説が有力である。そして、その日の内に、近衛内閣は中国大陸への派兵を決めた。これも二年前のスターリンの指示に従った動きであろう。（以上⑬参照）

なお、この事件への対策を講じている頃から、陸軍の中で（武藤軍務局長などの）「下剋上」の動きが目立つ様になって、このために陸軍大臣の五相会議などでの穏便な発言が、会議の後で（下からの突き上げで）取り消される事例が頻発して、米内海相が山本次官に愚痴をこぼす事が多くなった、といわれる。スポンサーのソ連からの突き上げではないかと、疑われる。（以上⑬㉙ⓦ参照）

通州事件　昭和一二年（一九三七年）七月、北京東方で「通州事件」が起きた。この事件は「冀東防共自治政府」の支那人部隊が、通州にある日本人居留地を襲い、女性や子供、老人や乳児を含む民間人二三〇人を虐殺した、残酷な事件である。その殺害方法は猟奇的で、遺体の殆どは生前に激しく傷つけられ、女性は子供から老人までほぼ全員が強姦された上、性器を著しく損壊されていた。これらの記録や写真は大量に残っている。スターリンの指示で、支那共産党軍は、日本軍を支那大陸の奥深く引き入れ、日本を疲労困憊させて、殲滅するために、日本軍と日本人の怒りを爆発させたのである。（以上⑬ⓦ参照）

アメリカの反日運動　またアメリカでは、昭和一二年（一九三七年）一一月、全米二四州に一〇九の支部を持ち、会員数四〇〇万人を誇る「反戦・反ファシズム・アメリカ連盟」は全米大会を開催し、日本の支那「侵略」反対のデモや対日武器禁輸を国会に請願する活動も開始した。この運動に全国ＹＭＣＡも協力した。なお、当時のアメリカの共産党員は六万人程度だった。さらに、実働部隊として、「支那支援評議会」が設置され、大統領の兄弟や高級軍人の婦人らが要職を占めた。（以上ⓦ参照）

これにアメリカのカソリックの宣教師達も加勢した。勤勉な日本人はカソリック教会に助けて貰わなくても生きて行けるので、彼らの教会に殆ど集まって来ず、宣教師達を絶望させたのに対し、怠惰な支那人は極貧に喘いでおり、カソリック教会だけが頼りで、生きるために教会に膨大な人々が毎日押しかけ、宣教師達を喜ばせたのである。キリストの教えも日本人には独自に育てた文化があるので必要がないが、貧しい支那人には何もないので喜ばれた。そして、それで宣教師とその家族達は自然に支那人を好きになり、日本人を嫌いになって行き、その自己中心な感情を基に「日本人は神を信じない悪い奴だが、支那人は神を信じる良い人達だ」と事実でない事を説教の際に語るので、日本人には極めて不利な雰囲気が作られた。（以上⑮参照）

第二次上海事変　昭和一二年（一九三七年）八月、通州事件を知らされた日本国民と陸・海軍は激しく怒り、日本人居留地を守っていた日本軍と支那国民軍は戦闘状態に入った。ドイツの指導と武器援助を受けていた支那国民軍は屈強で、日本軍は一時思わぬ苦戦を強いられた。（以上⑬参照）

海軍次官・山本五十六　盧溝橋事件が発生して、支那事変に拡大し、第二次上海事変が起きると海軍航空隊も本格的に投入された。山本は外交問題の処理に携わり、昭和一二年（一九三七年）八月に、駐支那イギリス大使ナッチブル・ヒューゲッセンが日本軍機の誤爆で負傷した事件、一二月に海軍航空隊が米砲艦を誤爆したパナイ号事件の解決に奔走する。山本は駐日アメリカ大使ジョセフ・グルーに謝罪すると共に、綿密な検証によってアメリカの誤解を解き、事件の余波を最小限に抑えている。この際、ルーズベルト大統領は実に忍耐強く対応している。紛争の規模が小さ過ぎて、利用価値が無かったのである。そして、山本の親友・斎藤博駐米大使は、いち早く全米向けのラジオ放送の時間を手に入れ、アメリカ全国民に向かって、直接、日本政府の陳謝を訴えかけている。結局、斎藤の交渉で、アメリカ政府に対し日本政府は賠償金を支払う事で、問題を解決した。（以上⑥ⓦ参照）

日本は海南島を軍事占領した　だが、昭和一三年（一九三八年）一一月、米内海軍大臣が南支那海の「海南島を占領する計画」を五相会議で提案し、閣議了解される。海軍軍令部（次長・古賀峯一、第一部長・宇垣纏、第一部第一（作戦）課長・草鹿龍之介）もこれに賛同し、昭和一四年（一九三九年）二月に、日本軍は海南島を軍事占領した。山本次官は対英米関係の悪化を懸念して、反対したが、軍令部総長・伏見宮の賛成により制止出来なかった。草鹿によれば、日本の南方進出を見込んだ布石であったが、東南アジアに多数の植民地を持つ欧米列強との関係は一挙に悪化する事になった。

斎藤博・前駐米大使　死去　その後、斎藤は肺結核になり、ワシントンで治療を受けたが、昭和一四年（一九三九年）二月、家族に見守られて、息を引き取った。

斎藤博の遺骨が帰国　昭和一四年（一九三九年）三月、アメリカで客死した前駐米大使・斎藤博の遺骨が米巡洋艦「アストリア」で礼送され、横浜港にて山本が受け取った。

斎藤は日米関係を良好にするべく、本国の指示に逆らって、あらゆる努力をしており、それを知っていたアメリカが最高の弔意を示したのである。

なお、山本と斎藤は旧長岡藩の士族の子孫であり、山本のアメリカを知ろうとする熱意を、自分の交友関係を総動員して、援助したので、斎藤の死は山本に衝撃を与えた。山本は斎藤の「**日本はアメリカ・イギリスの側で生きるべきだ**」という持論を忘れなかった。しかし、敵意を隠さないアメリカと、どうやって仲良く生きられるのか。斎藤の世界観は彼にとって、全く腹立たしい世界観であった。そして、彼はアメリカの白人達のあの家畜でも見るような目が大嫌いである。やはり、山本は小柄だったし、人当たりは良かったが、アメリカではいつも見下げられていたので、それが山本の負けん気を刺激して、それが自然にアメリカ人の敵意をかき立てた、のかも知れない。それで、合計五年以上アメリカに滞在したのに、山本には親しいアメリカの友人は出来なかった。しかし、七年後輩の伊藤整一中将は穏やかな人間で、アメリカ海軍のレイモンド・スプルーアンス中将と親しい友人だったそうだから、身長が高かったのであろう。しかし、スプルーアンス中将が伊藤整一中将に近づいた理由は何か他にあったのではないだろうか。

同年四月、山本は航空本部長を兼務した。

日独伊三国同盟に反対　はじめ、日独伊三国同盟に妥協的だった海軍トリオも、昭和天皇の否定的な気持ちを知ると（昭和一四年：一九三九年：三月）、結束して猛反対に転じ、最後までその態度を崩す事は無かった。それ以降も、平沼首相や板垣陸相が交渉進展に進むのを見ると、山本は新聞記者に「海軍は一歩も譲歩出来ない。いずれ、政変は免れないので、天幕を張って待っていれば宜しかろう。総理と陸相はけしからぬ。前に決定し内奏した方針を、勝手に変えるとは何事か」と談じたとされ（同年：五月）、陸軍や右翼方面の非難が山本に集中した。山本暗殺の風評も流れた。

ヒトラーは、日本の態度を見て、イタリアとだけ同盟条約を結び、やがて、ソ連と不可侵条約を結び、ポーランドに攻め込む。ヒトラーの願望に反して、イギリスとフランスは、ポーランドの安全を保証した信義を重んじて、対独宣戦し、第二次世界大戦が始まる。

日本では、平沼内閣が総辞職に追い込まれ、米内は軍事参議官に、山本は連合艦隊司令長官に転出となる。航空本部長以来、四年近く東京にあった山本にとっては順当な人事であるが、米内が山本の暗殺を怖れて、山本を陸上から隔離したのである。（以上⑥参照）

山本五十六の人物像　「長門」や「大和」には山本宛に大量の手紙が届いたが、「連合艦隊司令長官様」は公文書、「山本五十六様」は私信で、私信は山本自ら返信を書いた。一日三〇通の郵便を出したが、殆ど私信への返信である。連合艦隊司令長官就任直後には渓口泰麿（海兵五一期。礼子関係親戚）に宛てた手紙の中で、五歳の長男に差出人を「五六」と書いた。海軍兵学校時代は、姪の高野京と交流が深く、多くの手紙を書いた。

同郷の反町栄一とは共に旅を楽しむ程家族ぐるみのつきあいだった。山本は、反町が新潟から名産品を届けてくれる事を喜んでいた。

大正七年（一九一八年）頃、少佐だった山本は佐世保で一八歳の鶴島正子（鶴島ツルとも）と愛人関係になった。後に関係が薄れても交流が途切れる事はなく、鶴島は山本の手紙をスーツケースが一杯になる程持つ事になった。この女性は貞女タイプで、一途に山本を慕った、といわれる。最後に正子と山本が会ったのは、昭和一六年（一九四一年）二月であった。

「大和」の山本私室に、交流があった岩井尊人海軍主計大尉の娘・照子が描いた軍艦のクレヨン画を飾っていた。岩井は昭和一五年（一九四〇年）に逝去しており、山本は「大和」から照子を励ます手紙を送っている。これ以上は不明なので、純愛かも知れない。
（以上㉙ⓦ参照）

山本は合計四年程アメリカに滞在してあちこち出歩いているが、白人男性と（勿論女性とも）親しくなった事が無い様である。やはり、当時のアメリカも有色人種には楽しい国では無かった。白人女性と一緒にいるだけで殺される危険な州が殆どだったそうだから、やはり楽しくは無かったであろう。（以上ⓦ参照）

支那事変　日本が戦闘を行ったのは、そもそも自国民に対する暴挙への対抗のためであって、支那を侵略する意図は無かったのである。だが、第二次上海事変は支那の各地に飛び火し、やがて全国的な戦闘となった。装備に勝る日本軍は僅か三ヶ月で上海戦線を突破し、その年の一二月には首都南京を占領したが、蔣介石は首都を奥地の重慶に移して、抵抗した。こんな事は支那大陸の歴史では何度も繰り返された事で、支那人には普通の事であった。だが、首都をバスの様にあちこち動かすという考え方は、日本人には信じられない事であった。

支那には、ドイツに代わって、ソ連とアメリカとイギリスが積極的な軍事援助を行う様になり、「援蔣ルート」を使って軍需物資などを送り続けていた。「援蔣ルート」は四本あったが、最大のものは「仏印ルート」と呼ばれるもので、ハノイと昆明を結んでいた。後の、仏印（フランス領インドシナ）への日本軍の進駐は、この最大の援蔣ルートを塞ぐためのものであった。（以上⑬参照）

日本はこの戦争を「支那事変」と呼んだ。支那事変は大東亜戦争が始まるまでの四年間、両国とも宣戦布告を行わずに戦いが行われた。その理由は、「戦争」となれば、第三国に中立義務が生じ、交戦国との交易が中立義務違反になるので、両国ともそれは困る事態だったのである。（以上⑬参照）

支那民衆を殺戮した支那軍　支那の軍隊と日本の軍隊には大きな違いがあった。それは、支那の軍隊は同胞である支那の民衆を行く先々で強奪し、また大量に虐殺したのに対し、日本の軍隊は行く先々で彼等を救済しようとした事である。

支那では伝統的に、民衆とは戦乱で虫けらの様に殺される存在であり、権力者から愛護を受ける対象ではない。これは、二〇〇〇年以上も、「ある時強大な武力を持つ秦や漢の様な大帝国が出来て、それが段々壊れて戦乱の時代になって、またそれを北方民族などが強大な武力で統一し、大帝国が出来る」という歴史の大サイクルを三〜五回以上も繰り返しているために、民衆の大虐殺は当たり前の行為になってしまっていたからだ。民衆を殺し過ぎて、人口が減り過ぎたら、異民族の集団をリクルートしてきて、植民させるから、不安定要素が増えて、また壊れていく訳である。だから、清国の梁啓超は、支那の民衆を「戮民」（りくみん：殺戮される民）と呼んでいる。（以上④⑯参照）

なお、漢民族は最初の大サイクルの後期（三国時代）には、もう殆ど絶滅危惧種になっていて、今の中国人はその後に北方や西方から移動してきた異民族との混血だ、といわれている。しかも、圧倒的に異民族の方が優勢であるから、現代の中国人を、民族の特徴で区別して、「漢人」と呼ぶのは間違いである。しかし、「漢字を使う人達」という意味で「漢人」と呼ぶのは間違いではない。その際に、「随」の直前の、「五胡十六国」時代以後の征服王朝の支配階級の人々は、自前の文字と言語を使っており、「漢人」は中間〜下層階級であった、という事も知っておくべきである。「秦」の始皇帝でさえも異民族であった、という説さえ唱えられている。支配階級の異民族は漢字を支配のための道具として使っただけであった。(以上④参照)

支那軍は略奪と破壊のみ　支那軍や共産党軍が通ったところは、至る所、禿鷹の大軍が通った様に略奪された。さらに彼等は、占領地域を去る時、日本軍に何も残さない様にするため、「焦土作戦」を取った。つまり、退却の度に、道路や工場、橋、灌漑施設、その他の施設を次々に破壊した。そのために、支那軍が通る所は、全てが荒廃していったのである。彼らの行動の特徴は、略奪と破壊であった。それによって支那経済は破壊され、農業も工業も壊滅的被害を受け、人民は苦しむばかりになっていた。特に悲惨だったのは、民衆の大半を占める農民達であった。支那の軍隊の関心は、権力奪取の事だけであった。支那の政権の奪取には民衆の支持は必要ないのである。(以上⑯参照)

本当の人民解放軍は日本軍だった　一方、その後にやって来た日本軍は、当初から農民達の救済と、支那経済の再建に取り組んだ。日本軍が占領した地域は、支那本土の人口の約四〇パーセント、また耕地面積の五パーセントに及んだが、日本は直ぐにその地域での農業再建、道路や灌漑施設の復興、工場の再建などに取り組んだ。日本軍は支那の住民の救済、治安維持、戦災復興などに取り組んだので、それまで軍隊とは匪賊に過ぎないと思っていた支那の民衆は驚き、日本軍を熱烈に歓迎した。統率がとれ、略奪や悪事を働かず、民衆を救う軍隊というものを、彼等は生まれて初めて見た。本当の人民解放軍は支那軍ではなく、日本軍だったのである。

日本政府の推計によると、昭和一三年（一九三八年）から終戦の昭和二〇年（一九四五年）までの日本の対支那投資の累計は、約四七億円にも達していた。当時の日本国家予算は約二〇億円だから、それの二倍以上である。（以上⑯参照）

日本政府のこの性急な行動は「支那を国ごと奪おうとしている」と疑われても仕方のないものだったが、日本にはもう、支那に統一国家が出来るのを待っている時間の余裕が無かったし、また、眼の前で、支那の膨大な数の民衆の命が失われていくのを、見過ごせるだけの、心の余裕が無かったのである。

南京虐殺事件は四回あった　同じ頃、支那では、蒋介石の率いる支那国民党政権と支那共産党による反日宣伝工作が進められ、排日運動や日本人への脅迫や虐め、暴行などが、日常的に多数行われる様になってきた。代表的な事件は「第一〜二次南京虐殺事件」である。この事件以降、満州でも、支那共産党に通じたテロ組織が、日本人居留民や入植者を標的にしたテロ事件を起こす様になった。ちなみに、「南京虐殺事件は四回あった」といわれている。その四回全部が支那の国民党軍か共産党軍による虐殺事件であった。その四回の事件の内、「日本軍がやった」とでっち上げられた事件は、「第三回南京虐殺事件」である。そして、第一回事件が支那共産党の出来る八年も前に起こっている。しかも、これだけ手口の酷似する事件が昭和二三年（一九四八年）六月まで続けば、誰でも普通は支那人の同一もしくは、類似犯罪集団の仕業と推測するのが世界的常識である。（以上⑬⑰参照）

第三次南京虐殺事件　昭和一二年（一九三七年）一二月、南京に陣取った国民党軍が、日本軍が攻めて来るからと、城内で市民に虐殺、強姦、略奪を行った後に、逃走した事件である。これが日本軍の「三〇万人の大虐殺事件」としてでっち上げられている。「南京大虐殺」は日本の占領直後から、国民党が中央宣伝部を使って、盛んに宣伝した事件である。しかし、演説好きの蔣介石本人は、この南京の出身であるにも拘わらず、この虐殺事件の事は一回も発言していない。この事件を世界で最初に伝えたとされる英紙マンチェスター・ガーディアンの記者ハロルド・ティンパーリは、実は月一〇〇〇ドルで雇われていた、国民党中央宣伝部顧問であった。その著書（邦訳）「外国人の見た日本軍の暴行—実録・南京大虐殺」の出版に際しては、国民党から偽情報の提供や資金援助が行われていた事が分かっている。

当時、南京には欧米諸国の外交機関も赤十字も存在しており、各国の特派員も大勢いたにも拘らず、大虐殺があったとは世界に報じられていない。また、同じ頃の南京政府の人口調査によれば、占領される直前の南京市民は二〇万人であるから、三〇万人も殺せる訳が無い。そして占領の一ヶ月後の南京市民は二五万人に増えている。
日本軍が一万人も虐殺していたら、住民は殆ど逃げてしまい、住民が増える訳がない。南京市民が増えたのは、町の治安が回復されたからに他ならない。

ローマ教皇は日本を支持した　しかし、支那に派遣されていた（アメリカ人を除く）カソリックの宣教師達の報告で、支那の民衆の地獄の様な実情を知っていた、当時のローマ教皇、ピウス（ピオ）十一世は、昭和一〇二年（一九三七年）一〇月、この日本の行動に理解を示し、全世界のカソリック教徒に対して、日本軍への協力を呼びかけた。教皇は「日本の行動は、侵略ではない。日本は支那を守ろうとしているのである。日本は共産主義を排除するために、戦っているのである。共産主義が存在する限り、全世界のカソリック教会、信徒は、遠慮なく日本軍に協力せよ」といった内容の声明を出している。
この声明は当時の日本でも報道された。ローマ教皇がこの様に日本の行動に賛意を表してくれた事は、欧米の誤解や反日主義に悩まされていた日本にとって、非常に嬉しい事だった。しかし、そのピウス十一世も、約一年半後の昭和一四年（一九三九年）二月にはこの世を去ってしまい、教皇の声明は直ぐに忘れ去られた。（以上ⓦ参照）
それに、アメリカの宣教師達の多くは、勤勉で独立独歩の日本人が嫌いだったし、ローマ教皇の存在に余り敬意を抱いていなかったので、教皇のこの声明はアメリカでは無視されてしまった。（以上⑮参照）

ローマ教皇ピウス十一世の声明にも躊躇せず、昭和一三年（一九三八年）八月、ソ連が密かに設立した、アメリカ共産党は「日本の支那侵略に加担しないアメリカ委員会」をニューヨークで結成し、有名人を幹部に据えて、「日本の戦争犯罪に加担するアメリカ」というでっち上げのパンフレットを六万部も配布した。（以上ⓦ参照）

国家総動員法　昭和一三年（一九三八年）四月に近衛内閣で「国家総動員法」が成立した。これは「戦時に際して、労働力や物資割り当てなどの統制・運用を、議会の審理を経ずに、勅令で出来る様にした法律」である。具体的には、「国家は国民を自由に徴用出来、あらゆる物資や価格を統制し、言論を統制しうる」といった恐るべき法律だった。

狂気の法案は、当初政党政治家達のヤジに迎えられたが、提案者（軍官僚）の「黙れ」の一喝で、静まり、殆ど議論も無く、あっという間に成立した。これは二・二六事件の後遺症である。（以上⑬参照）

国家総動員法は明治憲法で保障する国民の権利・自由を国家に白紙委任する法律であり、議会を形骸化させるものであったので、憲法違反であり、国家に対するクーデターであったが、陸軍官僚が提案者であったので、誰もどうしようもなく、国家総動員法はそのまま施行された。（以上⑳参照）これで、日本もドイツやソ連と同じ全体主義国家になったのである。陸軍統制派の目指す（天皇を戴く）社会主義革命は目前であった。

日米通商航海条約破棄　これに対抗して、昭和一四年（一九三九年）七月、アメリカは日本に日米通商航海条約破棄を通告し、航空機用ガソリン製造設備と技術の輸出を禁止した。（以上⑬参照）

ドイツ　近隣国併合　昭和一三年（一九三八年）三月、ドイツがオーストリアを併合し、チェコスロバキアのズデーテン地方を要求した。チェコは拒否するが、ヒトラーは戦争をしてでも奪うと宣言する。

英仏両国は、ミュンヘン会談で「チェコを犠牲にすれば戦争は回避出来る」と考え、「これが最後の領土的要求である」というヒトラーの言葉を信じて、彼の要求を受け入れた。英仏が取った融和政策は当時、「欧州の平和を維持するための現実的で勇気ある判断」として大いに評価されたが、結果的に、ドイツに時間的、資金的な余裕を与えただけの、クリスマス・プレゼントの様なものとなった。

ドイツはやすやすとズデーテン地方を奪った後、チェコスロバキアの制圧に乗り出す。スロバキアに独立を宣言させ、チェコをも保護下に置きながら、最終的に、昭和十四年（一九三九年）三月、軍事侵攻して全土を占領した。そして、チェコ最大のシュコダ財閥の軍需工場を接収し、兵器を大量に増産すると、ソ連と「独ソ不可侵条約」を結んだ上で、昭和一四年（一九三九年）九月にポーランドに電撃的に侵攻した。おぞましい事に、ヒトラーとスターリンは事前にポーランドの分割を話し合っていたのである。

ポーランドと相互援助条約を結んでいた英仏両国は、完全に面子をつぶされ、二日後に、ドイツに宣戦布告した。ここに第二次世界大戦が始まった。（以上⑬参照）

陸軍中野学校の設立　昭和一三年（一九三八年）、世界情勢がキナ臭くなっていく状況に押されて、陸軍に諜報機関を作ろうという声が強くなり、同年三月に、「防諜研究所」が新設された。これが、昭和一五年（一九四〇年）に「陸軍中野学校」と改名し、翌年には参謀本部直轄の軍学校に転身した。その存在は陸軍内でも極秘にされていた。当初は純粋なスパイ技術養成機関であったが、大東亜戦争の開戦を機にゲリラ戦術教育機関へと変貌した。学生は、当初陸軍士官学校、陸軍予備士官学校、陸軍教導学校出身者から選抜されたが、次第に名門大学出身者が多くなっていった。時期が酷く遅過ぎたが、やっと日露戦争時点に回帰したのである。（以上ⓦ参照）

欧州の第二次世界大戦　第二次世界大戦の欧州西部戦線は、ヒトラーの予想通り、英仏両軍が実際にドイツに攻め込む事はしなかったので、のどかであった。大西洋でのドイツ潜水艦による通商破壊戦の攻防はあったが、八ヶ月間、陸上での戦いは殆ど無かった。つまり、英仏両国は本心では戦争をする気が無かったのである。

英仏両軍が一挙に西から攻め込めば、ドイツ軍は総崩れになったろう、と言われている。ドイツ軍首脳は、「フランスとの国境に大軍を配置しておくべき」と主張したが、英仏両国のそれまでの宥和的姿勢から、「戦う意思が無い」と見抜いていたヒトラーは、西部戦線をがら空きにして、主力をポーランドに集中させた。

そして、ポーランドを完全に制圧すると、今度は主力を西武戦線に移し、昭和一五年（一九四〇年）六月、フランス北端のダンケルクで、英仏軍に一気に襲いかかった。英仏両軍はあっという間に撃破され、イギリス軍は欧州から駆逐され、フランスは首都パリと国土の五分の三を占領された。それを見て、イタリアも英仏両国に宣戦布告した。（以上⑬参照）

この事で自分の軍事的能力に自信を深めたヒトラーは、この後軍事作戦に頻繁に口を出す様になり、二年半後にソ連の中央部のボルゴグラードの戦いで、自軍に撤退を禁止する命令を出して、これが大敗北を誘発した。（以上ⓦ参照）

日独伊三国同盟　山本五十六は日独伊三国同盟の締結に対し、米内光政、井上成美らと共に最後まで反対した。この事から海軍条約派三羽烏とも言われているが、反対するだけで、対案を出す等積極的姿勢を見せる事は無かったと言われる。ソ連大好きの日本陸軍がそれの仮想敵国であるドイツと軍事同盟を締結して、何の役に立つのか、未だ海軍は理解不能である。しかし、ソ連の薦めであれば理解し易い。日米戦争は基本的に「アメリカの異常に戦争好きな気質をスターリンに利用された」だけなので、諜報機関を持たない日本に対案などは初めから無いのである。戦争をやりたいのであれば、日本は独力でやれば良かったのである。そうすれば、アメリカに利用されないで済んだ。しかし、その場合は、最終的に、ソ連に占領されて、国土だけ奪われて、日本人は殆どがシベリア開拓に動員されて、ろくに食料も与えられないで、餓死・凍死して、戦争が終わる可能性が高かった。（以上ⓦ㉖参照）

三国同盟賛成派は山本五十六のイメージを悪化させるプロパガンダを展開し、また暗殺の風評を流した。山本は表面的には鷹揚に行動したが、密かに遺書も書いている。私服の憲兵が護衛についた他、官舎に機関銃が備えられた事もあった。しかし、憲兵は陸軍の管轄なので、憲兵がいるだけで、山本は不安であった。山本は、三国同盟賛成と反英・米世論の盛り上がりは、日本陸軍と内務省の合議による組織的なもの、と報告していた。政治も世論も同盟締結に傾き、山本達は孤立していく。

ノモンハン事件は日本軍の大勝利　昭和一四年（一九三九年）五～九月、モンゴル人民共和国と満州国の国境紛争が拡大して、その後ろ盾であるソ連と日本が本格的な近代的戦闘を展開して、大きい損害を出し、日ソ両軍はそれぞれ敗北した、としていた。

しかし、最近公開されたソ連政府の極秘文書も含めれば、実態は総兵力は日本軍五万八〇〇〇人、ソ連軍六万九一〇〇人、モンゴル軍は八五七〇人、戦死者は日本軍八七四〇人、ソ連軍九七〇〇人、モンゴル軍二八〇人、戦傷者は日本軍八六六〇人、ソ連軍一万五九五〇人、モンゴル軍七一〇人、不明は日本軍一〇二〇人、戦車大破等は日本軍二九両、ソ連軍八〇〇両以上、モンゴル軍数十両、航空機大破等は日本軍一七〇機、ソ連軍一六七〇機で、明らかに日本軍の大勝利であった。しかし、ソ連の戦争目的は日本に「負けた」と思わせ、「ソ連に侵攻しない戦略を取らせる事」であったろうから、この観点からはソ連の勝利と言える。

ソ連軍の最高指揮官はゲオルギー・ジューコフ中将であったが、晩年に「ノモンハンの戦いが最も苦しい戦いだった」と言っている。これはつい最近まで日本人が全く知らない事であった。もしこの言葉と数字を敗戦前に日本人が知っていたら、ソ連に対する戦略も大きく違うものになっていたかも知れない。（陸軍統制派はコロッと騙されたのである）なお、日本軍の師団長は小笠原道太郎中将であったが、彼はその十年程前にソ連情報機関のハニートラップにかかり、脅迫されて、ソ連のスパイになり、日本の軍事機密をソ連に大量に流していたと思われる。しかし、敗北とされていたこの戦闘の結果は、本当は日本側の大勝利であった様で、驚くばかりである。

この大敗北は、スターリンが全権を掌握した後、軍人を大量に粛清したために、ソ連軍が極めて弱体化していた結果であろう。この結果にスターリンは衝撃を受け、小笠原に「日本軍は敗北した」と宣伝する事を求めたのではないかと思われる。

これは、日本で戦場からの「勝った、勝った」というラジオ報道を聞いていた人の日記などの内容と符合する。この頃の軍関係の報道は、ミッドウェー以降と違い、正直な報道が多かったのである。この戦争は参謀本部では方針が決められず、関東軍に判断を任せたので、戦争が大規模になってしまった、といわれる。（以上⑬ⓦ参照）

欧州情勢は複雑怪奇なり　ところがノモンハン事件（昭和一四年：一九三九年：五～九月）が起きて、日本とソ連が軍事衝突を起こす中、八月、ドイツはソ連と独ソ不可侵条約（同年：八月）を締結した。平沼内閣は「欧州情勢は複雑怪奇なり」の言葉を遺して、総辞職し、日独伊三国同盟の第一次交渉は頓挫した。（以上ⓦ参照）

山本五十六　二六代連合艦隊司令長官就任　昭和一四年（一九三九年）八月末、山本は二六代連合艦隊司令長官に親補される。山本はこれに強く抵抗を試みたが、認められなかった。米内海軍大臣は山本が暗殺される危険から遠ざけたかったのである。

山本五十六　真珠湾奇襲を決意　昭和一五年（一九四〇年）三月、山本は艦上攻撃機、双発陸上攻撃機、急降下艦上爆撃機など八一機が、戦艦「長門」「陸奥」と空母「蒼龍」を目標に、実戦さながらの昼間雷撃訓練を行った。低空から目標の「長門」や「陸奥」に突っ込む艦上攻撃機は、次々と模擬魚雷を巨艦の土手っ腹に撃ち込み、艦上爆撃機は激しく上空から舞い降りる。攻撃は正確無比で、実戦だったなら、「長門」も「陸奥」も撃沈間違い無しだった。「こりゃあ、戦艦も浮いとられんなあ」と山本は思わずつぶやいた。そして、傍らの福留参謀長に対し、「飛行機でハワイを叩けないものか」とつぶやく様に言った、という。もしかしたら、この時、「日米開戦となったら、**先ず最初に真珠湾のアメリカ海軍太平洋艦隊を飛行機で撃滅する**」という「山本構想」が具体化したのかも知れない。「そうして、作戦が半分でも成功すれば、必ず、嫌でも、日本はアメリカ・イギリス側に取り込まれる」と閃いたのではないか。「粗暴な男には殴り合いも交際の一つの様式だ。血だらけで殴り合いをして、お互いの強さを認識し合って、親友になる事もよくある事だ。だが、殴り合いになったからと言って、相手が死ぬまでやり続ける奴は滅多にいない」、「国家同士でも同じだ。特にアメリカ大統領は世論を気にするから、自国の戦死傷者が増え過ぎると、支持率が下がる事を怖れて、戦争は続けられなくなる。負けて、日本人を殲滅されたく無ければ、アメリカ兵を出来るだけ多く殺すしかないのではないか」と故斎藤博は話したのではないか。この話に山本は「なるほど」と納得したであろう。しかし、斎藤も山本も、そこで原子爆弾が使われるとは想像出来なかったのであろう。また、そうした会話があったという証拠は全く無い。（以上⑥参照）

昭和一六年（一九四一年）一月、山本は及川古志郎宛ての私信の中で、「日米戦争に於いて我の第一に遂行するべき仕事は、開戦劈頭、敵主力艦隊を猛撃、撃破して米国海軍及び国民の士気を救う事が出来ない程に沮喪させる事なり」という意味の事を書き、その方法として空母機動部隊による真珠湾攻撃を明らかにしている。しかし、山本は真珠湾攻撃によってアメリカを屈服させられるとは考えていなかった。何故なら、艦隊派や軍令部は頑固で、戦争のやり方をなかなか変えようとしないので、日本側の攻撃は、自国の艦船を守るために、中途半端な攻撃に終わってしまう可能性が高いからである。（以上⑥参照）

山本は、何度かの駐在経験から、アメリカとの大きな国力の差を認識しており、同年四月の故郷・長岡中学校での講演で、「今の日本は上から下まで、全国の老人から子供までが、余りにも戦争をしたがっている。それで良いのか」という主旨を語りかけている。（以上ⓦ参照）

同年九月、海軍省と軍令部の合同会議で、三国同盟締結に傾き、海軍首脳会議で調印に賛成の方針が決定した。会議直前、山本は海軍大臣・及川古志郎から賛成するように説得され、会議では殆ど発言しなかった。山本は「条約成立が米国との戦争に発展する可能性がある」事を指摘して、陸上攻撃機の配備数を二倍にする事を求めたのみだった。

ナチス・ドイツはヨーロッパ全域を掌握　昭和一五年（一九四〇年）、欧州戦線でナチス・ドイツはヨーロッパ全域を掌握した。山本の憂慮とは裏腹に、日本はドイツへの接近を強め、日本海軍も親独傾向を強めていた。

アメリカ太平洋艦隊　本拠地を真珠湾に移す　同年五月、アメリカの太平洋艦隊が、それまでサンフランシスコに置いていた、本拠地を真珠湾に移す事を決めたというニュースがもたらされた。これで、ぐっと太平洋艦隊の本拠地が日本に近づいた。これはアメリカ大統領が日本海軍に突き出した餌であろう。（以上㉘参照）

日独伊三国同盟成立　昭和一五年（一九四〇年）九月、近衛文麿内閣は日独伊三国同盟に調印した。（以上ⓦ参照）

山本五十六　山本は堀悌吉に「内乱では国は滅びない。だが、戦争では国は滅びる。内乱を避けるために、戦争に賭けるとは、主客転倒も甚だしい」と言い残して、東京を去った。

また、日独伊三国同盟の調印を受けて、山本は友人の原田熊雄に「全く狂気の沙汰。事態がこうなった以上全力を尽くす積もりだが、恐らく私は戦艦『長門』の上で戦死する。その頃までには、東京は何度も破壊されて、最悪の状態が来る」と語った。（以上ⓦ参照）

こんな事を言ったのは、日本の空母機動部隊が「真珠湾攻撃」をすると、アメリカは直ぐそれを学習して、もっと大規模で優秀な空母機動部隊を作り上げて、借りを返しに来るだろう、と考えていたためである。「アメリカ人は白人しか人間と認めないが、どんな動物からでも何でも学習し、それを使う事を躊躇しない人間だ」と山本はアメリカで学んだのであろう。日本人も明治時代まではそうだったが、大正・昭和時代に入るとプライドばかりが高くて、鼻持ちならない人間になってしまったのである。

朝日新聞は日独伊三国同盟調印を一大慶事の様に報じた。しかし、ドイツは日本を憎んでいたし、同盟成立後も、ドイツは、依然として支那に軍事顧問団を送り込み、蔣介石に大量の武器を売りつけていた。それに、ヒトラーは狂人の様だったから、この同盟は、実質的には、真面目な日本に大きなメリットは無く、(独・日と戦争をしたい)ルーズベルト大統領を喜ばせただけであった。

欧州の連合軍へ物資を運ぶ輸送船団をアメリカの駆逐艦等が囲んで守っていても、ドイツの潜水艦は魔法の様に輸送船だけを攻撃し、撃沈させて、アメリカ海軍の艦船に被害を与えなかった。これはヒトラーの厳命によるもので、ドイツは絶対にアメリカを戦争に引き込みたくなかったのである。それで、「日独伊三国同盟」締結を機に、アメリカは日本を挑発する方針に切り替えた。なお、このドイツ潜水艦の魔法も、科学技術の進歩により、使えなくなっていく。(以上⑬参照)

三国同盟を締結した後も、日本陸軍は親ソ連の姿勢を変えず、松岡外務大臣はドイツとソ連との仲を取り持とうとするなど、世界常識から見ればおかしな動きをした。欧州を制圧したら、ドイツがソ連に侵攻する事は世界的に明白な常識であったからである。これは、留学等でドイツに赴任した武官達には家政婦という名目で若い美女があてがわれたので、皆ドイツ好きになったからである。日本海軍も米英両国と敵対するようになったので、留学先をドイツに変更せざるを得なかったので、同様のサービスを享受出来た。しかし、それでも日本陸軍は親ソ連の姿勢を変えなかった。レーニンの「敗戦革命論」を信じていたのかも知れない。（以上ⓦ㉔参照）

山本五十六の政戦略　日本海軍航空が、短時間の内に世界第一級のレベルの到達したのは、山本の個人的な能力と努力に負うところが大きく、「海軍航空育ての親」と呼ばれるのも当然である。支那事変や大東亜戦争初期に活躍した九六式陸攻は、山本の海軍航空本部技術部長の時の努力により出現したものであったし、一世を風靡したゼロ戦は、山本の海軍航空本部長としての施策によるものだ。山本は海軍航空の近代化を目指し、職人的技量に頼っていた航空機の操縦も、計器類を充実させて可能な限り平準化し、科学的・理論的基礎の上に航空機を運用出来るよう指導していた。そして、対米戦の場合に必要な海軍軍備は「戦闘機一〇〇〇機、中攻一〇〇〇機」というのが山本の持論であったが、この持論は右の様な経緯から出てきたものである。

なお、この様な優秀な飛行機を作り出せた重要な要因は、昭和五年（一九三〇年）から、技術部の和田操中佐が立案した民間会社を活用した競争試作によって、国産機開発を進める計画を後押しした。その結果、中島飛行機や三菱内燃機など合計八社の民間会社が開発に参入し、激しい競争の中で、技術開発は飛躍的に進歩していった。（以上⑥⑦参照）

山本は、従来から航空主兵の思想であり、一九三四年（昭和九年）には、既に戦艦の実用的価値は少なくなったと述べていた。同年四月末の連合艦隊の戦訓研究会において、中央からの出席者を前にして、「軍備は重点主義に徹底して、これだけは敗けぬという備えをなす要がある。これがためには、わが海軍航空の威力が敵を圧倒することが絶対に必要である」旨を述べていた。軍令部は開戦後の航空部隊の活躍、資材や工業力の見通しから改訂を研究し、また連合艦隊の意見を求めて、一九四二年（昭和一七年）四月下旬には一案を作った。これは当時の航空関係生産力拡大可能の見通しから決めたものであったが、連合艦隊側は、なお航空に重点を集中すべきだとして、山本は、思い切った重点主義を採り、艦艇戦備を減らしても航空生産力を急増するよう、工業力の配分を大きく改めるべきだと主張していた。山本の航空主兵論は、戦艦建艦競争となった場合に、圧倒的工業力を持つ米国に対抗出来ない、という事情も加味されている。（以上ⓦ参照）

日本軍　北部仏印へ進出　日本は最大の「仏印ルート」の遮断を目的に、昭和一五年（一九四〇年）九月、北部仏印（現在のベトナム北部）に軍を進出させた。これはフランスのヴィシー政権がドイツに降伏した後、ヴィシー政権と条約を結んで行ったものである。

主要な「援蒋ルート」を潰されたアメリカは、日本への敵意をあらわにし、昭和一五年（一九四〇年）九月、特殊工作機械と石油製品の輸出を制限し、さらに航空機用ガソリンと屑鉄の輸出を全面禁止した。（以上⑬ⓦ参照）

ルーズベルト大統領は「本土を攻撃されない限り、戦争はしない」と公約した　昭和一五年（一九四〇年）の大統領選挙戦では、彼は「自分が選ばれれば、本土を攻撃されない限り、外国との戦争はしない」という公約を掲げて当選していただけに、アメリカから戦争を始める訳にはいかなかった。しかし、アメリカの景気を大幅に浮揚させ、支持率を高止まりさせるには、戦争による景気の浮揚が必要だった。それで彼は日本と交渉をする積りは全く無かった。それでも、日本が仕掛けて来ない場合には、「密かに支那に派遣した航空機と航空義勇兵に日本の大都市を空爆させて、日本人の怒りを爆発させよう」とまで考えていたのである。後の日本陸軍の「大陸打通作戦」は、アメリカが密かに支那大陸の内陸部に作った、空軍基地を破壊するために実施したものである。大統領はフィリピン方面軍の総司令官・マッカーサー将軍が「日本の陸・海軍は強い」と報告したのに、「そんな筈は無い」と無視した。（以上⑬ⓦ参照）

日本は対米戦争を避けるべく最後まで頑張った　日本政府はそれでもアメリカとの戦争をなんとか回避しようと画策した。日本とアメリカの国力には一対一〇以上の差があり、アメリカと南北アメリカ大陸にはあらゆる資源があった。それで、アメリカと戦っても勝てない事は政府も軍も分かっていたのである。（以上⑬参照）

日本人は黄色いサルのくせに生意気だ。踏み潰してやる　ルーズベルト政権内で日本との戦争を主導したのは、大統領とコーデル・ハル国務長官とヘンリー・スティムソン陸軍長官の三人であった。共通した理由は（「小タイトル」のとおり）新興マフィアのボスの様に粗暴で、暴虐なものであった。特に、ルーズベルト大統領は、日本をこの世から殲滅する積りであった。そんな理由で戦争をするなんて、真面目な日本人には信じられない事である。余程アメリカ・インディアンやフィリピン人の殺戮が楽しかったのであろう。（以上㉖ⓦ参照）

日本の新聞各紙は政府の弱腰を激しく非難した　日本の新聞各紙は政府の弱腰を激しく非難した。「国を守るために戦うのは軍人の勤めだ」、「何のために三六年近くも無駄飯を食ってきたんだ」、「こんな時に戦わないのなら、軍隊などいらない」などと連日言いたい放題であった。

しかし、陸・海軍は合理的精神で「アメリカとの戦争には必ず負ける」と判断していたが、安全保障上の観点から、それを分かり易く国民に説明する事は出来なかった。それはそのまま周辺国への機密の暴露になってしまうからである。だが、それは極秘にされたデータでは無く、全て誰にでも入手可能な公開された統計データから組み上げた判断であった。新聞各紙は敢えてそれを無視したのである。日露戦争直後の講和条約への反発と同様であった。

しかし、それでも、陸軍は支那大陸から軍を引こうとはしなかった。それは、ソ連がそれを望んだし、そうした方が海軍より国民の受けが良くなるからであろう。それに、比較的安全に陸軍を引く事が出来る場所は満州国しか無かったからであるが、それは、ソ連には不都合であった。また、日本陸軍がレーニンの「**敗戦革命論**」を信じていたからであろう。彼らはソ連が自分達を守ってくれると信じていたのである。ソ連が一番先に日本に来て、その後に他の連合国を説得して、穏便な占領政策をとってくれ、その中で元日本陸軍のメンバーが騒乱状態を作って、そこへ密かにソ連軍の一部を引き入れて、一挙に革命政府を樹立して、天皇を戴く社会主義政権を作る計画であった。その計画をスターリンに伝えて、「協力して欲しい」と御願いしていたが、スターリンは日本陸軍の余りの幼稚さに呆れて、返事をしないでいたのである。彼は日本列島の北半分をソ連のものにする積もりであった。

満州事変以来、世界恐慌から続く大不況に起因する鬱屈を吹き飛ばそうと、日本国内では戦争を煽る記事や社説、あるいは兵士の勇ましい戦いぶりを報じる記事が紙面を賑わせていた。中には、「百人切り」などの荒唐無稽な創作記事も数多くあった。また、「婦人公論」には凛々しい関東軍司令官や将校らのグラビア写真が掲載されて、女性達の胸を熱くしていたのである。軍が国民を煽って戦争をしたのではなく、新聞・雑誌と国民が政府と軍を煽って、戦争に追い込んだのである。報道機関は簡単に事実を逆転させて報道出来るし、自分達に不利な事は他の報道機関でも報道しない。この取り決めは阿吽の呼吸で出来上がった。この問題が日露戦争以降の日本の運命を大きく左右した大問題であった。それ故に、陸軍統制派は報道機関をも統制下に置こうと考えていた。

そして、これもスターリンの指示で行われた可能性が高い。スターリンはアメリカと日本を戦争に追い込もうと、ソ連の最高権力を掌握して以来一七年も膨大な資金を注ぎ込んできたのである。目的は当然日本列島の北半分の占領・併合である。そうすれば、ロシア帝国時代からの長年の夢「不凍港の確保」を実現出来る。（以上⑬ⓦ参照）

英海軍艦載機　イタリア戦艦を大破させる　昭和一五年（一九四〇年）一一月、イギリス海軍の艦載機二一機が、地中海のイタリア・タラント軍港を急襲して、戦艦六隻の内三隻を大破させる、という世界初の戦果を挙げた。これは山本の「航空主兵論」を後押ししてくれるニュースであった。

近衛内閣とゾルゲ事件　昭和一五年（一九四〇年）、近衛文麿は再度総理大臣に指名され、第二次、次いで第三次近衛内閣を組閣した。そして、同年、彼の意思に反して日独伊三国同盟を締結し、翌年には日ソ中立条約を締結した。

近衛が組閣する度に、最初は盧溝橋事件をきっかけに支那に軍を送って戦争を始め、次は「蒋介石を相手にせず」と国民党との和解の道を閉ざし、最後に日独伊三国同盟を締結するなど、戦争への道を真っ直ぐに突き進んで行くのは、スターリンのスパイの尾崎秀実やゾルゲが彼の身近にいて、彼を操っていたからである。

そして、昭和一六年（一九四一年）一〇月、リヒャルト・ゾルゲと尾崎秀実がスパイの罪で特高警察に逮捕され、近衛は辞職し、特高警察に厳しい取り調べを受けた。この事件で彼は有罪にはならなかったが、敗戦後、近衛は「極東国際軍事裁判（東京裁判）」で第一級戦犯として死刑の判決を受けて、刑を受ける前に服毒自殺した。（以上⑬参照）

こういう「ハト派」の政治家が、自分の意思に反して、戦争を引き起こしたり、戦争を拡大したりする事は、よくある事である。それは、その本人が甘い夢を見ている心境にあるので、他人の甘い言葉に騙されやすいからである。タカ派の政治家の方が、甘い夢を見ないので、戦争を終わらせるのが上手な事は、世界の情勢に関心を持って注意深く見ているとよく分かる。

ゾルゲは昭和八年（一九三三年）から八年間に亘り、尾崎秀実らを使って収集した日本の最高機密をソ連のスターリンに報告していたのである。これに積極的に協力したのは、統制派の武藤章軍務局長らである。この報告で、「日本はソ連と戦争する気が無い」事がスターリンに伝わり、彼は安心してドイツ軍と戦う事が出来たのである。（以上⑬ⓦ参照）

三国同盟の締結、日本海軍の海南島占領や北部仏印進駐などにより、日本とイギリスやアメリカとの関係は急速に悪化していった。当時の内閣総理大臣・近衛文麿の「近衛日記」によると、近衛に日米戦争の見込みを問われた山本は、「是非やれと言われれば、初めの半年や一年の間は随分暴れてご覧に入れる。しかしながら、二年、三年となれば全く確信は持てない。三国同盟が出来たのは仕方ないが、かくなりし上は、日米戦争を回避する様に極力ご努力願いたい」と発言している。

井上成美は、戦後この時の山本の発言について「優柔不断な近衛さんに、海軍は取り敢えず一年だけでも戦えると、間違った判断をさせてしまった。はっきりと〝海軍は戦争をやれません。戦えば必ず負けます。〟と言った方が、戦争を回避出来たかも知れない。」と述べている。（以上ⓦ参照）

しかし、山本がそう言った事が広まれば、陸軍や国民から「何のために三六年も遊ばせて来たんだ。山本を辞めさせろ」の声があがり、海軍も辞めさせるしかなくなる。そうしなければ、海軍は世論の圧力で、陸軍の指揮下に入るしかなくなるであろう。そうすれば、社会主義革命を夢見る陸軍の思うままである。敵はアメリカだけではないのである。

しかも、アメリカに無条件降伏をすれば、アメリカ・インディアンやハワイの先住民や独立戦争時のフィリピン民衆の様に、アメリカ軍に日本国民が徹底的に陵辱され、虐殺されるだけである。弱い人間は家畜の様に虐待され、殺戮される、これが山本の学んだアメリカである。しかし、リンカーンやルーズベルトの様に良い人間もいるから、そんなに地獄にはならないだろう。それが、山本の淡い期待である。大東亜戦争後の駐留アメリカ軍は、ペリリュー島や硫黄島や沖縄戦や特攻隊の体当たり攻撃などで日本人を怖れていたし、占領したとは言え、不安だったので、あの程度の被害で済んだ、と言われている。日本軍を武装解除して解散させても、余り酷い事をして、我慢の限度を超えると、今度こそ日本人は一億総人間爆弾攻撃をしかねないからである。そうなれば、アメリカ軍は日本人を殲滅するしかなくなり、この日本を社会主義・共産主義陣営が援助して、ベトナム戦を上回る凄惨な殺し合いになったであろう。（以上⑬ⓦ参照）

山本五十六　真珠湾攻撃構想　昭和一六年（一九四一年）一月、山本は、海軍大臣・及川古志郎への書簡「戦備に関する意見」で、「(真珠湾攻撃構想) は既に昨年（昭和一五年）一一月下旬、口頭にて進言せる所と概ね重複す」とあり、山本は既に真珠湾攻撃を検討していた。山本はこの書簡で、「自分を第一航空艦隊司令長官に格下げし、直接指揮させて欲しい」と希望し、「空母喪失と引き換えに、戦争を一日で終える」気構えも示していた。また、山本は連合艦隊司令長官に米内光政を期待していた。これは本心であろう。そこまでして真剣度を示したのである。だが、及川は米内の連合艦隊司令長官人事に同意したが、井上成美の反対で潰されたという。条約派は人数が数人だけなのに、自分が一番で、仲間に対する思いやりが足りなかった。なお、山本は昭和一五年一一月に海軍大将に任じられている。これは奮い立つ山本を大人しくさせるための飴玉であろう。ちなみに、及川古志郎という人は、信念などは全く無い「八方美人」だけの人で有名だった、という。（以上㉙ⓦ参照）

山本提督　故斎藤博・元駐米大使の遺志を引き継ぐ　山本はこの頃に親友斎藤博・元駐米大使の「**日本はアメリカ・イギリス陣営の側で生きるべきだ**」という遺志を軍人として継ぐ覚悟を決めたのであろう。即ち、真珠湾基地を急襲・攻撃して（アメリカに赤っ恥をかかせて）、アメリカの陣営（自由主義圏）に占領され、取り込まれざるを得ない道を行く、という方法である。この方法ならば、陸軍にも海軍にも疑われる危険は無いし、全国民がシベリアで凍死して、朽ち果てる心配も無い。犠牲者が大量に出るだろうが、それは「一億総玉砕」よりはましである。今の段階で、無条件降伏など出来る筈はないし、そんな事を提案しただけで、右翼や特高警察に、家族・親族・縁族もろとも殺されてしまう可能性が高い。しかも、アメリカは戦わない民族を人間として扱わず、家畜として扱うのである。これは地獄である。

それならば、アメリカ式に戦争を仕掛けて、アメリカ人を大量に殺して、「日本人は恐ろしい」と思わせて、物資が枯渇したら降伏する方法しかないのである。そうすれば、嫌でも日本はアメリカの側に取り込まれてしまうが、その数年後には、アメリカを盟主とする自由主義圏とソ連を盟主とする共産主義圏の対立が激化して、日本は独立させられる、筈である。ソ連などに占領されたら、国土だけとられて、国民は全てシベリアの極寒の荒地で餓死・凍死させられるだけであり、全く希望が無い。これが、斎藤博が山本に示唆した近未来の世界像である。山本はこれに賭けてみる覚悟を決めたのであろう。甚大な犠牲が出るだろうが、それでも旧長岡藩や旧会津藩の様に再生出来るであろう、と山本は考えたのであろう。こんな事は決して誰にも打ち明けられない。たとえ、米内光政や堀悌吉にでも、決して本当の事は言えない。堀が気が付かないだけで、何か事件を起こして、堀の家族を留守にさせて、その間に、特高警察や憲兵が密かに調べる事は可能である。

アメリカの公開された極秘記録によれば、同年二月には、日本に真珠湾攻撃計画があるという噂が何度も流れており、心配した在東京ペルー大使がアメリカに通報している。海軍の高官の誰かが酒席で泥酔して、大声で喋って、山本を罵倒したのを、聴かれたのであろう。日本陸・海軍は外国の諜報機関には全く警戒していなかった。それは特高警察の仕事だったからである。日本軍はとても脳天気なのである。（以上㉖参照）

山本五十六　真珠湾奇襲作戦の詳細を検討　昭和一六年（一九四一年）一月、山本は第十一航空艦隊参謀長・大西瀧治郎少将へ手紙を送り、同月に大西が長門の山本を訪ねて来た。手紙の要旨は「国際状況の推移如何によっては、あるいは日米開戦の已むなきに至るかも知れない。日米が相戦う場合、我が方としては、何か余程思い切った戦法を採らなければ、勝ちを制する事は出来ない。それには開戦劈頭ハワイ方面にある、米国艦隊の主力に対し、わが第一、第二航空戦隊飛行隊の全力を以て痛撃を与え、当分の間アメリカ艦隊の西太平洋進行を不可能にする事を要する。目標は米国戦艦群であり、攻撃は雷撃隊による片道攻撃とする。本作戦は本職自らこの空襲部隊の指揮官を拝命し、作戦遂行に全力を挙げる決意である。ついては、この作戦を如何なる方法によって実施すれば良いか研究してもらいたい」というものである。

大西は第一航空戦隊参謀・源田実に作戦計画案を早急に作るように依頼して、それに大西が手を加えて作案して、三月初旬頃、山本の下へ提出された。山本は、真珠湾の水深（一二メートル）の関係から、雷撃が出来なければ、初期効果を期待しえないので、空襲作戦は断念する積もりであった。しかし、不可能ではないと判断されたため、戦艦に対し、水平爆撃と雷撃を併用する案になった。そして、早速、空母からの発艦、空母への着艦の訓練を繰り返す傍ら、「浅々度魚雷」の開発を命じ、真珠湾と似た地形の錦江湾を使って、超低空飛行の訓練を繰り返すと共に、超低空から「浅々度魚雷」を発射する実験が繰り返し行われ、魚雷の改良が急ピッチで行われた。しかし、実戦並みの訓練は出来なかった。そんな余分な石油は無かった。それが、大問題であった。

同年四月、山本は地方長官会議に集まった、全国都道府県長官・知事を旗艦「長門」に招き、「イザ戦う時は水平線の彼方に敵艦隊が見える前に、撃滅してしまう決心である」「私は常に艦隊の最先頭の旗艦の艦橋にあって指揮する。これは日本海軍の伝統なのです」と演説し、これが国民に向けた最後の言葉となった。

同年九月、山本は再び近衛に日米戦の見通しについて語り、前年九月の会見と同様の内容を答申しつつ、「戦争になった場合は山本自らが飛行機や潜水艦に乗って、一年から一年半は存分に暴れてみせる」と述べた。（以上ⓦ参照）

しかし、艦隊派はそんな事を許す積もりはなかったろう。山本に実戦の指揮をさせれば、本気で、真剣にアメリカ海軍関係の艦船や設備をもれなく攻撃・破壊するであろうし、そうなれば日本艦船の損失も多大になると考えていたであろう。戦争の目的がどうであろうと、現下の状況に鑑み、艦船の損失を最小限にする様に、司令官は宜しく指揮する事が求められているのである。それを理解出来ない旧賊軍・山本の直接の指揮下に置かれる事を嫌っていたのであろう。

ドイツ軍　ソ連に侵攻　昭和一六年（一九四一年）六月下旬、ドイツ軍は突然一斉にソ連に侵攻し、昭和一八年（一九四三年）七月まではドイツ軍の激しい攻勢で、首都モスクワの陥落も目前であったが、モスクワ南方のクルスクの戦いの最中に、ドイツ軍が崩壊して、攻守が逆転し、東欧からドイツ東部にいたる地域がソ連の占領地域となり、昭和二〇年（一九四五年）五月にドイツ軍が無条件降伏した。なお、この戦争において、ソ連側の死者は兵士と民間人を併せて、二〇〇〇万人～三〇〇〇万人におよび、これは人類史上最大の記録になった。

この戦争が始まった事を知った松岡洋右は「日ソ中立条約を破棄して、ソ連のイルクーツクまで侵攻すべきだ」と主張したが、それまでの主張と全く異なる主張だった事と、陸軍が親ソ連だったので、誰にも相手にされなかった。しかし、今日、「日本軍が真珠湾攻撃ではなく、ソ連に侵攻して、ドイツと挟み撃ちにしていたら、アメリカは参戦出来ず、ソ連も敗北して、日本もドイツも勝利していたろう」という意見がアメリカの軍事専門家から出る様になっている。松岡洋右は支離滅裂であった様だが、冷静な思考力を持っていたのである。（以上ⓦⓨ参照）

しかし、そうなっていたら、日本もドイツも社会主義・全体主義国家になっていて、自分勝手に領域内の諸民族を抑圧していたであろう。そして、半世紀も経たない内に、元々仲の悪い両国は、抑圧された諸民族を巻き込んで、第三次世界大戦を起こして、日本もドイツも崩壊したであろう。どっちにしても、物事はそう都合良くはいかない。

日本軍　南部仏印へ進出　日本は最大の「仏印ルート」の遮断を目的に、昭和一五年（一九四〇年）九月、北部仏印（現在のベトナム北部）に軍を進出させた。このため、アメリカから「対日経済制裁」の宣告を受けた日本は、石油が禁輸された場合に備えて、オランダ領インドネシアの獲得を目論んだ。当時、インドネシアはロンドンのオランダ亡命政府の統治下にあった。

インドネシア攻撃に備え、昭和一六年（一九四一年）七月、日本軍はさらに南部仏印（現在のベトナム南部からカンボジア）へと進出した。ルーズベルト政権はこれを対米戦争の準備行動と見做し、日本の在米資産凍結令を実施した。イギリスとオランダもこれに倣った。そして、同年八月、アメリカは日本への石油輸出を全面的に禁止した。

当時、日本は全石油消費量の約八割をアメリカから輸入していた。それを止められるという事は、息の根を止められるのと同じだった。しかも、この時、日本の石油備蓄量は約半年分だったと言われている。日本は必死に戦争回避の道を探るが、ルーズベルトは妥協する積りは無かった。（以上⑬ⓦ参照）

日本の石油備蓄・兵備の対米比率　この時点での、日本の石油の備蓄量は、陸軍が約一二〇万キロリットル、海軍は九七〇万キロリットル、そして民間が七〇万キロリットルである。とりわけ、海軍は本気になって貯めた。その量は陸軍の八倍である。これが「初めの半年や一年は、ずいぶん暴れてご覧に入れます」というセリフの根拠といわれる。

また、対米現有兵力の方は、戦艦、空母、巡洋艦、駆逐艦、潜水艦などの総計が、日本の艦艇数二三五隻、アメリカは三四五隻で、日本の対米比率は六八・一％になる。飛行機も日本が三一〇〇機、アメリカが五五〇〇機で、対米比率が五六・四％になる。それに、戦艦大和が年内に、また、戦艦武蔵も数ヶ月遅れて完成する予定であった。それで、明治以来、海軍が研究を重ねて、これで勝てると海軍が絶大な自信を持つ「七割艦隊」を超す事は確実であった。何故七割で勝てるかというと、アメリカは太平洋だけではなく、大西洋にも海軍を展開しなければならないからである。しかし、欧州戦線での戦争が終了すれば、話は別である。（以上㉘ⓦ参照）

危険な対米再交渉　石油の全面禁輸を受けて開かれた九月上旬の御前会議では、国策が少し改められた。それは、「戦争も辞さない決意の下に、再度対米交渉を行い、一〇月上旬頃になっても、日本側の要求が受け入れられる目途が付かない場合には、直ちに開戦を決意する」という危険な折衷案である。

真珠湾奇襲攻撃はバクチではない　軍令部は「日米戦争は必至」と考え山本長官が提案している真珠湾空襲作戦の当否について、極秘裏に論議を重ねる。その結果、この作戦は大バクチであると反対論が噴出した。その中身は、「ハワイと南方との兵力分散は下策であり、真の戦略目的である南方作戦に支障をきたす。開戦劈頭に敵の主力を叩いて彼我の勢力のバランスを破るといっても、その作戦はあまりに投機的で、たとえ無事に真珠湾にたどり着いても、果たしてその日その時刻に艦隊がいるかどうかは、分からない」というものである。

そして、これでもかとばかりに、九月中旬の二日間に、軍令部主導で、極秘に、海軍大学の一室で、ハワイ作戦の図上演習を実施し、機動部隊は、アメリカ側の損害は主力艦四隻撃沈、一隻大破、空母二隻が撃沈、一隻が大破、飛行機撃墜・大破、一八〇機、巡洋艦六隻撃沈・大破であり、日本側の損害は空母二隻が撃沈、二隻が小破（直後に魚雷処理）、飛行機一二七機撃墜・大破という、日本側の大勝利を導き出した。しかし、この判定は南雲にも軍令部にも大きな衝撃を与えた。「これは本当に作戦なのか。バクチではないのか」という主旨の感想が多く聞かれた。南雲だけではなく、艦隊派の誰もそんな危険がある作戦に従事した事は未だかつて無かった。

これを聞いた山本は激怒して、「軍令部は口を開けばバクチだと言うが、四年も支那で泥沼の戦いを続け、国力を消耗し尽くした後、対米戦争に突入する事こそが真のバクチではないか」、「南方作戦をしているその最中に、東方からアメリカ艦隊に本土を空襲されたらどうするのか。南方資源地帯さえ手に入れれば、東京や大阪が焦土になっても構わないのか」と反論した。これには、誰も反論出来ず、これ以降連合艦隊内部で異論を言う者はいなくなったし、軍令部でも表立っては批判しなくなった、と言われる。（以上㉘ⓦ参照）

山本五十六　真珠湾奇襲攻撃準備　昭和一六年（一九四一年）八月、山本は連合艦隊司令長官に再任された。政務参謀の藤井茂中佐によれば、山本に中央に戻って軍政で活躍して欲しいとの熱望が諸方面から寄せられ、藤井も山本を軍政向きとみていたが、実現する事は無かったという。

連合艦隊の各艦隊長官の人事は、海軍大臣と連合艦隊司令長官の意向が反映され、山本は第一航空艦隊の司令官として南雲忠一（兵学校三六期）と小沢治三郎（兵学校三七期）を候補にかけ、「小沢よりも扱い易い南雲を選んだと見る者もいる」といわれるが、山本は親友の堀悌吉中将を汚い方法で予備役に追いやった、南雲に悪印象を持っており、しかも、小沢は山本が一緒に空母艦隊を育ててきた仲間であり、これはデマであろう。また、「魚雷は扱いが難しく、しかも極めて高価な爆発物」なので、それを理由に南雲を強引に押し込んだ、ともいわれる。同年四月に、南雲忠一中将は機動部隊の第一航空艦隊司令長官に親補されている。しかも、機動部隊参謀長の草鹿龍之介も真珠湾攻撃に反対だった。だから、この人事ではかなり揉めた様である。「真珠湾攻撃を適当に切り上げて、艦船に余り損害が出ない様にして、無事に帰ってきて欲しい」と考える人間が軍令部には多くいたのであろう。しかし、これは山本の「**真珠湾基地を使用不能にして、講和に持っていきたい**」という考えとは全く反対の考えであった。（以上ⓦ参照）

同年九月下旬、特別討議で、参謀長・宇垣纒から軍令部第一部長・福留繁に対し、「自分は着任後、日も浅く、確たる自信はないが、山本長官は職を賭してもこの作戦を決行する決意である」と伝えた。

同年一〇月中旬、近衛文麿別邸・荻外荘で会議が行われ、及川古志郎と海軍首脳は優柔不断な応答に終始したので、山本は「及川公が私であったら、海軍は正直に『米国に対し

最後の勝利は無い』と言うね」と批判した。（以上Ⓦ参照）

四、真珠湾奇襲攻撃

真珠湾奇襲攻撃作戦決定　昭和一六年（一九四一年）一〇月中旬、空母四隻（赤城、加賀、蒼龍、飛龍）での攻撃作戦は軍令部に承認されたが、翔鶴型空母二隻（翔鶴、瑞鶴）を含む六隻という山本の希望は容認されなかった。それで、さらに、連合艦隊参謀が軍令部に派遣され、この際にも「山本は職を賭して断行する決意である」と、強硬な申し入れが行われた。これにより軍令部長・永野修身の「山本がそれ程までに自信があると言うのならば」という一言で、軍令部は全面的に譲歩して、空母六隻の使用を認めた。以後、部内には真珠湾攻撃作戦に反対する者は殆ど居なくなった。

また、山本はこの直後の、同年一〇月下旬、海軍大臣・嶋田繁太郎に書簡で「開戦劈頭、有力な航空兵力によって敵本営に切り込み、米海軍を物心共に当分立てない程の痛撃を加えるしかないと、考えるに至った次第です。」と述べ、山本の決意を知った嶋田もハワイ奇襲攻撃作戦に許可を出している。黒島亀人ら幕僚によれば、山本は「この作戦が採用されなければ、長官の職責を遂行する自信がないから、辞任する。この作戦に失敗すれば、戦争は終わりだ」と漏らしていたという。（以上ⓦ参照）

しかし、南方での持久作戦を推奨する軍令部や、伝統的な洋上艦隊決戦を重視する多くの海軍軍人と山本の間には大きい溝があった。山本は「巨大砲艦の時代はもう終わった。そんな事を信じて待っていると、水平線の向こうから艦載機が雲霞の様にやって来て、〝大和〟や〝武蔵〟はあっという間に沈められてしまう」と考えていた。だが、それをリアルにイメージ出来る人は希だった。しかし、それは昭和一九年のマリアナ沖海戦で実現した。

また、山本の心中は、故郷・長岡で余生を過ごしたいという思いと、「戦争になれば、活躍して、〝さすがは五十サダテガンニ〟と言われる事はしたい」という思いに揺れていた。山本は同年一〇月下旬から一一月初めにかけて、家族や親しい人々にそれとなく別れを告げた。

昭和一六年（一九四一年）一一月三日、山本は海軍大臣・嶋田と面会する。

その後、「長門」に戻った後、山本は宇垣らを連れて、五日間、再び東京へ出張し、軍令部や陸軍と作戦の打ち合わせを行う。そこで、機動部隊（第一・第二航空艦隊）の司令長官は南雲忠一中将、参謀長が草鹿龍之介で変更ない事を知った。二人とも真珠湾攻撃反対派である。反対派二人が実働部隊の最重要ポストに就いたという事は、山本が危険な企てをしている事は分かったので、実働部隊のトップは安心出来る南雲と草鹿に任せたい、という事であろう。

その後、同年一一月一三日、山本は呉にて各艦隊指揮官に大海令第一号を伝え、X時が一二月八日である事を明かす。その後、各艦船は準備が整い次第、集合地点の千島列島の南端近くの択捉島の単冠（ヒトカップ）湾に向かって出港していった。しかし、浅々度魚雷の完成には未だ数日掛かるようなので、空母「加賀」がそれを受け取るために佐世保港に向かい、待機した。

一二月二日、上京した折に、山本は軍令部に「事前の宣戦布告」を確認した。

一二月三日、山本は昭和天皇に拝謁して、勅語を賜り、侍従武官・城英一郎が山本の奏答文を届けると、天皇は三度読み返し、満足げな表情を浮かべたという。（以上ⓦ参照）

ハル・ノート　昭和天皇から「対米戦争回避に力を尽くすように」と言われて、東條英機が首相に指名され、「陛下の御心は和平だー」と叫びながら参謀本部に帰って、組閣を始めた翌月、昭和一六年（一九四一年）一一月二六日、ルーズベルト政権は日本に対し、それまでの交渉を無視するかの様に、日本に対して強硬な文書を突きつけてきた。「ハル・ノート」である。この文書の最も重要な部分は「日本は仏領インドシナと支那から全面撤退する」という項目だった。これは、勿論、ルーズベルトの側近でソ連の工作員だったハリー・ホワイトが最終的に作成したものである。

これは日本としては絶対に呑めない条件だった。この時点で、日米開戦は不可避になった。この「ハル・ノート」を見た日本軍首脳部の開戦派は「天佑」と言ったという。それまで戦争を回避したいと考えていた閣僚達も、開戦に強く反対しなくなったし、それまでアメリカとの戦争には反対だった海軍条約派も、何故か開戦の決意を固めたのである。とはいっても、その前日、択捉島の単冠（ヒトカップ）湾から、連合艦隊の空母機動部隊がハワイに向けて出撃している。つまり、日本は戦争回避を試みながらも、戦争開始の準備も着々と進めていたのだった。（以上⑬参照）

「天佑」と言ったのは、これ以上世論に抵抗すると、「戦わない軍隊なんかいらない」と世論が大爆発しそうなところまで、過熱していたからである。そして、その結果、海軍が陸軍の指揮下に置かれる事になったら、社会主義革命を夢見る陸軍の思う壺である。それで、アメリカとの戦争に反対だった、山本ら海軍条約派首脳も方針を大転換するしかなかった。アメリカとの戦争ばかりではなく、陸軍や海軍艦隊派との闘いも大変だったのである。

「ハル・ノート」を受諾すれば日本は対米戦争をしないで済んだ？　という意見もある。満州の事は書いていないのだから、支那も仏領インドシナも捨てて、満州帝国と日本・朝鮮・台湾の大日本帝国だけを守れば、アメリカはそれ以上日本を追いつめる事が出来なくなった筈だ、というのである。（以上⑬参照）

しかし、フランクリン・ルーズベルト大統領の前任のハーバート・フーバー元大統領はその著書『フリーダム・ビトレイド（裏切られた自由）』の中で、「昭和一六年（一九四一年）九月の近衛首相の和平提案の条件は、満州の返還を除く、全てのアメリカの目的を達成するものであった。しかも、満州の返還ですら、交渉して議論をする余地を残していた。ルーズベルト大統領はこれをも拒絶したのである」と書いている。

これは、同年八月の米・英両首脳のカナダ東岸近くでの海上会談で、昔から日本海軍の暗号を解読出来ていた英国が、解読を始めたばかりで五里霧中のアメリカに「日本が空母機動艦隊を育てて、実戦可能な状態にある」事を知らせたためであろう。これを知って全てを納得した、ルーズベルト大統領は日本にハワイを攻撃させるために、非公式な最後通牒（ハル・ノート）を秘密裏に出す事にした、と思われる。（以上㉓ⓦ参照）

しかも、彼は国民や議会を騙す事など屁とも思っていないし、国民ももう既に十分に「日本人は野蛮で下品で凶悪な人種だ」と、共産党が中心となり、約八年も、反日キャンペーンが繰り広げられてきているから、日本がハル・ノートを公開して、アメリカ政府を非難しても、簡単にはそれを信じないし、自分達の大統領を非難したりはしない。しかも、それに必要な十分な時間はもう無かったし、無理であった。（以上⑩参照）

真珠湾攻撃の大成功　昭和一六年（一九四一年）一一月二六日、単冠（ヒトカップ）湾に集結していた南雲・機動部隊は真珠湾に向けて、出港した。その陣容は、空母六隻（赤城、加賀、蒼龍、飛龍、翔鶴、瑞鶴）、戦艦二隻（比叡、霧島）、重巡洋艦二隻（利根、筑摩）、軽巡洋艦一隻（阿武隈）、駆逐艦九隻（谷風、浦風、浜風、磯風、陽炎、不知火、秋雲、霞、霰）、特殊潜航艇（甲標的）五隻、艦上航空機三五〇機（零戦七八機、九九式艦爆一二九機、九七式艦攻一四三機）である。なお、「浅々度魚雷」を受け取るために、佐世保に待機していた空母「加賀」もこの出発にはギリギリで間に合った。そして、同年一二月一日までに対米交渉がまとまれば、引き返す予定だったが、まとまらず、「ニイタカヤマノボレ一二〇八」の電文によって、機動部隊司令長官・南雲忠一中将に作戦決行が命じられた。

また、連合艦隊司令長官・山本五十六大将は広島湾柱島泊地の旗艦「長門」におり、「艦隊の先頭に立つ」という願望は実現出来なかった。「長門」を現場に近づければまるで「沈めて下さい」と言う様なものだし、何も出来なかったのであろう。砲艦が空母と共同作戦が出来るとすれば、その前に、肉声での交信を可能にするか、無線封止を止めて、索敵機を増やし、暗号解読要員を十分に増やすなど、迅速に情報を伝える方法を何度か試して、その後にやらなければ、敵に偽の無線通信を掴まされて、味方の長距離砲で味方の空母が撃沈される可能性があるが、それはどれもたっぷり石油を使うので、頑固な艦隊派に容認される事は難しいだろう。それで、山本は広島湾柱島泊地にいたのであろう。いや、もしかしたら、なけなしの燃料を節約するためかも知れない。

昭和一六年一二月八日（一九四一年）未明、南雲・機動部隊の空母六隻は、オアフ島の北、およそ三百五十キロメートル地点に到達し、予定通り艦首を風上に向けた空母から、午前一時三〇分（日本時間）第一次第一波攻撃隊一八三機が真珠湾に向けて出撃した。風速四〇メートル、艦は激しくピッチング（上下動）を繰り返したが訓練を重ねた優秀なパイロット達は、苦も無く発進して行った。そして、攻撃隊は僅か一五分で発艦作業を終えた。次いで、午前二時四五分には、第二波攻撃隊一六七機が出撃した。

約二時間半後（ハワイ時間：一二月七日午前七時五五分）にカフク岬から侵入した、第一波攻撃隊を率いる淵田機が全機突撃を意味する「ト連送」を送信し、さらに二三分後に「奇襲成功」を意味する「トラトラトラ」が旗艦「赤城」に送信された。当日、空母が全く湾内にいなかったため、攻撃は戦艦に集中し、また、各飛行場も徹底的に叩かれた。この時に、真珠湾のアメリカ軍が放送した「真珠湾が攻撃されている。これは演習ではない」はラジオ・ニュースと戦後に作成された戦争映画で有名である。

その後、第二波攻撃隊が侵入し、遅ればせながら戦闘態勢を整えたアメリカ軍に、自軍も多大の損害を出す事になったが、第二波攻撃隊はアメリカ軍に大損害をあたえた。また、その段階で、第二次攻撃隊の発艦準備が完了していたが、（軍令部からの口頭の指示に従い）南雲長官はこれを許可しなかった。草鹿は戦後に、「第二次攻撃をすべきなどというのは下司の戦法である」と書いている。大バカ者である。そして、南雲長官は全攻撃機に母艦への帰投を命じ、現地時間で翌日の朝九時頃、機動部隊は帰路に就いた。

なお、第一次攻撃隊の出撃とほぼ同時に、先行していた潜水艦から特殊先行艇「甲標的」五隻が湾内への突入を図ったが、駆逐艦ワードに発見され、全てが沈没ないし座礁し、乗組員九人が戦死、一人が捕虜になった。（以上⑥⑦参照）

この戦争でのアメリカ軍の損害は、戦艦四隻沈没（アリゾナ、オクラホマ、ウェスト・バージニア、カリフォルニア）、戦艦一隻座礁（ネバダ）、戦艦三隻損傷、軽巡洋艦三隻損傷、駆逐艦三隻座礁、その他五隻沈没・座礁・損傷、航空機損失一八八機、航空機損傷一五九機、戦死約二三〇〇人、民間人死亡約七〇人である。これに対し、日本軍の損害は、特殊潜航艇五隻沈没・座礁、航空機損失約三〇機、航空機損傷約七五機、戦死約六五人である。

しかし、ハワイ近傍にいる時間を短縮するために（軍令部からの非公式な口頭の指示に従い）、陸上の燃料タンクや基地内の艦船補修設備を攻撃しなかった。ニミッツ提督は、戦後の回顧録で、「これらが無ければ我々は数ヶ月に亘って真珠湾から作戦を実施することは不可能であったろう」と書いている。南雲と草鹿は手を抜いて、アメリカ軍を助けたのである。これは通常「利敵行為」といわれるが、軍令部や艦隊派には「状況に応じた柔軟な指揮」である。

しかし、アメリカ軍はこの攻撃による被害の甚大さに驚愕した。日本人を見下していたルーズベルト大統領には、信じられない被害の甚大さであった。これと反対に、「勝った、勝った、勝った」と、日本人は驚喜した。しかし、賭けに勝ったのはアメリカ大統領であった。アメリカ軍の犠牲が多少大きかったが、真珠湾基地が使用不能になった訳でもなかったし、日本軍の卑劣な襲撃の刺激的な映像が撮れたし、これからは空母と艦載機の時代だと分かったし、日本軍の優秀な空襲のやり方も見れたし、満足であったであろう。

（以上⑥⑦参照）

真珠湾奇襲攻撃は罠だった　これは、奇襲ではなかった。公開されたアメリカ政府の極秘文書によれば、この一年前から日本海軍の無線通信が既に解読されており、真珠湾の山側の市街地（パール市）の日本領事館には日本軍のスパイ（吉川猛夫）も派遣されていて、真珠湾の状況を逐一報告している事も、日本には機動部隊が真珠湾を攻撃する計画がある事も一〇ヶ月前から知っており、大統領はハル・ノートを日本側に示せば、即日、この機動部隊が真珠湾攻撃に出撃する可能性が極めて高い事も全部知っていた。だから、山本長官から出撃命令が出た翌日、同年一一月二六日に、早急に欧州戦線に参加するために、大統領はハル・ノートを日本政府に示したのである。

そして、その数日前から、大統領は、この侵攻予測ルート周辺の軍の活動を完全に禁止して、日本軍の侵攻を妨害しない様に指示し、半年前から空母は全部真珠湾からなるべく遠くに離し、戦艦等と兵士と労働者は犠牲にする決断をした。そして、真珠湾で怪しい動きをする日本人スパイは、そのまま泳がせておいた。何もアメリカ軍は気付いていないと思わせ、日本海軍の機動部隊を静かに迎え入れた。日本軍の卑怯な奇襲を演出する為にである。勿論、真珠湾の太平洋軍の陸・海軍司令部には何も危険を知らせなかった。ルーズベルト大統領にしてみれば、黄色い猿にたいした事が出来る筈が無かったのである。ただ、真珠湾の陸軍司令長官のウォルター・ショート大将と海軍司令長官のハズバンド・キンメル大将には直前に知らせて、「誰にも言うな、何もするな」と口止めをした。一方、日本海軍（艦隊派が主流）は、無線封止を命じれば、完全に自分達の行動は相手には分からなくなる、と勝手に信じていた。相手には本当に自分達の交信は解読されていないのかと、誰も本気で疑わなかった。

そして、南雲・機動部隊は単冠湾に集結し、出撃したが、佐世保に待機していた空母「加賀」がギリギリに単冠湾に着いたので、これが交信をしたし、ハワイへの途上（無線封止を命じられていない）各油送船は軍令部に位置の報告をしたし、他の艦船もたまに無線封止を忘れて交信をしたので、これを利用して、アメリカ軍は、太平洋の数箇所の無線基地で測定した（前回測定と今回測定の）電波の振幅変化の比較により距離を概算し、また、（複数のアンテナを使って）当該電波の最大値の方向を測定・比較して、海図に艦隊の概略の通過軌跡を描く事が出来た。日本艦隊のハワイへの途上、この機動部隊の目撃情報が多数報告されたが、アメリカ軍トップは全て黙殺して、この海図上の機動部隊の予想軌跡を睨みながら、じっと日本の機動部隊の到着を待っていた。従って、この作戦はアメリカ政府のトップが「ハル・ノート」で招待して、日本側が招待された事を知らなかった、世界で初の、奇妙な、二ヶ国共同作戦であったのである。しかも、真珠湾の水深が一二メートル程度だったために、これらの沈没とされた艦船の多くが、後に引き上げられて、

修理され、再生した。（以上㉓㉖㉗Ⓨ参照）

なお、南雲は真珠湾への途上、参謀長の草鹿に「えらい事を引き受けてしまった。しかし、もう覚悟を決めてやるしか無いな」と言っていたそうである。自分の能力を超える仕事だと言う事は認識していた様である。また、攻撃が中途半端だったのは海軍軍令部（艦隊派：多数派：薩長閥）が機動部隊の総司令官の南雲忠一中将（親補職：艦隊派）にいつも「部隊の艦船をくれぐれも全部無事に連れて戻れ」と指示したから、敵の艦船を撃沈し終わると、彼はそれを最重要の命令と判断したのであろうし、近くにいるアメリカの空母が駆けつけるかも知れないと心配して、出来る限り早くハワイから離れようとしたのであろう。これが通常の艦隊派の仕事のやり方であった。だから、山本がいくら熱心に長い時間を費やして説得したとしても、南雲が第二次攻撃をしなかった可能性の方が高いであろう。しかし、この中途半端な攻撃はアメリカ太平洋艦隊の回復を大幅に早め、日本の連戦連勝は半年後のミッドウェー海戦の大敗で途絶えた。つまり、アメリカ軍が全面的に協力してくれたにも拘らず、軍令部も海軍省も山本の作戦の戦果を中途半端なものにするために、南雲と草鹿を機動部隊のトップに据えたのである。「**真珠湾基地を破壊して使用不能にし講和への道を開く**」等の戦争目的はどうでも良かった。

これについては、上位の連合艦隊司令長官の山本五十六大将（条約派：少数派：反薩長閥）も予想はしていたが、広島湾柱島泊地の戦艦「長門」の上にいたし、彼も同じ「親補職」だったので、「命令をしても、南雲はやらないよ」と何の指示も説得もしなかった。彼が命令をしても、南雲中将は「現場の状況に応じて対処した」と、それに従わなくても良いので、何の意味も無いのである。人事権の無い山本には、従わせる方法が無いのである。そんな山本には、開戦劈頭に真珠湾を攻撃して、最低でも戦艦や巡洋艦を派手に多数破壊する事が出来れば良かった。それ以上の戦果を期待しても、艦隊派（薩長閥が主流）が牛耳る海軍には無理だと考えていたのであろう。（以上⑬参照）これが長い年月を掛けて彼らが育て上げてきた「親補職制度の拡充」という旧薩長閥の長老達から身を守る「防具」の成果であった。そのせいで、真珠湾攻撃の極秘情報が一〇ヶ月も前にダダ漏れだったし、水雷艇が専門の南雲中将が機動部隊の司令長官に命じられた時点で、「作戦の戦果は中途半端なものになるだろう」と山本は酷く落胆したであろう。しかし、図上演習で甚大な損害が出る可能性があると判定された作戦を実施させてくれた事には感謝していた、と思われる。

日本は卑怯な攻撃を行った？　開戦二日目、日本はアメリカとイギリスに宣戦を布告した。この時、在アメリカ日本大使館の不手際で宣戦布告が真珠湾の攻撃後になってしまい、ルーズベルト大統領はこれを利用した。彼は「ハル・ノート」の存在を隠して、「日本軍は宣戦布告無しの卑劣な攻撃を行った。パール・ハーバーを忘れるな」とアメリカ国民を煽動し、アメリカを日独伊三国との戦争に引きずり込んだ。
「ハル・ノート」の存在を知られれば、国際法上、アメリカが戦争を仕掛けた事になり、「日本の卑怯な攻撃」ではなくなるので、日本は真珠湾攻撃の前に、その文書の存在を残念そうに記者会見で公表すれば良かった。それをすれば、宣戦布告が間に合うか否か？はどうでも良かった。しかし、海軍軍令部が完全な奇襲攻撃を望んだので、天皇も事前の宣戦布告に賛成したのに、日本は事前の宣戦布告に（故意に？）失敗した。天皇にも山本にもさしたる権力は無かったのである。

それで、これはアメリカ議会にも知らされない極秘事項となった。これはアメリカ合衆国憲法に反する、重大な犯罪行為である。ルーズベルトと彼の赤い側近達はこの秘密を一二年以上にわたり守り続けた。そして何故か、日本もこの件に沈黙した。

だが、有史以来、宣戦布告をしてから戦争を行った例は世界的にも殆ど無い。弱い国が強い国と戦う場合は、警告無しの先制攻撃が常識である。じりじりして日本の忍耐心が切れるのを待っていたルーズベルト大統領が、この機会を使ってアメリカ国民を確実に激怒させようとして、「日本の卑怯な攻撃」という刺激的な言葉を敢えて使ったのである。だが、アメリカ・インディアンとの戦争でも、ハワイ王国との戦争でも、米西戦争でも、フィリピン人独立軍との戦争でも、アメリカ軍は卑怯な先制攻撃が得意だった。（以上⑬ⓦ参照）

日本の対欧米戦争は自衛のための戦争だった　大戦後、陸軍の南西太平洋軍司令長官であり、日本占領軍の最高司令官でもあったダグラス・マッカーサーは、昭和二六年（一九五一年）五月に、アメリカ上院外交合同委員会の場において、「日本が戦争に突入して行った動機は、大部分が安全保障の必要に迫られてのものだった」と述べている。つまり、彼は「侵略ではなく、自衛のための戦争であった」と言ったのである。それほど、彼は、当時「無理にでも日米開戦に持ち込みたい」というルーズベルトの強い意志を感じていた。なお、この発言のため、マッカーサーの人気は急落した。未だそんな言葉を歓迎する様な国内状況ではなかったのである。（以上⑬参照）

また、フランクリン・ルーズベルト大統領の前任のハーバート・フーバー元大統領も、その著書『フリーダム・ビトレイド（裏切られた自由）』の中で、「私（フーバー）はダグラス・マッカーサー大将と一九四六年五月四〜六日に、数時間二人だけで話をした」。「私が、日本との戦争（の原因）は『戦争狂』フランクリン・ルーズベルトの欲望（戦争欲）であった、と述べたところ、ダグラス・マッカーサー大将も同意した」と書いている。「戦争狂」とは、戦争に行って、大量に敵を殺戮するのがたまらなく好きな性格の人、という意味である。F・ルーズベルト大統領は戦争に行っていない筈なのに、「戦争狂」と言われているのである。（以上⑮参照）

何故真珠湾を攻めたのか？　山本五十六提督を神様の様に崇拝している人には申し訳な

いが、そうでない人の中には「何故真珠湾を一番に攻めたのか？　アメリカを怒らせて、戦争に引きずり込んだら、必ず負けると、分かっていたのに」と疑問を抱いている人が結構いる。事実、ドイツ海軍は通商破壊作戦で、「輸送船団を取り囲んで守るアメリカ海軍の艦船を絶対に攻撃してはならない」とヒトラーから厳命されて、苦心して輸送船を攻撃していたのである。第一次世界大戦も最終段階でアメリカが参戦したので、ドイツは負けたのだ。それで、ヒトラーは絶対にアメリカと戦争をしたくなかった。

それを知っているのに、山本はアメリカ本土の真珠湾を一番に攻撃した。たとえ、宣戦布告の英語化が間に合ったとしても、アメリカ政府は受け取りを故意に遅れさせて、「受け取っていない」と言い張るだろう。そんな事で引き下がる程、アメリカは生真面目ではない。何故真珠湾なのか？「山本ら海軍首脳は日本を負けさせようとしたのか？」と疑う人もいる。

日本は真珠湾など攻めないで、「オランダ領インドネシアの油田を取ったら、その輸送路の安全を図ると共に、インド洋やペルシャ湾のイギリス軍の港湾基地を抑えて、インドとアラブの独立戦争を煽って激化させ、インド洋からソ連への補給を止めれば、アメリカは参戦出来ず、楽に戦争に勝てた、と主張する人もいる。（以上⑩参照）

しかし、これは一番うまくいった場合の展開で、そもそも日本陸軍が海軍の戦略に協力するとは考えられない。何故なら、昭和四年・五年の世界恐慌から、日本陸軍は親共産主義・親ソ連であったからである。それは、ソ連からの巨額の資金提供もからんでいた。だから、スターリンが苦し紛れに、日本陸軍にクーデターを起こさせて、海軍の動きを抑えにかかり、その混乱の中で、日本に内戦や社会主義革命が起こる可能性も考えられるので、日本は戦争どころではなくなったかも知れない。

アメリカでも二正面作戦には耐えられない？　日露戦争以降、日本軍にはこれに似た素晴らしい戦略があったのだが、山本五十六はこの美味しい戦略を捨てて、真珠湾攻撃という危険な賭けに出た。それも、海軍の大反対を自分の辞表で蹴散らして、無理強いして実現したのである。何故そんな危険な賭けに出たのか？　空母でそーっと近づいて、艦載機で突然襲って、「サンフランシスコだって攻撃出来るぞ」と驚愕させてやれば、「アメリカは恐怖で縮み上がって、暫く戦争を控える筈だ」と考えたのかも知れない。そして、欧州戦線でイギリスが危なくなったら、アメリカは必ず講和を持ちかけて来る筈だ。アメリカでも二正面作戦には耐えられない。そう考えたら、賭け好きの山本はやらないでは済まない、という説もある。しかし、そんな事であの危険な真珠湾攻撃をするだろうか？　もう、イギリスはドイツに敗れる寸前だったのだ。アメリカは真珠湾攻撃を大歓迎して、欧州戦線に参戦し、ドイツと戦争を始めるのでないか？　海軍首脳がそういう山本の推測に納得したろうか？　大きな疑問が残る。（以上⑩参照）

これより現実味がある説は、イギリスが日本海軍の首脳に、「真珠湾を攻撃してアメリカを怯えさせたら、その後、イギリスが責任を持って、アメリカに妥協させ、講和をさせるから」と言って騙した、という説である。事実、イギリスは日本海軍の使っていた暗号を解読出来ていたので、山本が空母機動部隊を育てている事を知っていた筈である。陸軍と違い、海軍は同じ暗号をいつまでも使う、悪い癖があったから、暗号の解読は余り難しくない。イギリスは極秘文書を公開した事が無いので、これには全く証拠が無いが、日本海軍の首脳達にとって、イギリスは育ての親であり、しかも、かつての同盟国であるので、「日本を騙すための与太話」とは思えなかったのではないか。それに、イギリスはもうドイツに占領される日が迫っていたので、初めから日本を騙す覚悟を決めていたのであろう。しかし、どういう手段で両国が会話をしたのかが、全く不明である。日本海軍が暗号の更新を怠ったのはそのためだったのか？　大きな疑問である。（以上⑩参照）

山本ら親英米派海軍首脳は敢えてアメリカに戦争を仕掛けた　それともう一つ、米内光政も永野修身も堀悌吉も山本五十六も井上成美も狂人の様なヒトラーが大嫌いであり、その上、ソ連の共産主義も、単純で野蛮な日本陸軍も大嫌いだった。陸軍が野蛮なのは海軍に予算を殆ど取られて「死ぬ気で突っ込む戦い方」を採るしか方法が無かったからだが、そんな事は海軍は知った事ではない。そして、米内ら海軍首脳はまた、陸軍がヒトラーの全体主義とソ連の共産主義を一緒くたにして憧れている事にも呆れており、「あいつらはみんな個人の自由を全部取り上げて、不平を言わずに、機械の様に命令通りに働き続けるロボットの様な国民を作ろうとしているだけだ」と観て、「我々は何としてもそれを阻止

しなければならない」と考えていたと思われる。（以上⑩参照）

そして、「そのためには、我々は、この地位に居続けて、体を張って、陸軍と対抗していかなければならない」、「だが、陸軍と対抗し続けても、戦争には勝てない。必ず負ける。ソ連になど負けたら、国土だけ奪われて、国民はすべてシベリアに送られて、囚人の様に扱われる。しかし、アメリカになら負けても、そんなに酷い地獄にならないで済むかも知れない」と考えていたであろう。だから、賭け好きの山本は、強引にアメリカを戦争に引きずり出すために、真珠湾基地の急襲攻撃を決断し、実行したと思われる。「そうすれば、**アメリカは面子にかけて、ソ連よりも先に、必ず日本列島を占領しにやって来る。そして、その後、数年で、アメリカとソ連を盟主とする自由主義圏と共産主義圏は激しく敵対して、日本はアメリカの同盟国として独立させられる筈である**」これが斎藤博・前駐米大使と山本の近未来予測であり、山本の一世一代の賭けの対象だったであろう。その観点からすれば、「石油タンク等を破壊するべきであった」などの問題は些末な事であった。しかし、それが成功していたら、また、ミッドウェー海戦で大勝利していたら、もっと違った戦争の終わり方があったかも知れない。山本はそれも半分か四分の一くらいは期待していたであろう。「勿論、日本にも膨大な犠牲が出るだろうが、旧長岡藩も旧会津藩も甚大な犠牲を払ったのに、また復活したのである。日本国だって復活するに違いない」と考えたのであろう。しかし、皮肉な事に、真珠湾攻撃の大勝利とその後の半年間の

連戦連勝のせいで自信過剰になっていたので、ミッドウェー海戦では油断が大敗北を呼び込んだのである。（以上⑩ⓦ参照）

山本はアメリカや欧州への留学や軍縮会議への出張で（留学では講義を殆ど欠席して）あちこちへ出かけ、同郷のニューヨーク総領事・斎藤博や色々な人と話しをしたり、見学したりしたので、「自由主義圏と社会主義圏の対立が近い」という程度の知識は持っていたと思われる。事実、米国の保守系の政治家や高級将校（パットン将軍など）や英国の保守系政治家（チャーチルなど）はそう考えていた。（以上⑩ⓦ参照）

この仮説は最も国際派の山本らしい仮説だと思うが、その証拠は全く無い。山本ら反薩長閥の海軍首脳は最初から、「アメリカにはどうやっても負ける」と考えていて、それでも敗戦後に自由主義圏に残るために、アメリカの横っ面をぶん殴った（真珠湾を奇襲攻撃した）のであろう。そして、山本の予想通り、アメリカはそれを大歓迎して、欧州戦線に参戦し、その半年後ミッドウェー海戦で完勝し、日本に復讐したのである。

真実に最も近いのはこんなところだったのではないだろうか。

もし、真珠湾攻撃に半分程度でも成功すれば、山本らは日本の英雄や軍神に祭り上げられるので、陸軍もテロリストも四首脳らには手を出せなくなり、彼らの敗戦計画は安泰なのである。実際に、山本は開戦まで刺客に付け狙われていた。

しかし、母国を敗戦に導こうと考える彼らの心境は「自己破壊衝動」以外の何物でもない。だが、アメリカへの敗戦によって、彼らの父祖や武士階級の明治政府に対する憎悪と怨念を現実化する事も出来るし、日本国民の殆どをシベリアで餓死・凍死させないで済むので、彼らの心は正気を失う程には痛まなかったのではないだろうか。

また、海軍首脳に開戦劈頭の真珠湾奇襲攻撃を決断させるには、井上成美の日記にある「敗戦は亡国とは違う。古来戦いに勝って、国が滅亡した例は少なくない。逆に戦いに敗れて、興隆した国が沢山ある」という言葉が必要だったのではないか。そう信じなければ、正気を保てない程、彼らは苦しんだであろう。しかし、その言葉を誰が教えたのであろうか？（以上⑩参照）

こうした考え方からすれば、独ソ戦が始まった後、奇跡的に、日本陸軍がシベリア侵攻を決断したとしても、日本海軍がそれに協力したかは疑問である。主流の艦隊派は（余っている石油を回してくれないし、革命を起こして共産主義全体主義国を打ち立てようとしている）陸軍が大嫌いだったし、山本ら（条約派）は国民の自由を奪う政治体制に抵抗しようとしていたのであろうから、色々な屁理屈を付けて、シベリア侵攻に反対しただろう、と思われる。

海軍首脳の会議は阿吽の呼吸？　海軍の基本方針をどうするか？　四首脳の間でちゃん

とした議論があった証拠は無い。恐らく、実際にも、その様なちゃんとした議論はしていないのだろう。海軍内にも統制派のメンバーはいたのだ。しかも、最大派閥の艦隊派（薩長閥）も山本ら四首脳（条約派：少数）と対立していたのである。それで、山本は海軍の艦隊派にも、陸軍の統制派にも、特高警察にも監視されていた。

「支那戦線拡大論者でもあった米内光政が、根回しして、対米主戦論者の永野修身が号令をかけた」といわれるが、この二つの政策はスターリンとルーズベルトとチャーチルがその実現を切望していた政策であった。この話が統制派や艦隊派の誰かの耳に入れば、大騒動になり、国家反逆罪で条約派の全員が死刑になるし、その家族も全員厳しい取り調べを受け、その上、右翼や統制派軍人のテロで殺される可能性が高かった。だから、会話は最小限の言葉と阿吽の呼吸でやるしかなかったし、詳細は全て山本に任せた、と思われる。任せないと、長い会話と文書が必要になり、それが計画の破綻の原因になるからである。

しかも、アメリカは真珠湾攻撃に怯まず、激怒して、半年後に手持ちの空母機動部隊と艦載機で借りを返しに来て、ミッドウェーで日本に完勝したのである。勿論、イギリスの仲介など無かったし、その気があったとしても出番が無かった。（以上⑩参照）

しかし、山本ら海軍首脳にも読み切れない事があった。それは、フランクリン・ルーズベルトが「戦争狂」であった事である。彼は戦争に行っていないのに、彼は戦争で殺戮するのが大好きな性格だ、と言われていたのである。彼は本当に日本人を殲滅する積りであった。しかし、その天罰か、日米戦争の終結を見ないで、ルーズベルトは脳出血で死去してしまった（反共保守派による暗殺という説もある）。（以上⑬参照）

「小児麻痺を克服して大統領にまでなった偉大なルーズベルト」というのは嘘で、彼は本当は小児麻痺を克服していないのかも知れない。小児麻痺の症状を抑え込んで、治った振りをしているために、そのストレスで「戦争狂」と言われる様な「憎しみの塊」になったのかも知れない。以上の様に、真珠湾攻撃については色々と疑惑が持ち上がっているが、有力な証拠は見つかっていない。

また、多くの歴史家や評論家が「山本は堀に全てを話したり、書き送ったりしている筈だ」と思い込んでいる様であるが、「自分の親友であると世間に認知されている男に全てを打ち明ける」とは思われない。そんな危険な事は正常な人間はしないのではないか。堀が知らないだけで、特高警察や憲兵隊は、当時、もう既に、堀家を留守にさせて、極秘に何回か家宅捜索をしていたのではないか。そんな事は簡単な事だと思うのだが。

フィリピン戦線　昭和一六年（一九四一年）一二月八日、台湾から海軍航空隊が出撃し、フィリピンのクラーク基地のアメリカ航空部隊を全滅させ、続いてマニラ周辺の航空基地および海軍基地を攻撃して、アメリカの航空戦力の殆どを壊滅させた。

そして、二〇日に、陸軍の第一四軍はフィリピン南部のダバオ攻略部隊を、大きな抵抗を受ける事も無く、上陸させ、ダバオ市を占領した。その後、ルソン島の各地に大隊・中隊等を上陸させて、現地の航空基地を確保して、航空部隊を前進させた。そして、二二日、本間雅晴中将率いる第一四軍主力はルソン島北西岸のリンガエン湾に上陸し、一部は南東岸のラモン湾に上陸した。そして、歩兵部隊は銀輪部隊（自転車）となり、高速でマニラに向かった。マニラ市は無防備都市宣言をしていたので、昭和一七年（一九四二年）一月二日、静かに陥落した。リンガエン湾上陸から僅か一一日であった。

ここで、大本営の命令により、蘭印作戦の開始が繰り上がったので、南方軍の主力と飛行集団は、未だ米比連合軍との本格的戦闘が行われてもいないのに、蘭印・ビルマ方面に移動して行った。本間中将は参謀本部がそう言うなら仕方が無いと、抗議しなかった。

これが原因になって悪い事がつづいた。本間中将はその弱体化した第一四軍で、コレヒドール島に堅固な砦を築いて立て籠もった米比連合軍を攻撃してみたが、連合軍は強くて、日本軍が負けそうになったので、本間は一時戦闘を止めて、代わりの戦力を補充する様にと、南方軍と大本営に要求し、補充が出来た時点で、再度米比軍を攻撃したら、米比軍は長期間そのマラリヤの巣窟に籠もっていたので、飢えにも、不眠にも悩まされて、簡単に降伏してきたが、それからが大変だった。捕虜は七万六〇〇〇人以上いた上に、難民が二万六〇〇〇人もいて、日本軍の想像をはるかに超えていた。米比両軍共に兵士は皆マラリヤやデング熱、赤痢に罹っており、重態の者も多かった。

それをそのままにしておく訳にはいかないし、大量の車両を調達するにも多大の日数がかかるので、本間は直ちに彼等を徒歩で脱出させる事にした。四月、五月はフィリピンの真夏である。弱った捕虜、特にマラリヤ患者のアメリカ兵は次々に倒れ、その数は二三〇〇人と記録された。この日本軍によるバターン半島の捕虜の移送は、アメリカ軍によって「残虐行為」として、喧伝された。しかし、そんな所に陣地を構えるマッカーサーが悪いのだ。そして、そこがどんな環境の場所なのかを調べてから攻撃しないから、そういう罠にはまってしまうのである。そこが、実戦の経験が無い人の悲しい運命なのかも知れない。これが、「バターン死の行進」と言われる事件の真相といわれる。本間中将は敗戦後「バターン死の行進」の責任者という事で、マニラの軍事法廷で戦争犯罪人として死刑の判決をうけ、昭和二二年四月（一九四七年）に銃殺された。（以上⑩ⓦ参照）

マレー・シンガポール戦線　昭和一六年（一九四一年）一二月九日、山下奉文中将率いる日本陸軍はマレー半島に上陸し、イギリス軍を打ち破り、二日目には、海軍の航空機隊の攻撃で、イギリスの東洋艦隊のプリンス・オブ・ウェールズとレパルスという二隻の戦艦を沈め、自信満々だったイギリスのチャーチル首相に衝撃を与えた。なお、これらの攻撃はオランダ領インドネシアの石油を日本に運ぶ航路を安全にするために実施されたものである。

この後、山下奉文中将率いる日本陸軍はマレー半島を銀輪部隊（自転車）で高速南下し、各地のイギリス軍を打ち破りながら、シンガポールに向かった。そして、半島南端からシンガポール島に渡り、翌年二月には、難攻不落と言われたイギリスのシンガポール要塞を一〇日足らずで陥落させ、再度チャーチル首相を驚愕させ、落胆させた。シンガポールは約八万五〇〇〇人の英印兵士が守備し、日本軍は三万六〇〇〇人であった。日本軍の戦死者は約一七〇〇人、戦傷者約三四〇〇人、イギリス軍の戦死者は約五〇〇〇人、捕虜八万人であり、捕虜の半数はインド兵であった。（以上ⓦ参照）名将の作戦と指揮で緒戦は見事な勝利であった。

陸軍参謀本部F機関の藤原岩市はこのインド人捕虜を説得して、インド国民軍を設立させて、各戦線で捕虜にしたインド人を加えて、最終的に五万人規模になった。（以上⑩ⓦ参照）。

蘭領インドネシア戦線　そして、昭和一七年（一九四二年）一月一一日、日本海軍がジャワ島を包囲すると共に、海軍航空隊の援護を受けて、今村均中将が率いる日本陸軍が、ボルネオの北部のタラカン油田からバリクパパン、バンジェルマシンと南下しつつ攻略して、昭和一七年（一九四二年）二月一四日、この戦争の主目的であった、パレンバンの油田施設に空挺部隊を投入して、その日の内にこれを占領し、艦船で上陸した兵員と武器を、車両と銀輪部隊（自転車）で素早く輸送し、油田施設を確保した。

さらに、二月二七日に連合軍と日本軍の間で、スラバヤ沖海戦が行われた。戦力はほぼ同数であったが、連合軍は連携行動に円滑さを欠き、連合軍の軽巡洋艦や駆逐艦が八隻撃沈されて、日本軍の勝利に終わった。

三月一日、ジャワ島に上陸した日本軍は、首都バタビアのオランダ政府総統府も高速移動作戦で制圧する事に成功した。

この作戦は、フィリピン、マレー半島攻撃の後になったために、奇襲攻撃が使えないので、敵軍の防備も厚く、海戦も激しかったが、日本軍の予想を超えた高速の展開に、全体の状況が把握出来ないため、止む無く、母国の交戦規則通り連合軍は降伏した。ジャワ島作戦中の日本軍の死者約八四〇人、戦傷者約一八〇〇人、連合軍の捕虜八万一〇〇〇人である。

今村中将の指揮の特徴は、各部隊の目的地を明確にし、司令部との交信が不可能になっても困らない様に、「A部隊は真っ直ぐジャカルタの総督府に行き、一刻も早く屋上に日章旗を立てろ」などと事前に指示しておいた事である。そのため、実際に司令部が上陸作戦中に事故に遭って通信手段を失っても、各部隊は車両や銀輪部隊（自転車）で、戦闘もせずに、真っ直ぐに高速で移動し、オランダ軍の車両を追い抜いて行ったので、追い抜かれたオランダ軍はどうしたら良いのか分からず、立ち往生した、という話も残っている。攻めてきた敵軍が何もしないで追い抜いて行く、なんていう事は何処の国の軍の教科書にも書いてない。それで、全体の状況を把握出来ないまま、一〇日間で、約八万人の連合軍は降伏したのである。名将の作戦と指揮でここでも見事な勝利を勝ち取った。（以上⑩ⓦ

参照）

なお、今村中将は占領後も、日本の「大東亜共栄圏」構想を信じていて、インドネシア人に大幅な自治を許し、彼らが豊かになる様に、様々な技術教育を惜しまなかった。そして、日本が「輸送船問題」で物資の不足に悩むようになっても、インドネシア人の生活を制限しようとしなかったために、九ヶ月後（昭和一七年一一月）には、ニューギニアの東方のニューブリテン島ラバウルに転任させられてしまった。ラバウルに転任しても、今村は農園や地下壕を作って、食糧生産と防備を完全にして、「**一度も負けなかった将軍**」といわれた。

実は、上記の本間雅晴、山下奉文、今村均の三将軍が反主流派だったのは、単に暗記の虫なだけの東條英機に、有能過ぎて嫌われたせいである。しかし、ゴマすりだけが得意な東條の取り巻きには、そんな事が分かる能力が無い。（以上⑩ⓦ参照）

東郷平八郎の名声　日露戦争の研究も殆どしていないのに、日本海軍には「明治の海軍よりも俺達の海軍の方がはるかに優秀だから、どんなに悪くても俺達が負ける事は無い」という慢心があった。これは明治政府の欧化教育と艦船・武器の近代化と旧薩長閥への強い憎悪の産物であろう、と思われる。

しかも、日本海軍は日露戦争以来、この様な慢心の間違いを正してくれる筈の、本格的な戦争を三六年間も経験していなかった。第一次世界大戦も、日本軍にとっては殆どピクニックみたいな軽い参加になった。全世界の海の航路の安全を日本だけで守ったのに、どこの国も本気で敵対してこなかったのである。「東郷平八郎の名声」が日本海軍を守ったのだ。それで、仕方なく兵站の輸送を担当した。

これに対して、アメリカ海軍の太平洋軍総司令官チェスター・ニミッツ提督は東郷平八郎元帥を神の如く崇拝し、心酔していて、みっちりと日本海海戦の研究をしていたのである。（以上⑩⑬㉔参照）しかし、東郷平八郎の老後はかなり老害の酷い状態であったといわれ、これが日本海軍の高級将校予備軍達の東郷元帥に対する尊敬の念を著しく減退させたのではないか、と推察される。（以上㉔参照）ニミッツ提督はそんな事は知らなかった。

ニミッツ少将の大抜擢　実際、ニミッツ大将は優れた実戦能力を認められ、真珠湾奇襲攻撃の後、序列二八番目の少将から大将に大抜擢され、太平洋艦隊司令長官に就任した。また、戦時中の無線交信封止等の命令も、日本は作戦中に絶対に変更はしなかったのに対し、ニミッツ大将は必要に応じて臨機応変に変更し、ミッドウェー海戦では肉声での交信さえ許可した。「激戦の最中にこちらの情報が敵軍に筒抜けになったところで、大した問題ではない。それより、こちらの命令が部下に素早く確実に伝わり、味方を自由自在に動かす事が大事だ」とニミッツ大将は考えたのだ。それ程アメリカ軍は勝ちたかった。この時点で、部下達に「勝てる」という自信を持たせたかったのである。

そして、失敗の責任は厳しく追及された。ニミッツ大将の前任の（元海軍司令官）ハズバンド・キンメルと（元太平洋軍陸軍司令官）ウォルター・ショートは、日本軍の真珠湾攻撃で戦艦四隻を失った責任と防衛体制の弛緩の責任を問われ、解任されている。しかし、その後、二人は「上官からハワイだけが警報を受けていない」と上訴したので、連邦最高裁判所判事を長とする「ロバーツ調査委員会」が設置されて詳細な調査検証がされた結果、彼らの無罪が認められ、同時に、この調査報告書により、日本軍の真珠湾奇襲攻撃そのものが「ルーズベルト政権の罠であった」事が判明した。この報告書は一九四八年にアメリカで出版され、日本でも翻訳されて、出版されたが、GHQによって、焚書されて、その事実が広く認知される事は無かった。一九九一年に二人の名誉回復が連邦議会の上下両院で採択されたが、しかし、当時の二人の大統領は署名を拒否した。不運な軍人である。

（以上二節⑩㉗Ⓨ参照）

日本軍の人事は硬直していた　これとは反対に、日本陸・海軍の人事は、どんな非常事態に直面していても、陸・海軍大学校卒業時の筆記試験の順位と年次に基づいて、東京の陸・海軍省人事局で厳格に行われた。山本連合艦隊司令長官は作戦が採用されただけで、彼は艦隊の編制や人事に介入が出来なかった。自分の乗る艦さえ決められなかったのである。それで、海軍軍令部（薩長閥・艦隊派が主流）は「真珠湾攻撃を無難にこなせた」という理由で、南雲忠一中将（航空母艦と艦載機の事を殆ど知らない）を第一航空艦隊司令長官に据えたまま、ミッドウェー海域に向かわせた。そして艦隊全体の自信過剰に不運も重なり、激しく変化する戦闘状況の中で、南雲司令長官の知識と経験の絶対的な不足もあり、迅速に的確な命令を発する事が出来ないまま、大敗してしまった。後方にいた山本は虚しくそれを見ているしかなかったのである。その上、海軍軍令部は、（自分達のメンツを守るために）この後も南雲忠一中将を同じ様な最高指揮官にして使い続け、彼はこれに応えて勝利する事が多くなったが、その犠牲は少なくなかった。なお、彼は最後に太平洋中央軍の司令長官に任命され、サイパンに赴任した後、昭和二〇年七月六日、サイパン島守備隊の玉砕時に自決してしまうのである。

この際に、海軍はマリアナ沖海戦を戦ったが、アメリカは新鋭空母一五隻と熟練搭乗員を乗せた艦載機を揃えてきたのに対し、日本は何度も修理を繰り返した老朽空母と満足に訓練も受けていない未熟練搭乗員を乗せた傷だらけの艦載機しか揃えられなかったので、日本海軍は「マリアナの七面鳥撃ち」と揶揄される壊滅的敗北を喫し、空母部隊による戦闘能力を喪失した。（以上⑩ⓦ参照）

南雲はこの戦闘を指揮したが、この結末を見て山本が言っていた意味が初めて理解出来たのであろう。山本は「手抜きをして戦争を引き延ばしても、日本に不利になるだけで、近いうちに惨めに負けるだけだ」と合理的な事を言っていたのである。それに逆らって、馬鹿な事をしたものだ、とやっと分かったのではないか。

さむらいの精神の欠如　大東亜戦争を指導したのは、大正デモクラシーを経験した近代人で、武士の精神を持ち合わせていなかったばかりか、学歴の無い者を小馬鹿にするエリート主義者ばかりで、情や徳を欠いていた。

海軍大学校や陸軍大学校をトップで出たエリートが、兵には「生きて虜囚の辱めを受けず」と教育して、肉弾戦や玉砕を命じる一方、大本営で、ポーカーでもやる様に、戦争を弄んだのは、彼らが、自分の責任を意識しない、高級官僚だったからである。

「さむらい」の精神を持っていたのは、山口多聞や今村均、山下奉文など一握りの将官だけで、緒戦の快進撃は、全て、彼らの軍功だった。山下は積極果敢で、今村はじっくり守り勝つ肝のすわった戦争をした。山下や今村が戦争上手だったのは、兵を大事にしたからだった。「兵を大事に使う」――それが戦争上手の全てである。一方、牟田口廉也や辻政信らのエリートは、兵を鉄砲玉くらいにしか考えていなかった。

「兵を粗末に扱えば、どんな有利な戦況でも、戦争は負ける。兵が健在なら、即ち勝ちである」が信念だった今村均は、戦犯服役後、自宅の敷居を跨がず、余生を殉国勇士慰霊の行脚に捧げ、マッカーサーとチャーチルの怨念によって、作業服のまま、絞首刑に処された山下は、裁判中、徹頭徹尾、部下を庇った。（以上五節⑩参照）

なお、日本のエリート将校が「さむらい」でなかったのは明治政府の洗脳教育と欧化教育の成果であり、「兵を大切にしなかった」のもこの二つの教育が産んだ嫌日感情によるものであろうが、これは潜在意識のレベルでの現象であり、本人達は殆ど意識していなかったと思われる。さらに、その上に、彼らが合理的精神で「負ける」と判断した戦争を、世論に追い立てられて、渋々やらなければならない悔しさの現れでもあった、のであろう。一般大衆への嫌悪が下級兵士に向いたのかもしれない。それ程、この戦争は締まりの無い異様な戦争であった。

大東亜共栄圏　欧米の政治・経済ブロックに対抗して、日本は「大東亜共栄圏」という構想を抱いていた。これは、日本を指導者として、欧米諸国をアジアから排斥し、中華民国、満州、ベトナム、タイ、マレーシア、フィリピン、インドネシア、ビルマ、インドを含む、広域の政治的・経済的な共存共栄を図る政策だった。このために、昭和一八年（一九四三年）には東京で、中華民国、満州国、インド、フィリピン、タイ、ビルマの国家的有力者を招いて、「大東亜会議」を開いている。また、実際に、同年にビルマとフィリピンの独立を承認している。しかし、日本の敗戦が近く、遅過ぎた。（以上⑬参照）

輸送船問題　この緒戦の連戦連勝に大喜びの東條首相も政府も軍も、「油田を占領する事と、石油を手にする事とは同じではない」という事に気付いていなかった。強引に調達した油送船がアメリカの潜水艦に次々と沈められて、多くの石油を海に沈めてしまったのである。それでも、海軍も陸軍も油送船の護衛をしようとはしなかった（そんな仕事を軽蔑して、嫌がった）ので、物資不足は急速に確実に陸・海軍ばかりでなく国全体の首を絞めていった。「戦争が輸送や生産も含めた総力戦である」という概念が完全に欠如していたのだ。

日本海軍の主流派（薩長閥：艦隊派）は、かつて日本海海戦でバルチック艦隊を撃滅させた事によって、日露戦争に勝利した様に、「大東亜戦争もアメリカの太平洋艦隊を壊滅させれば終結する」と考えていたのだ。そのため、「艦隊決戦こそ何よりも優先される」という強い思い込みを持っていたので、世界最強の戦艦大和と武蔵の建造に熱中して、その燃料の輸送船の護衛などは考えてもいなかったのである。

驚くべきデータがある。公益財団法人「日本殉職船員顕彰会」の調べによれば、大東亜戦争で失われた徴用船は、商船約三五八〇隻、機帆船二〇七〇隻、漁船一六〇〇隻、戦没した船員と漁民は六万人以上にのぼり、その損耗率は何と約四三パーセントである。これは陸軍兵士の損耗率約二〇パーセント、海軍兵士の損耗率約一六パーセントをはるかに超えている。これでは「危険な仕事は民間人にやらせて、軍は安全な場所に隠れていた」と言われても仕方無いのである。

それで、軍需物資の不足に悩む政府は、昭和一八年（一九四三年）八月、国民から不要な金属製品を回収する事を閣議で決定した。これにより国民生活は一層逼迫した。（以上⑬参照）

また、同じ事情から、独立させて共栄圏を構成する筈の旧植民地に対する政策も、欧米寄りの収奪型に変えざるを得なくなり、これに怒った旧植民地の人達は、日本抜きで、次々と独立の準備組織を設立する様になった。（以上⑩ⓦ参照）

インド洋作戦　セイロン攻撃　インド洋に展開するイギリス海軍は当初、空母二隻、戦艦二隻、重巡洋艦三隻を始め、軽巡洋艦、駆逐艦も行動しており、沿岸の基地には約三〇〇機の航空機を配備していたが、マレー、シンガポールを奪った日本軍がさらに西進することを懸念して、空母一隻、戦艦三隻を増派していた。インド洋作戦は、インド洋セイロン島のイギリス軍兵力を撃滅しようとした作戦である。

昭和一七年（一九四二年）二月中旬、海軍軍令部及び連合艦隊は、陸軍のアンダマン諸島攻略作戦及びビルマ攻略作戦の実施に伴い、イギリス艦隊が同方面に出てくることを予想し、南方方面に展開していた空母機動部隊をもって、セイロン島以東のインド洋に進出させ、機を見てセイロン島を奇襲する作戦を決定した。

同年三月九日、蘭印の無条件降伏に伴い、連合艦隊長官山本五十六大将は南方部隊指揮官・近藤信竹中将に対し、機密連合艦隊電令作第八六号で「セイロン島方面機動作戦を実施すべし」と命じた。

昭和一七年（一九四二年）三月二六日、コロンボとトリンコマリーの二大拠点に打撃を与えるため、南雲忠一中将率いる第一航空艦隊がセイロン島に向けて出発し、四月五日にコロンボ空襲、四月九日にトリンコマリー空襲を行い、イギリス軍との間でセイロン沖海戦が発生した。同海戦では、兵装転換中に英軍重巡洋艦の出現で、攻撃隊の装備を魚雷→爆弾→魚雷と変更する混乱があった。教科書どおりに忠実にやらないと気が済まない律儀な性分は生来のもので、修正不能であった様である。

小沢治三郎中将が率いる第一南遣艦隊（マレー部隊）も呼応してベンガル湾北部の敵艦隊を撃滅して、カルカッタ方面に向かう連合国側交通路を遮断すべく、インド東海岸に向かい出発した。第一航空艦隊の助けもあり、ベンガル沖で多数の船舶を撃沈・撃破する事に成功する。潜水艦部隊も通商路への攻撃でイギリスの貨物船などを撃沈した。

第二段作戦　真珠湾攻撃、マレー沖海戦に始まる南方作戦（第一段作戦）で大本営の要望通りの成功を収めると、**山本五十六**は第二段作戦に取り掛かった。

山本は真珠湾攻撃前に対米最後通告が遅れないように中央に対し確認していたが、駐米大使館の失態により結果的に遅れていた。このため山本は積極作戦で立ち直りを困難にして、早急に敵の戦意喪失が必要と考えたのであろう。（以上⑩ⓦ参照）

山本五十六　ミッドウェー攻略作戦提案　軍令部は当初米豪分断作戦を主張し、連合艦隊司令部は当初インド洋作戦を主張し、軍令部に却下されるとハワイ攻略作戦へと重点を移す。連合艦隊司令部は、山本の望むハワイ攻略をにらんだミッドウェー島攻略作戦を独自に作成し、早く認めさせるため大本営の望むFS作戦を組み入れ、昭和一七年（一九四二年）四月一日までに幕僚にまとめさせた。連戦連勝の驕りから成功を前提にスケジュールが組まれ、敵勢力を事前に調べる事もしなかった。作戦案は四月三日に軍令部に持ち込まれたが、FS作戦を進めたい軍令部作戦課はこれに反対した。なお、FS作戦は、米壕連合作戦を阻止するために、ソロモン諸島、サモア諸島、フィジー諸島を占領する作戦である。これに対し連合艦隊参謀・渡辺安次から「ミッドウェー攻略作戦が認められなければ山本は職を辞す」と伝えられた。しかし軍令部作戦課は反対の意志を変えなかった。四月五日、渡辺は軍令部次長・伊藤整一から理解を得て、軍令部総長・永野修身まで山本の強い意志が伝えられ、第一部長・福留繁が召致され協議の末、FS作戦に修正を加えて連合艦隊案が採決され、第二段作戦の骨子となった。軍令部によれば決め手は「山本が十分な自信があると言うから」であったという。首席参謀・黒島亀人によれば、ミッドウェー作戦における山本の辞職示唆は脅しではなく決意していたという。また、山本の幕僚は第一航空艦隊の南雲長官と草鹿参謀長に批判的であり、南雲を第一航空艦隊長官から更迭すべきと要望したが、山本は「それでは南雲が悪者になってしまう」と答えて却下した。

（以上⑩ⓦ参照）

昭和一七年（一九四二年）二月二二日には日本海軍の潜水艦によりアメリカ本土砲撃に成功したほか、アメリカ西海岸沿岸で大規模な通商破壊戦を行っている。

ドーリットル日本空襲　これに対してアメリカ海軍は昭和一七年（一九四二年）四月一

八日にドーリットル空襲により日本本土初空襲に成功、山本に国民から非難の投書があった。山本は以前から本土空襲による物質的精神的な影響を重視していたため、一層ミッドウェー攻略作戦の必要を感じた。山本は日本が空母によるハワイ奇襲を企図出来るのであるから、哨戒兵力の不十分な日本本土に対して、アメリカもまた奇襲を企図出来ると考えていたようである（連合艦隊航空参謀・佐々木彰談）。（以上⑩ⓦ参照）

これは、空母ホーネットから発進したB―二五双発爆撃機ミッチェル一六機が、大東亜戦争で初めて日本本土攻撃をした一連の空襲である。空母二隻（エンタープライズ、ホーネット）を基幹とするハルゼー提督指揮下のアメリカ海軍機動部隊が太平洋を横断し、日本列島（本州）東方海域に到達して行った。ジミー・ドーリットル中佐を指揮官とするB―二五爆撃機一六機は、日本本土各地（東京、横須賀、横浜、名古屋、神戸、等）に空襲を実施し、民間人に被害があった。軍事的な戦果は小さかったが、日本軍に与えた衝撃は極めて大きかった。この作戦遂行において、アメリカ海軍は支那の国民革命軍の支援を受けており、日本本土爆撃を終えたB―二五のうち一五機は支那大陸に不時着して放棄された。この際、搭乗員八名が日本軍の捕虜となり、その処遇を巡って問題になった。また一機はソビエト連邦のウラジオストクに不時着して、搭乗員は抑留された。

珊瑚海海戦　相手の見えない空母対決戦　開戦当初の真珠湾作戦、インド洋作戦が順調に進むと、昭和一七年に第二弾作戦が始められた。その一つがMO作戦である。これは、アメリカとオーストラリアの連絡路を遮断する事を目的にしており、当初、ニューギニア南東部のポートモレスビーを攻略し、珊瑚海の制海権を確保するというものであったが、これにガダルカナル島の北側のツラギの攻略が追加された。当時、ツラギにはオーストラリア軍の水上基地があり、ソロモン統治の中心地であった。実際には、戦闘は珊瑚海の北端のソロモン海の南北幅の一・五倍程の海域で行われた。

日本側は、第四艦隊司令長官の井上成美中将が指揮官となった。日本海軍の暗号を解読していた、アメリカ軍はその作戦を阻止すべく、第一七軍を編制し、フレッチャー少将の指揮の下、二隻の空母（ヨークタウン、レキシントン）を南太平洋に派遣した。連合軍の空母機動部隊の構成は空母二隻、重巡洋艦七隻、軽巡洋艦二隻、駆逐艦一三隻、給油艦二隻、陸上基地航空隊であり、日本側の空母機動部隊の構成は空母三隻、重巡洋艦七隻、軽巡洋艦二隻、駆逐艦一二隻、その他一一隻、陸上基地航空隊である。

昭和一七年（一九四二年）五月三日未明、日本軍のツラギ攻略が実施された。ツラギ攻略部隊は連合軍の抵抗を受ける事無く、ツラギ西方港外に到達、あっさりとツラギを占領した。

同年五月三日夕刻、日本軍のツラギ上陸を知ったフレッチャー少将は空母「レキシントン」のみを率いて北上し、四日朝、ツラギに雷撃機・爆撃機計三六機による第一波攻撃を敢行した。各機はすぐに母艦に引き返し、魚雷・爆弾を装填し直して、直ぐに第二次攻撃に飛び立ち、攻撃を繰り返した。この攻撃で、日本海軍は駆逐艦一隻と掃海艇二隻が沈没し、二隻が小破し、二十数名の重軽傷者を出した。これを知って、MO機動部隊がツラギに急行したが、五日朝までに、米機動部隊は捕捉出来なかった。（以上⑥ⓦ参照）

一方、五月四日にラバウルを出発したMO機動部隊は、翌五日に空母「祥鳳」とツラギ攻略部隊の輸送船を収容して、ポートモレスビーへ急行していた。

MO機動部隊は、五月七日も早朝から索敵機を発進させて、米機動部隊を探していたが、午前五時三〇分頃「米空母一隻、駆逐艦三隻発見」の報告が入った。これに応じて、攻撃機合計七八機が飛行隊長・嶋崎少佐の指揮で報告地点に向かった。ところが、その直後、MO攻略部隊の索敵機から「（別の位置で）米空母を発見した」という報告が入った。嶋崎少佐は、そのまま最初の地点への攻撃を優先させたが、これは間違いであった。（以上⑥ⓦ参照）

一方の、フレッチャー率いる米機動部隊は、五月七日の午前六時一五分には、ラッセル島南方一一五浬にあり、支援の重巡洋艦二隻他三隻を西方に進発させた後、進路を北に転じていた。索敵機からの「日本艦隊発見」の報を受けたフレッチャー少将は、これに従い進撃し、同部隊の北西約二二五マイルにいた日本艦隊を発見した。

フレッチャー少将は午前七時二六分に「レキシントン」から、また八時に「ヨークタウン」から、戦闘機、雷撃機、爆撃機、など合計九三機を発進させた。米索敵機が見つけた「日本艦隊」は、四日にラバウルを出発した、「祥鳳」を含むMO機動部隊であった。「翔鳳」では既に、会敵を予想して零戦など五機の直衛機を挙げていたが、米空母発見の報が入ったため、直衛機の収容、補給、攻撃隊の発艦準備などが重なり、右往左往していた。米軍の一二機編隊の艦爆隊が襲ってきたのはその時だった。米軍機は重巡洋艦には目もくれずに「祥鳳」に突進した。上空の直衛機と対空砲火が防戦に努める。「祥鳳」も全速力でジグザグ航法をとり、敵の爆弾を回避した。

こうして敵襲の第一波が終わった。「祥鳳」は無傷だった。艦長の伊沢大佐は、甲板に残る三機の零戦を急ぎ発艦させる事にした。その最中に、米機の大群が襲ってきたのだ。「祥鳳」は懸命に攻撃をかわそうとしたが、魚雷七発、爆雷一三発の命中弾を受けて、大火災を起こした。そして、戦闘四〇分後の九時三三分、南海に姿を没した。「祥鳳」は艦載機六機の内三機を失い、乗組員六三六人が艦と運命を共にした。米機の損失は僅かに三機であった。（以上⑥ⓦ参照）

MO機動部隊の最初の攻撃が空振りに終わった後、原少将は熟練搭乗員のみで編制した夜間攻撃隊の出撃を決意したが、これがどうしても必要な出撃ではなかった上に、大損害を出してしまい大失敗だった。第五航空戦隊の「翔鶴」「瑞鶴」は、開戦直前に完成したために編制が遅く、搭乗員の練度も低かった。搭乗員の中には未だ夜間の帰投、着艦が無理な者もいたのである。メンバーは島崎少佐が率いる艦攻一八機と、「翔鶴」飛行隊長の高橋少佐が率いる艦爆一二機の合計三〇機、七八人の熟練搭乗員達だった。
しかし、この大失敗（詳細は省略）で無事に母艦に戻った機は、「瑞鶴」の九機、「翔鶴」の八機の僅か一七機に過ぎず、第五航空戦隊はこの失敗で一三機を失い、多くの熟練搭乗員も同時に失ってしまった。そして、残る第五航空戦隊の稼働機数は零戦三七機、艦爆三三機、艦攻二六機の合計九六機になった。（以上⑥ⓦ参照）

原少将は、八日午前四時過ぎ、艦攻七機を使って、索敵を開始した。午前六時三〇分、菅野索敵機が米空母発見の第一報を送って来た。菅野機から続報がつぎつぎ届けられる間、空母では攻撃機の発進準備が整えられ、午前七時一〇分に「翔鶴」から零戦九機、艦爆一九機、艦攻一〇機、「瑞鶴」から零戦九機、艦爆一四機、艦攻八機の合計六九機が、高橋少佐の指揮のもとに出撃した。

攻撃隊は索敵機の誘導で午前九時五分に米機動部隊の上空に達した。午前九時一〇分、高橋少佐は輪形陣を描く米軌道部隊に対する突撃を敢行した。輪形陣を突破した攻撃機のうち、「瑞鶴」隊は「レキシントン」と「ヨークタウン」に、「翔鶴」隊は「レキシントン」に襲いかかった。「レキシントン」には爆弾五発、魚雷二発が命中し、三箇所から火災が発生した。やがて、浸水が激しくなり、さらに一〇時四七分には軽油タンクから漏れたガソリンの気化ガスに引火、大爆発を起こして、操舵不能になった。そして一二時四五分、二度目の爆発を起こした「レキシントン」は乗員二百余人、艦載機三六機と共に海に沈んだ。また「ヨークタウン」は命中弾一発、至近弾二発を受けた。命中弾は飛行甲板を貫通して第四甲板倉庫で爆発、甲板員四十余人が戦死し、喫水線にも大きな損傷を受けていたが、沈没は免れていた。この間、日本機は空中戦で米機二三機を撃墜したものの、自らも一二機を失っていた。

攻撃機は全弾を投下したにも拘らず、「ヨークタウン」は未だ戦闘行動を続けていた。攻撃隊は結局「ヨークタウン」にとどめを刺す事が出来ずに帰路に就いたが、さらに帰投の途中で米戦闘機隊に襲撃される。零戦隊の援護が無かったため、攻撃隊は艦攻及び艦爆一一機をさらに失ったのである。（以上⑥ⓦ参照）

日本の艦載機が米空母を攻撃している頃、日本の空母「翔鶴」も米艦載機の熾烈な攻撃にさらされていた。索敵機から「日本機動部隊発見」の報告を受けたフレッチャー隊は、午前七時一五分、「レキシントン」と「ヨークタウン」から戦闘機一五機、雷撃機二一機、爆撃機四六機を発進させ、八時三〇分に攻撃態勢に入った。

米攻撃隊は先ず「ヨークタウン」隊が「翔鶴」に対して攻撃を開始した。続いて、九時四〇分に「レキシントン」の攻撃隊がMO機動部隊の上空に達したが、空母を発見出来ずに半数が脱落する。しかし、二一機は「翔鶴」に対して攻撃を行った。「翔鶴」は米機の攻撃を全てかわしたが、艦爆による三発の命中弾を浴びた。

た。

「翔鶴」の航行は可能であったが、甲板の損傷で攻撃機の発着艦が不能になってしまった。そこで、攻撃機の収容を「瑞鶴」に任せ、自らは火炎の鎮火を待って、巡洋艦「衣笠」などに護衛され、戦線を離脱した。「翔鶴」からは百余人の戦死者を出した。その「翔鶴」の八キロメートルの前方にあった「瑞鶴」はうまくスコールの中に身を隠し、攻撃を免れた。

連合艦隊及び南洋部隊から「作戦続行」の命令を受けた機動部隊司令部では、改めて米機動部隊の追撃を検討したが、米空母二隻を撃沈したと判断していた事や、艦艇の燃料不足などにより、現下のMO機動部隊の編制を考えて、追撃を断念した。（以上⑥ⓦ参照）

二日にわたる激闘の末、双方が撤退して海戦は終わったが、どちらが勝ったのかという点は微妙である。日本は軽空母の祥鳳が沈没、翔鶴が大破、アメリカはレキシントンが沈没、ヨークタウンが中破と、兵力的な損害では、「引き分け」と判定出来ない事もない。しかし、艦載機が多数撃墜され、それと共に熟練飛行士が多数戦死した事は連合艦隊の戦力を大きく削ぐ結果になった。また、ポートモレスビー攻略が延期になった事と、真珠湾以降、連戦連勝だった日本の勢いが止まったという意味でも、日本にとって痛手であった。

戦闘による損害は、連合軍は空母一隻沈没、駆逐艦一隻沈没、給油艦一隻沈没、空母一隻損傷、航空機六九機墜落であり、日本側は空母一隻沈没、駆逐艦一隻沈没、掃海艇三隻、空母一隻損傷、駆逐艦一隻損傷、その他一隻損傷、航空機九七機墜落であった。

この戦闘のアメリカ海軍の反省は、敵艦載機は空母のみを狙って来襲するので、「空母間の距離はお互いに視認出来ない程の距離に離す事が必要である。」また、「空母の周りを円形に戦艦や巡洋艦で囲んで、それらの砲で敵艦載機を出来る限り撃ち落とす事が必要である」というものであった。日本海軍は（慣例により）反省をしていない。（以上⑥⑦参照）

この海戦は空母同士がお互いの姿を見ないままで戦った、史上初めての戦闘であった。

MO作戦の失敗は、作戦目的に対して投入した兵力が少ない事、第一航空戦隊、第二航空戦隊ではなく、編制されて日の浅い第五航空戦隊（瑞鶴、翔鶴）を機動部隊の主力に使った事が挙げられる。しかし、当時、ポートモレスビー及びオーストラリア大陸北部のタウンズビルの飛行場には、アメリカ陸軍航空隊を中核とした計三〇〇機にのぼる航空戦力が配備されており、空母が存在しない状況になっていたとはいえ、五月八日の時点で僅かに三八機の使用可能機と一七機の修理可能機を有していたにすぎない、日本空母機動部隊が、ポートモレスビー攻略を成し遂げる事は余程の幸運でもない限り不可能であったろう。

しかし、この艦隊の編制も連合艦隊司令部の司令ではなく、軍令部や人事局の命令である。条約派の山本長官には殆ど権限が無かったと思われる。権限があれば、真珠湾攻撃でも自分で指揮をしたであろう。昭和の陸・海軍は明治の陸・海軍と同じでは無いのである。（以上ⓦ参照）

昭和一七年（一九四二年）五月八日、珊瑚海海戦で日本軍は失敗し、ポートモレスビー作戦は延期になり進攻が初めて止められた。連合艦隊司令部では徹底して追撃せず北上退避した第四艦隊司令長官・井上成美を臆病風、攻撃精神の欠如と非難した。これは井上が条約派である事で艦隊派に狙い撃ちされたのである。井上を「攻撃精神の欠如」と非難するのならば南雲をも同じ理由で非難するべきである。（以上ⓦ参照）

ミッドウェー作戦立案　ミッドウェー島攻略とアメリカ機動部隊殲滅を目的とするミッドウェー作戦が六月七日決行予定で計画される。四月二二日、帰還したばかりの実行部隊である第一航空艦隊に知らせると、山口多聞、源田実から戦力を一度立て直すべき、準備も間に合わず時期尚早と激しい反対があったが、山本ら連合艦隊司令部は「既に決まった事である」とその声を黙殺した。第二艦隊司令長官・近藤信竹からも、「ミッドウェー作戦をやめアメリカとオーストラリア遮断に集中すべき」と意見があったが、山本は「奇襲出来れば負けない」と答えた。未だ、無線通信の安全性を盲信していたのである。またミッドウェーの保持、補給には考えがなく、参謀長・宇垣纏は「保持不可能なら守備隊は施設を破壊して撤退する」と答えている。

山本は戦訓研究会で「長期持久的守勢を取る事は、連合艦隊司令長官として出来ない。海軍は必ず一方的に攻勢をとり、敵に手痛い打撃を与える必要がある。敵の軍備力は我の五から一〇倍である。これを次々に叩いてゆかなければ、長期戦など出来ない。常に敵の手痛いところに向かって、猛烈な攻勢を加えねばならない。そうで無ければ不敗の態勢など保つ事は出来ない。わが海軍軍備は一段の工夫を要する。従来の方法とは全然異ならなければならない。軍備を重点主義によって整備し、これだけは敗けぬ備えをなす必要がある。わが海軍航空威力が敵を圧倒する事が絶対必要である」という意味の発言をした。（以上⑩ⓦ参照）山本はかなり焦っていた様であるが、理解はされていない様である。

それは、軍令部と艦隊派の戦争観が山本のそれと全く違ったからである。軍令部と艦隊派の戦争観は「戦闘の目的はともかく、艦船を失う危険にさらす事は可能な限り避けて、逃げ延びて、戦争を長引かせる事が出来れば、いつか好機が訪れる」というものであるが、山本の戦争観は「戦闘をする目的を明確にして、艦艇の損失など気にしないで、目的に集中して必ず勝てる戦術を実施して、勝たなければならない。そうしないで、長引かせようとすれば、状況は逆に日本に益々不利になってくる」というものであった。正反対だから、人事権を持つ軍令部や艦隊派の戦争観に従う方が好まれたのである。

山本五十六の海上生活　ミッドウェー作戦前の山本の「大和」航海中における生活は以下のようなものだった。まず午前六時頃艦橋に姿を現すと、無言で長官専用椅子に座る。当時の艦長・高柳儀八大佐、参謀長・宇垣纏と言葉をかわす事もなく、広い艦橋は沈黙に包まれたという。朝食後の作戦会議では、幕僚全員が発言するよう促した。朝夕三〇分の入浴習慣は、平時、戦時、停泊中、航海中とも変わる事がなかった。午後八時になると艦橋作戦室で参謀・渡辺安次と将棋に興じ、四時間以上指す事もあった。このため午後八時以降の専任参謀は宇垣や黒島ではなく、渡辺と思われる程であった。（以上⑩ⓦ参照）

山本五十六の人物像　ミッドウェー海戦直前の五月一四日、山本五十六は眼鏡をかけマスクをして変装すると、呉駅で愛人・河合千代子と落ち合った。山本は病み上がりの河合を背負って人力車まで運んだ。河合が呉を去る時は、列車の窓越しに、手を強く握り合って別れを惜しんでいる。直後には「私の厄を引き受けて戦ってくれている千代子に対しても、国家のため、最後の御奉公に精魂を傾ける。終わったら世の中から逃れて二人きりになりたい。五月二九日には私も出撃して、三週間洋上に出るが、あまり面白い事はないと思う」という趣旨の手紙を送った。（以上ⓦ参照）

真珠湾攻撃以降の南雲・機動艦隊　真珠湾攻撃以降、南雲・機動艦隊は南下し、ニューギニア、オーストラリア、インド洋を転戦し連合軍の主要根拠地を覆滅しながらの大航海をした。ラバウル・カビエン攻略支援、ポートダーウィン攻撃、ジャワ海掃討戦などで活躍し、太平洋の制空権を獲得した。

四月初旬、インド洋作戦に参加した。座礁事故を起こした「加賀」を除いた空母五隻

（赤城、蒼龍、飛龍、翔鶴、瑞鶴）を中心にインド洋に進出し、セイロン沖海戦では空母「ハーミーズ」を撃沈し、トリンコマリー港を爆撃する戦果を挙げた。同海戦では、兵装転換中に英軍重巡洋艦の出現で、攻撃隊の装備を魚雷→爆弾→魚雷と変更する混乱があった。教科書どおりに忠実にやらないと気が済まない律儀な性分は生来のものであった様である。インド洋作戦では索敵機が機位を失い、索敵機の回収に必要な電波を発した事で艦隊位置を敵に暴露する事になったため、南雲や幕僚は偵察に必要以上の兵力を割く事をためらうようになった。（以上ⓦ参照）これでは、山本の成し遂げたい事を理解するのは困難であったろう。

ミッドウェーに集合　ドーリットル空襲に驚いた日本海軍は、空母がB―二五を運んできたとは思わず、ミッドウェー島から飛んできたと誤解して、ミッドウェー島を占領する事を目的にして、ミッドウェー攻撃作戦を計画し、そのついでに、この作戦を囮にして、アメリカの空母艦隊をおびき寄せて、撃滅する計画も付け加えた。

昭和一七年（一九四二年）四月末、一週間かけて、戦艦大和で「連合艦隊第一段階作戦戦訓研究会」と「第二段作戦図上演習」が行われた。しかし、ミッドウェー島を爆撃中にアメリカの空母艦隊が来て、その艦載機がこちらを襲ってきた場合の、図上演習はしなかった。そして、その場合に、どちらを主目的にするのかも決めなかった。ただ、敵空母との突然の遭遇も想定されるので、山本は「艦載爆撃機の兵装を常に半分は艦艇攻撃用にしておく」事を指示しただけであった。南雲中将が過度に怖れる事を心配したのであろう。また、真珠湾攻撃の後始末などが未だ続いていて、何もかもいい加減になり、機密の保持もいい加減であった。山本は、どうせ議論しても無駄だから、そんな事どうでもいいと言った風であった。（以上ⓦ参照）

なお、真珠湾攻撃と同じく機動部隊（第一・第二航空艦隊）の司令長官は南雲忠一中将と決まった。真珠湾攻撃では、敵航空機による攻撃を受けなかったので、「そうなった時にも幸運な南雲司令官はなんとかその役目をこなしてくれるだろう」と海軍軍令部（薩長閥・艦隊派が主流）は甘く考えていたのだが、現実はそんなに甘くなかった。

同年四月下旬に日本本土に戻った南雲・第一航空艦隊は問題を抱えていた。開戦以来、ドック入りや長期休暇も無く、太平洋・インド洋を奔走したため艦・人員とも疲労が溜まっていた。さらに、「相当広範囲の転出入」という人事異動のために、艦艇と航空部隊の双方の技量が低下していた。ミッドウェー海戦後の戦闘詳報では「各科共訓練の域を出ず。特に搭乗員は昼間の着艦がようやく可能なる程度である」と評している。（以上ⓦ参照）

しかし、それまで、「第一航空艦隊の疲労が激しい」と言う事は他の艦の者には分からなかった。それならば、南雲が辞表をちらつかせて、休みを要求するべきであったろう。半年間も連戦連勝だったのだから、そのくらいの事をやっても良かったのではないか。仕事をしながら手を抜いて休みを取ろうと考えるから、大凶運を呼び寄せてしまったのである。

同年五月下旬、ミッドウェー作戦における艦隊戦闘の図上演習・兵棋演習、続いて作戦打ち合わせを行い、関係者の意思統一を図った。しかし、そこでも敵機動部隊が現れる事は考慮されていなかった。最も多かった意見は、「時間が足りなくて準備が間に合わない。作戦開始の時間を延期して欲しい」という願いであり、作戦に反対する意見もあった。これらに山本長官は全く取り合わず、投げやりであった。「詳しく議論しても、南雲はどうせ従わないよ」と考えて、荒れていたのであろう。（以上⑩ⓦ参照）

不安要素はあったとはいえ、連合艦隊司令部、軍令部、南雲・機動部隊のいずれも自信に満ちあふれていた（自信過剰であった）。

昭和一七年（一九四二年）五月五日、永野軍令部総長より山本長官に対して「大海令第十八号」が発令された。内容は以下の通り。一、連合艦隊司令長官は陸軍と協力し、ミッドウェー及びアリューシャン西部要地を攻略すべし。二、細項に関しては軍令部総長に指示せしむ。以上。

ハワイ攻略の前哨戦として山本長官、宇垣参謀長の指揮下で、艦艇約三五〇隻、航空機約一〇〇〇機、総兵力約一〇万人から成る大艦隊が編制された。これは戦艦大和他の戦艦部隊（第一艦隊）が呉の基地の柱島泊地を出撃、参加する初めての作戦であった。（以上

ⓦ参照）

アメリカ海軍は無線を傍受し、作戦内容を解読し、それに基づいて、当該陸・海軍司令部に通知し、試行錯誤を繰り返した結果、太平洋海軍司令長官・ニミッツ大将はミッドウェー島及びアリューシャンが次の日本軍の攻撃目標だと確定した。

それで、ニミッツはアリューシャンとアラスカ方面には最低限の戦力を送るに止め、主力をミッドウェーに集中する事にした。

しかし、ニミッツには、使える空母が「エンタープライズ」「ホーネット」の二隻しかなかった。珊瑚海海戦で他の空母は大打撃を受けていた。それで、ニミッツは日本海軍の侵攻に備えてフレッチャー少将の第十七任務部隊（「ヨークタウン」を含む）をハワイに呼び戻した。途中でなんとか燃料を給油出来た「ヨークタウン」は五月末近くにハワイに到着し、直ちに乾ドックに入れられて、突貫の応急修理工事が実施され、七二時間後に、空母としての機能をどうにか取り戻した。日本海軍には想像も出来ない事であった。（以上⑩ⓦ参照）そして、五月三〇日、これらの空母を旗艦とする機動部隊はミッドウェーに向けて出撃して行った。「ヨークタウン」には修理工が乗ったままであった。（以上⑩ⓦ参照）

だが、真珠湾奇襲攻撃の際に、石油タンクや修理工場を破壊しておけば、ドーリットルは日本空襲も出来なかったし、ミッドウェー海戦も不必要であったのである。

昭和一七年（一九四二年）五月二五日、最終的な打ち合わせが連合艦隊と南雲・機動部隊の幹部によって行われた時、山本は南雲に「この作戦はミッドウェーを叩くのが主目的でなく、そこを衝かれて顔を出した敵空母を潰すのが主目的なのだ。だから、攻撃機の半分に魚雷をつけて待機させるように」と念を押している。

同年同月二七日、南雲忠一中将率いる機動部隊（空母「赤城」「加賀」「飛龍」「蒼龍」）が広島湾柱島泊地から、厳重な無線封止を実施しつつ、出撃した。翌日、ミッドウェー島占領部隊を乗せた輸送船団が水上機母艦・駆逐艦二隻と共に、サイパンを出た。さらに翌日、連合艦隊司令長官山本五十六大将が直卒する主力部隊（旗艦「大和」）が広島湾柱島泊地を出撃した。今回も、山本は後方で観戦する役目しかなかった。

アメリカ軍の作戦計画は五月二八日に、「太平洋艦隊司令長官作戦計画第二九―四二号」として発令され、内容は第一に敵を遠距離で発見・捕捉して、奇襲を防止、第二に空母を撃破して、ミッドウェー空襲を阻止、第三に潜水艦は哨戒および攻撃、第四にミッドウェー守備隊は同島を死守などというものであった（以上⑥ⓦ参照）。

南雲機動部隊は東進中、濃霧につつまれて、電光手旗など視覚信号が使用不能となった。南雲司令部はやむなく無線封止を破り、針路変更点を無線で各艦に伝えた。アメリカ海軍のニミッツ中将はこれらの無線通信を解読して、ミッドウェー島の北東海上で、南雲空母機動部隊の横腹を突く形で、自軍を待ち伏せさせたのである。

北方部隊（司令長官：細萱戊子郎中将）は、アメリカ海軍を混乱させる目的もあったので、既に行動を開始していた。空母二隻を中心とする第二機動部隊（司令官：角田覚治中将）が五月二六日に陸奥湾を出撃、北部太平洋へ向かい、アラスカ半島直ぐ西のダッチハーバーへ進撃した。二九日には、アダック、アッツ島攻略部隊（司令官：大森仙太郎少将）が同じ陸奥湾を、六月二日にはキスカ攻略部隊（司令官：大野竹二大佐）が千島列島の幌筵島を出撃した。前日の空母二隻のほか重巡二隻、軽巡三隻、北海部隊を乗せた輸送船団、潜水艦一五隻が北方部隊の構成である。六月三日午後一一時、北方艦隊の空母から四五機が発信し、ダッチハーバーを攻撃し、他の部隊もこれに続いた（以上㉒参照）。

ミッドウェー海戦の大敗　昭和一七年（一九四二年）五月二七日、近くのアメリカ軍潜水艦からかなり長文の通信が傍受された。山本は黒島参謀長に南雲に知らせてやれ、と命じたが黒島は、無線封止の方が重要です、あちらの方が潜水艦に近いので、あっちも傍受していますよ、と答え、他の参謀達もこれに同調した。どんな風に受信感度が違うかは分からなかったので、適当に流したのであろう。同年六月四日頃にも、敵機動部隊が存在する兆候をつかみ、幕僚が「南雲・機動部隊に知らせますか？」と山本に相談したが、山本は「敵に無線を傍受される恐れがあるし、南雲達も気づいているだろう」と黒島の言葉を繰り返し、南雲・機動部隊へは伝えられなかった。図上演習の際に、草鹿参謀長に黒島が

「空母は無線の感度が悪いので、敵空母関係の無線を受信したら、知らせて下さい。くれぐれも、御願いします」と言われていたのに、感度がそんなに違うとは信じられなかったので、無線封止に拘って、緊急に送らなければならない、極めて重要な情報を送らないでしまったのである。このために、南雲・機動部隊は、全ての注意をミッドウェー基地の爆撃のみに集中し、アメリカの機動部隊に対応するための注意を怠ったのである。南雲は、指揮下の高速戦艦「榛名」「霧島」の高檣楼のアンテナを使い、第六艦隊からの緊急電報を捉えようと努めれば出来たであろうに、それすらもしていなかったようである。しかし、戦場では何が起っても不思議ではないのだから、十二分に頭脳と感性を駆使して、出来ることは全てやるべきではなかったのか。無線封止の下で、「情報収集は外部に委託した」では自分の艦の安全さえ保てない。なお、この時点で、日本軍とアメリカ軍の戦力はほぼ同等であった。（以上⑩㉘ⓦ参照）

南雲・空母機動艦隊は昭和一七年（一九四二年）六月五日午前一時三〇分、ミッドウェーの北西十海里付近に到着し、アメリカの機動部隊が近くにいるという事を示唆する情報が無いと判断したので、計画通り、第一次攻撃隊一〇八機が出撃し、四時頃にミッドウェー基地に到達したが、航空機は全くいなかったので、攻撃隊は空港施設を爆破・炎上させる。しかし、丁度同時刻に、南雲・機動部隊は突然ミッドウェー基地のグラマン戦闘機とB―一七・B―二六爆撃機による激しい攻撃を受けたが、これは零戦隊と対空砲火が半数を撃墜した。そしてさらに、ミッドウェー基地を攻撃した第一次攻撃隊から「第二次攻撃の必要あり」との報告があった。南雲忠一司令長官は「この付近にはアメリカの機動部隊はいない」と判断して、ミッドウェーへの第二次攻撃を決定する。南雲は即座に、午前四時頃に待機中だった第二次攻撃隊の兵装を魚雷から地上攻撃用の爆弾に換装する様に命じた。これは、いつでも米空母に対応出来る様に事前に出された、山本長官の指示に違反していた。無視しても結果が良ければ、問題は無いが……。南雲は自分の強運に賭けたのであろう。

ところが、午前四時半頃に、索敵機より「敵艦らしきものが一〇隻見える」との報告が届く。南雲は「アメリカ艦隊が近くにいる事は確実であり、恐らく空母も含むであろう」と判断し、午前四時五〇分頃に第二次ミッドウェー攻撃を取り止め、航空機の兵装を艦船攻撃用に再度換装するように命じた。これには、参謀達が「時間が無い。そのまま出撃するべきだ」と激しく反対したが、南雲はその命令を押し通した。参謀は忠告・アドバイスをする役目があるという事が理解出来ない、頑固な爺さんなのであった。五時二〇分になって、索敵機は、「敵はその後方に母艦らしきもの一隻をともなう」と報告してきた。これで、敵空母の存在は明らかになった。しかし、アメリカ機の断続的攻撃はやまず、攻撃隊航空機の兵装転換作業も完了していない状況の中で、ミッドウェー第一次攻撃隊が空母に戻りはじめた。(以上⑥⑦㉒㉘ⓦ参照)

ここで、六時五分に、南雲は「第一次攻撃隊を先に収容して、その後敵機動部隊を攻撃する」と命令した。さらに「攻撃隊航空機も兵装転換を終え、七時半から八時頃には発進可能である」との報告もあった。なお、南雲・機動部隊は四時頃からほぼ一方的に攻撃され続けていたのである。セイロン沖海戦と全く同じく、臨機応変の対応が出来なかった。あの時は偶然に無事だったから、反省しなかったのであろう。（以上⑩ⓦ参照）

そして、その七時二五分に、「蒼龍」がアメリカ軍航空機（ドーントレス艦爆）一二機の攻撃を受け、三弾命中、七時二六分に「赤城」が三機の攻撃を受け、二弾命中、七時三〇分に、「加賀」が九機の攻撃を受け、四弾が命中し、甲板にいた多数の艦載機と魚雷や爆弾に引火・爆発して、いずれも大火災となる。これはこの三艦が視認出来る間隔で並んでおり、「飛龍」だけがコースを逸れていたからである。理由は、恐らく「飛龍」の山口多聞司令官が「こんなに密接していたら危険だ」と考えて、艦のエンジン機器の不調を装って、故意に離れていたのであろう。

その後、唯一無傷で生き残った「飛龍」の山口多聞司令官は引き続き戦闘を続けるが、午後二時五分にアメリカ軍（ドーントレス艦爆）の航空攻撃を受け炎上し、さらに艦載機が誘爆したために、飛行甲板が使用不能になったのみならず、誘爆がやまないので現地時間六月五日二時三〇分、山口少将は南雲司令部に「総員退艦させる」と報告し、加来艦長と共に、駆逐艦「巻雲」の雷撃によって沈む「飛龍」と運命を共にした。

ここに日本空母の全てが戦闘不能になった。しかし、「飛龍」から飛び立った友永雷撃隊の魚雷攻撃により、空母「ヨークタウン」は致命的な損傷を受け、機関停止となったのである。翌日、未だ沈んでいない姿をイ―一六八潜水艦にみつかり、「ヨークタウン」は魚雷攻撃により撃沈させられた。（以上⑥⑦ⓦ参照）

南雲は、航空機を使った戦闘が猛スピードで進行するので、戦闘は時間との闘いになる事をセイロン海戦で知った筈である。しかし、一ヶ月も休み無しで太平洋・インド洋を奔走し、頑固な上に疲労困憊していた南雲にはその迅速な判断と行動が不可能だった。

その間、戦場から三〇〇マイルも離れていた、戦艦大和の山本は何も出来なかった。山本は、その日は朝から、腹痛に悩まされていた。一種の予知能力の発現かも知れない。南雲・機動部隊のどの空母からも詳細な状況報告はなかったし、大和を現場に近づければまるで「沈めて下さい」と行く様なものだし、何も出来なかったのである。

砲艦が空母と共同作戦が出来るとすれば、その前に、肉声での交信を可能にするか、無線封止を止めて、索敵機を増やし、暗号解読要員を十分に増やすなどして、迅速に情報を伝える方法を何度か試して、敵に偽の無線通信を摑まされて、味方の戦艦の長距離砲で空母が撃沈される事が無い様に、万全の対策を講じて、十分に訓練してから、実施しなければならない。それはどれも頑固な艦隊派に容認される事は難しい状況にあった。しかし、アメリカ海軍にはそれはそれは簡単な事だったのである。

それで、真珠湾攻撃の時は、山本は広島湾の柱島泊地にいたのではないか。出かけても、無駄だからであろう。ミッドウェーでも事情は同じだが、軍令部が「それでは格好がつかない」とでも言ったので、出てきたのではないか。実際、山本は空母を使った実戦を経験していないから、危機的な状況にある時に、誰も質問などしてくる筈が無いのである。

それで、山本は残った艦船で夜戦をしようとするが、これを察したアメリカ艦隊が東方に退避して、距離を広げたので、出来た事は、戦闘が終了した後の、生存者の救出だけであった。（以上⑥⑦㉘ⓦ参照）

それ程、アメリカの機動部隊は圧倒的な強さを示した。これで、「アメリカに強烈な打撃を与えて、講和の席に着かせる」という山本の淡い夢ははじけてしまった。

昭和一七年（一九四二年）六月五日午後九時一五分、山本長官は南雲・機動部隊に対して戦闘の中止と主隊への合流を命じた。そして、北方（アリューシャン）作戦も中止して、帰路についた。

この海戦の結果、日本海軍は投入した正規空母四隻（赤城、加賀、蒼龍、飛龍）とその艦載機の全て（二四三機）、及び兵士ら三〇六〇人を失った。一方、アメリカ海軍は、正規空母一隻（ヨークタウン）と多数の航空機（約一五〇機）、及び兵士ら約三一〇人を失った。（以上⑩ⓦ参照）

山本は空母「赤城」、「加賀」、「蒼龍」の被弾炎上という急報を「大和」作戦室で渡辺安次と将棋を指している時に受け取ったが、「うむ」「ほう、またやられたか」の一言だけをつぶやき、将棋は止めなかった。心配しても、戦闘の現場まで行くには、最高船速で行っても一五時間以上かかるので、何もしようが無いからであろう。また、山本は幕僚に「敗戦責任は私にある、第一航空艦隊を責めてはいかん」と言い、第一航空艦隊参謀長・草鹿龍之介に批判的な黒島に対しても「南雲、草鹿を責めるな」とくぎを刺した。

大敗後、帰還した草鹿龍之介が「責任を取るべきところではあるが、雪辱の機会を与えて欲しい」という言葉に、山本は「今回の事で誰か腹を切らねばならぬとしたら、それは私だ」と答え、再編された機動部隊（第三艦隊）の指揮を、引き続き南雲と草鹿に執らせた。山本は南雲に「この体験を糧にして、もっと戦果を挙げられる様に成長する事を期待する」との内容の手紙を送っている。そんな事を書いた手紙を受け取る前、被害の甚大さを考えて、南雲・草鹿は沈没する空母「赤城」から駆逐艦に移乗した後で、自刃しようとしたが、それを周囲に制止された、といわれる。「飛龍」の山口司令官と加来艦長は艦と運命を共にしたのに、である。南雲と草鹿も「赤城」に残れば良かったのである。

宇垣参謀長によれば、山本の内心は「全責任は自分にある」「今一度使えば必ず立派に仕遂げるだろう。」だったという。二度も同じ失敗を繰りかえした男をそのまま使い続けるのは、強い批判を受けても仕方が無い。艦隊派への嫌みだろうか。誰にでも優しい、山本には「（もう既に）終わった戦争」の責任を問う事が出来なかったのではないか。（以上⑩ⓦ参照）

この大敗の原因は、なんと言っても水雷専門の南雲中将を海軍の学校の卒業年次とその席次によって、機械的に選んだ人事局と軍令部にある。しかも、南雲中将よりも適任な者が同じ機動部隊の中にいたのである。それは東郷イズムを受け継いだ、山口多聞と角田覚治、小沢治三郎だった。連合艦隊司令長官が山口多聞で、第一航空戦隊司令官が角田覚治、第二航空戦隊司令官が小沢治三郎だったら、真珠湾攻撃で、真っ先に石油タンク、補修ドックを破壊して、それから戦艦・巡洋艦などを破壊して、帰路、ミッドウェー基地を粉砕していた筈である、といわれる。なお、小沢治三郎は、山本の下で実際に艦載機部隊を作り、育て、訓練した人物である。しかし、軍令部（艦隊派が主流）には「絶対に勝たなければ」という発想は無く、慣例に従う事が最も大事であった。その直前に、珊瑚海海戦で多大な被害を受けたにも拘らず、である。（以上⑩ⓦ参照）

ミッドウェー海戦の大敗から生還した多くの兵士は、これを国民に知られない様に、日本本土に帰還する事は敗戦後まで許されなかった。（以上ⓦ参照）

陸軍参謀本部の数人には、箝口令を敷いた上で、大敗戦の事実は知らされたが、天皇には事実は知らさない事になった。同時に、この時から天皇と国民には嘘を教える事になった。（以上⑥⑦㉘ⓦ参照）

山本五十六提督は開戦前に「こうなったら、半年～一年は存分に暴れてご覧に入れましょう」と言ったと言われるが、その言葉通り、僅か半年しか暴れる事は出来なかった。

しかし、これは彼の責任ではない。

「やってみせ　言って聞かせて　させてみて　ほめてやらねば　人は動かじ」という彼の信念の「やってみせ」を一度も実行出来ない状況に彼をおいた、軍令部と艦隊派の責任である。しかし、大将になった人を、何の瑕疵も無いのに中将に降格するなど、明治維新以来やった事は無いので、あちこちからクレームが付いて、大変な仕事になるから、誰もやりたくなかったのであろう。「国が滅びるかも知れない」とは、山本以外に誰も考えなかったのだろうか。（以上ⓦ参照）

五、山本五十六の戦死

アメリカおよびオーストラリア本土の攻撃　昭和一七年（一九四二年）六月、ミッドウェーでは大敗したものの、その前後の期間、各地で日本海軍の進撃はいまだ続き、直前の五月三〇日には、オーストラリアのシドニー港のオーストラリアおよびアメリカ海軍艦艇を攻撃し、これに成功している。さらに六月には、アラスカのダッチハーバーの海軍基地への空襲を実施し、これも成功した。

九月には、イ号第二五潜水艦の艦載機により、二度に亘りアメリカ本土の初空襲を敢行している。森林を爆撃する事による延焼被害を狙った、この二度の空襲は、実際、自然消火して死者も出ず、単に「アメリカ本土爆撃」というシンボル的効果を狙ったものに過ぎなかったが、アメリカ史上初の敵軍機による本土空襲は、アメリカ政府をして、太平洋戦線における相次ぐアメリカ軍の敗北に意気消沈する国民に対する精神的ダメージをこれ以上増やさないために、軍民に厳重な報道管制を敷き、この空襲があった事実を極秘扱いさせた。（以上⑩ⓦ参照）

ソロモン海戦概要一　ソロモン海域における主な海軍作戦は、ガダルカナル島の攻防戦を巡って生起したものであったので、その概略を以下に説明する。

昭和一七年（一九四二年）に入って、大東亜戦争の第一段作戦はほぼ順調に推移し、陸・海軍は第二段作戦の検討に取りかかった。陸軍としては、占領に成功した南方資源地帯を確保しながら、防衛態勢を固め、長期戦に備える事を主張したのに対し、海軍はあくまでも速戦速決を主張した。長期戦にもつれ込めば、勝ち目はないとの、開戦以来の持論である。

短期の決戦を主張する海軍、連合艦隊司令部の方針は、連合軍の対日反攻の根拠地となるオーストラリアとアメリカの連絡を遮断し、オーストラリアを孤立させて中立化する事であった。

そのために、ハワイとオーストラリアを結ぶ線上にあるサモア、フィジー、ニューカレドニアの各諸島を攻略する作戦、ＦＳ作戦が策定されたが、ミッドウェー作戦の挫折によって、実現は不可能になった。一方、ニューギニア南岸のポートモレスビーから直接オーストラリアを窺うＭＯ作戦も珊瑚海海戦の結果放棄せざるを得なくなっていた。

そこで、次善の策として登場したのが、ソロモン諸島の島伝いに陸上基地を漸進させ、基地航空部隊によって、アメリカとオーストラリアの連絡を遮断する構想である。この陸上航空基地強化作戦はＳＮ作戦と称された。ガダルカナルの攻略はこの作戦の一環である。

（以上⑥参照）

ミッドウェー海戦の大敗は日本にとって大打撃ではあったが、しかし、戦略的に大きな目で見れば、「日米両軍はこの時は未だ互角だった」と言っても良かった。ただ、この時点で言える事は、いまや戦闘の様相が一変した、ということである。開戦以来、戦闘の勝敗が航空機の優劣によって決する事が明白になった。まさに、大艦巨砲の「戦艦の世紀」は閉幕し、飛行機の時代の開幕を告げていたのである。これからの戦闘は航空基地の占領、航空兵力の進出、整備そして補給の競争という、過去の戦例に無い戦いになったのである。つまり、制空権争奪の戦いである。（以上⑥㉘参照）

ガダルカナル島攻防戦一　昭和一七年（一九四二年）七月六日、第一一、第一三の二個設営隊（殆どが労働者：計二五七〇人）と警備にあたる陸戦隊（二八〇人）が上陸し、飛行場の設営を開始した。第一期滑走路建設工事完了直後の、同年八月七日、航空支援を受けたアメリカ軍一万九〇〇〇人が急襲して、飛行場とその周辺を占領した。

この間、アメリカ軍は大型機を連ねて、基地設営作業を妨害する一方、日本向けの短波放送で、本格的反攻の開始を予告した。「我々はフィリピンに帰る」と意味不明な言葉を繰り返したのである。当然、日本側は「帰りたければ帰れよ」と言い返すだけで、この予告は無視された。

大本営の判断では、連合軍の反攻開始は昭和一八年以降になるだろう、との見通しであった。そして、ガダルカナルの攻略を目指す、大輸送船団がアメリカ西海岸を出発したのは七月二日～一四日の間であった。輸送船団出港の情報は現地諜報員から大本営に伝えられ、また、米側の通信が活発になった事から、ソロモン方面の防衛にあたる第八艦隊司令部では、反攻が近いものと判断して、ガダルカナルの陸上兵力の増強を要請したが、大本営の判断は変わらなかった。この判断ミスがガダルカナルの悲劇をもたらした、と言える。（以上⑥㉒参照）

第一次ソロモン海戦　昭和一七年（一九四二年）八月七日早朝、米第一海兵師団の一部が、ガダルカナルの北西部の北方対岸にある水上航空基地・ツラギを奇襲、同時に主力（約一万九〇〇〇人）は海岸からガダルカナルに敵前上陸を開始した。フレッチャー中将率いる三隻の空母を始め、三〇〇機の基地航空部隊と多数の艦艇に掩護された大部隊であった。「敵兵力大、最後の一兵まで守る、武運長久を祈る」との電報を最後にツラギの航空部隊（人員は、設営隊と護衛の海軍陸戦隊を合わせても約五〇〇〇人）は連絡を絶った。

だが、この期に及んでも、日本軍は楽天的であった。電報を受けた第八艦隊司令部はこの攻撃を単なる強行偵察程度と判断した。従って、基地航空部隊で空母を、水上部隊で米艦隊を撃破し、一個大隊程度の陸上兵力を送ればガダルカナルを奪回出来ると考えたのである。

第八艦隊司令長官・三川軍一中将は、その見通しに基づいて作戦を立てた。基地航空部隊の攻撃に呼応して旗艦「鳥海」以下の主要艦艇がガダルカナルの米輸送船泊地に突入し、これを撃滅する、という簡単明瞭な作戦である。

八月七日午後二時三〇分、第八艦隊はラバウルを出撃した。旗艦「鳥海」以下、重巡洋艦五隻、軽巡洋艦二隻、駆逐艦一隻、の陣容であった。ソロモン海域最初の艦隊決戦は、八月八日深夜、サボ島南方で開始された。サボ島はガダルカナル島の北端の岬の北東に位置する小さな島である。

三川艦隊はこの島の南側の水路を東南向きに通り、待ち伏せていた米艦隊（重巡洋艦四隻、駆逐艦二隻）に遭遇した。戦闘は僅か六分で片付いた。上空に待機していた「鳥海」の哨戒機は、命令一下、曳光弾を米艦隊の背後に投下して、絵に描いた様な背景照明を行った。闇に浮かび上がった敵艦のシルエットに向けて、日本海軍自慢の酸素魚雷が殺到し、米艦隊は六分で戦闘力を失ったのである。日本艦隊は一発の命中弾も受けず、完勝であった。

この後、三川艦隊は、当初目的地（南東方向）のルンガ泊地ではなく、北東に進路を変更し、このお陰で、さらにサボ島の北側に待ち伏せていた米艦隊に遭遇し、これにも壊滅的な打撃を与えた。そして、戦闘は概ね終わったものとして、三川司令長官は全軍に引き上げを命じたのである。早川艦長は、作戦の目的は、ルンガ泊地（ガ島の北岸で北西端から東に三分の一の地点）に突入して、米輸送船団を撃滅する事にある、と意見具申したが、容れられなかった。

この理由は、三川長官がラバウルに赴任する際に、軍令部総長から「出来るだけ艦を壊さない様にして欲しい」と言われていたからである。ミッドウェー海戦で多くの艦艇を失ったので、日本海軍は艦艇や航空機のやり繰りが難しくなっていたのである。だから、作戦の目的が達成されなくても、艦が失われるよりはましなのである。しかし、この自分勝手さは、この作戦に連動していた他の陸上部隊や輸送部隊にとって最悪の裏切りであった。もうひとつ、決して語られる事の無い理由があった。戦闘艦にとって敵といえば戦艦か重巡洋艦の事で、輸送艦などは相手にしない、というのが日本海軍のプライドであった。いずれにしても、ガダルカナルの戦況を変える唯一のチャンスは永久に失われた。（以上⑥㉘参照）

カ号作戦　この頃、ルンガ泊地に停泊中の米輸送船団はおよそ四〇隻、八月八日の基地航空部隊による泊地攻撃では、その内の三分の一が撃破されただけであった。だが、報告された基地航空隊の戦果と第一次ソロモン海戦の戦果を合わせれば、来攻した米艦隊はほぼ全滅した事になる。いささかの疑問を抱きながらも、大本営は楽観を強めていった。

楽観に拍車をかけたのは、一一日に実施された第八根拠地隊参謀による偵察報告であった。空中からガダルカナルを偵察した参謀は、連合軍の主力は既に撤退した様だ、と報告したのである。地図も無い、熱帯の密林に巧妙に隠れた軍隊を見つけるのは、そんなに簡単では無い。

既に動き出していた、第一七軍によるポートモレスビー陸路攻略作戦を継続しながら、陸・海軍共同でソロモン群島の要地奪回を目指す「カ」号作戦が策定された。陸軍の一木支隊と海軍陸戦隊合計約三〇〇〇人をガダルカナルに上陸させ、飛行場を奪回しよう、というものである。世に悪名高い、兵力逐次投入の始まりである。これは誤った情報に基づく誤った判断がもたらしたものであった。

ガダルカナルに上陸した一木支隊先遣隊（約九〇〇人）が全滅に瀕している頃、広島湾柱島泊地にいた連合艦隊主力は山本五十六大将の指揮の下、第二艦隊と第三艦隊（機動部隊）をもって、ガダルカナル奪回作戦を支援すべく（ミクロネシアの）トラック泊地に進出していた。空母三隻、戦艦四隻、重巡洋艦九隻、軽巡洋艦六隻、駆逐艦一二隻を主力とする大部隊である。この間、一木支隊の本隊（一一〇〇人）を乗せた、輸送船団は米機動部隊の出現で、ガダルカナルに突入を果たせず、海岸へ南下、退却（北上）を繰り返していた。八月二一日には、先遣隊の全滅が伝えられたが、米基地航空部隊と艦載機に阻まれて増援を果たす事が出来なかったのである。（以上⑥㉘参照）

第二次ソロモン海戦　八月二四日、米機動部隊と支援部隊の間で戦闘が開始された。第二次ソロモン海戦である。米側勢力は空母三隻、戦艦一隻、巡洋艦四隻、駆逐艦一一隻、数の上では日本側が優勢であった。しかも、ミッドウェー海戦の戦訓を生かして、航空決戦を主目的として、空母が中核に徹し、水上勢力がこれに協力するという、連合艦隊にとっては画期的な戦術を採用した、最初の海戦であった。

だが、戦いの結果は、日本側が軽空母と駆逐艦それぞれ一隻を失ったのに対して、米側に与えた損害は僅かに空母一隻の損傷だけに止まった。この敗北の原因は通信状態が悪く、第二艦隊を中核とする前衛部隊と機動部隊の連携プレイがうまくいかなかった事もあるが、基本的には、新しい空母中心の戦術が艦隊全体に理解されていなかった事にあった。前衛部隊は本隊の一〇〇～一五〇マイル前方に進出して、幅広い警戒網を展開するという計画であったが、その任務を果たしていない。練習もしないで、無線封止のままでやったのであろう。そんな事で、うまくいくものでは無い。

また、基地航空部隊との共同も中途半端に終わっている。ラバウルからガダルカナルまでの間に中間基地が無い事や天候不良も災いしたが、基地航空隊の索敵機は殆ど任務を果たせないままで終わっている。珊瑚海、ミッドウェー、それに続く航空撃滅戦によって、ベテラン・パイロットが次々に失われ、調練不足の未熟なパイロットに頼らざるを得なかった事が原因であった。

この海戦の敗北によって、ガダルカナルへの増援部隊輸送計画は挫折した。連合艦隊司令部は以後、船団による輸送を取り止め、駆逐艦などの快速艦艇による急速輸送、いわゆる「ネズミ輸送」に切り替える事となった。（以上⑥参照）

ガダルカナル島攻防戦二　昭和一七年（一九四二年）九月中旬、大きな期待をかけた川口支隊の総攻撃も失敗に終わった。大本営はようやくガダルカナルの攻防が日米決戦の天王山になるとの認識に達し、本格的な奪回作戦に乗り出した。第二師団、第三八師団の精鋭部隊と重砲、戦車を送り込み、さらに連合艦隊の戦艦、巡洋艦による艦砲射撃を実施して、陸上部隊を掩護しようとの計画を立てたのである。

駆逐艦によるネズミ輸送を実施する一方で、戦艦による飛行場砲撃の試みが繰り返された。こうした中で、両国艦隊の衝突がいたるところで繰り広げられた。

十月一一日～一二日にはサボ島沖海戦、同月二六日～二七日には日米機動部隊による南太平洋海戦、さらに一一月一三日～一五日には第三次ソロモン海戦などである。

結局、ガダルカナル島をめぐる攻防戦は半年近くに亘って行われ、日本軍は夥しい人的被害を出し、大量の航空機と艦艇を失って、敗退した。投入した兵力は日本軍約三万六二〇〇人、戦死者約二万二四九〇人、アメリカ軍の兵力は約六万人、戦死者約六八四〇人である。この島で亡くなった日本の陸軍兵の多くは餓死だった。（以上⑥⑩参照）

サボ島沖海戦　アメリカ：レーダー照準射撃に成功　同年一〇月一一日～一二日に行われたサボ島沖海戦は、アメリカ艦隊が初めて夜間レーダー照準による射撃を実施して、華々しい戦果を挙げた戦闘として歴史に記録される事となった。我が方は第六戦隊の重巡洋艦「青葉」をはじめ重巡洋艦三隻、駆逐艦二隻がルンガ泊地に向かう途中であった。サボ島沖に差し掛かったところ、「青葉」の見張り員が左舷遥かに艦影を発見した。同じ時刻にガダルカナルへの補給に向かう駆逐艦が通過する予定である事を知っていた五藤司令官は、艦影に向かい「ワレアオバ」との夜間信号を送らせた。同士打ちを避けるためであった。だが、帰ってきたのは砲弾であった。しかも、初弾から命中という、信じがたい事態となった。第六戦隊は奮闘した。しかし、米艦隊のレーダー射撃は正確を極め、ついに重巡洋艦と駆逐艦それぞれ一隻撃沈、重巡洋艦二隻損傷、無傷の艦は駆逐艦一隻だけという惨憺たる結果となったのである。このサボ島沖海戦以降、日本海軍のお家芸、夜襲戦法も通用しなくなった。そして日本側はこれに対抗する技術を開発する事は最後まで出来なかった。(以上⑥参照)

南太平洋海戦　昭和一七年(一九四二年)同月二六日～二七日の間に、ソロモン諸島とその東側のサンタクルス諸島との間で行われた海戦である。両国合わせて空母六隻、戦艦五隻、重巡洋艦一一隻を始め、合計七〇隻の艦戦が入り乱れて砲火を交えた南太平洋海戦は、辛うじて日本艦隊の勝利となった。日本艦隊は飛行機六九機を失っただけで、艦艇の損失が無かったのに対し、米機動部隊は空母一隻を失った。(以上⑥参照)

ガダルカナル島攻防三　奇跡的にも、殆ど無傷でガダルカナル上陸を果たした、第二師団の総攻撃も失敗に終わった。本来ならばこの時点で根本から再検討するべきであったのかも知れない。だが、大本営と連合艦隊司令部はあくまでもガダルカナルに固執した。

ニューギニア方面での作戦を、一時中止して、乏しい力を振り絞った。何故か。ガダルカナルには陸海軍のメンツもかかっていた。天皇がガダルカナルの戦況を深く気にかけて、憂慮していたのである。（以上⑥参照）

第三次ソロモン海戦　一一月一三日〜一五日には第三次ソロモン海戦が行われた。

一一月一一日、陸軍第三八師団と多量の武器・弾薬、中でも重火器と大量の食料をガダルカナルに送り込む大輸送計画を実行に移す事になった。第一一戦隊戦艦「比叡」「霧島」が挺身攻撃隊となって突入し、敵飛行場を砲撃して、一時的にその機能を奪う間に陸上兵力を上陸させようという作戦である。だが、この作戦にもまた、大きな錯誤があった。南太平洋海戦によってアメリカ空母は行動不可能との判断から、掩護部隊に参加した日本空母は「隼鷹」ただ一隻に過ぎなかった。日本海軍は戦訓に学んで、航空主兵戦術に転換した筈であったが、結局のところ「航空主兵」の何たるかは遂に理解されなかった様である。

決行日は一一月一三日と決められた。だが、上陸作戦に先立って飛行場を砲撃し、アメリカ航空部隊を制圧する筈の挺身攻撃隊は目的を果たす事が出来なかった。一二日夜半、サボ島付近で巡洋艦と駆逐艦からなるアメリカ艦隊に遭遇し、これと戦闘を交えて、大損害を蒙ったのである。中でも乱戦の中で集中砲火を浴びた「比叡」は、翌日さらに航空攻撃を受けて沈没した。

作戦は始まる前に既に挫折の様相を見せていたが、こうした事態になったのには訳がある。アメリカ艦船は、日本軍の夜襲を怖れて、夜間はガダルカナル周辺から退避するものとの前提で、作戦が立てられていたのであった。サボ島沖海戦の手痛い敗北は、僅かの教訓にもならなかったのである。

一一月一四日、態勢を立て直して、再び作戦が実行された。だが、夜間は出現しない筈の米艦隊が再び現れて激しい戦闘が展開された。それまでに八次にわたる航空攻撃を受けて、大きな被害を蒙っていた輸送船団には、飛行場の制圧を待つ事無く、泊地突入が命じられた。一五日午前一時三六分、泊地突入を敢行して擱座した輸送船団は、夜明けとともに米機の爆撃、それに陸上砲台と戦闘艦の砲撃を受けて壊滅した。戦艦二隻（「比叡」「霧島」）、重巡洋艦一隻、駆逐艦三隻、それに輸送船一一隻を失い、揚陸に成功した陸軍部隊は僅かに二〇〇〇人であった。彼らには砲弾と少しの食料が残されていたに過ぎなかった。この海戦の結果、ソロモンの制海・制空権は完全に連合軍側の手に渡った。（以上⑥参照）

ガダルカナル島撤収作戦　ケ号作戦　昭和一八年（一九四三年）一月、大本営はガダルカナル島からの撤退方針を決定する。陸・海軍の合同作戦であった。**山本五十六**は「動ける駆逐艦全てを投入、半数を失うかもしれぬ」という覚悟でガダルカナル撤退作戦に臨み、駆逐艦「巻雲」沈没、数隻損傷と引き換えに、兵士一万六〇〇〇人余の撤退に成功した。

この作戦は陸軍の第八方面軍司令官の今村中将と海軍の連合艦隊司令長官の山本大将に永

年の親交があった事から、珍しくスムーズにいった。この作戦中は、ラバウルに責任者が集まって、無線通信を余り使わなかったので、米軍に日本側の作戦の詳細を知られる事はなく、あまり両軍の衝突は無かった。山本にはこの兵士一万六〇〇人余の救出は久しぶりの作戦の大成功で、嬉しかったであろう、と思われる。そして、これが山本が心から大笑いした最後の機会になった。

しかし、この折角救出された兵士達は、全員そのままビルマに連れて行かれ、インパール作戦に従事させられて、殆どが飢え死にしたと言われる。理由は、ガダルカナル作戦の大失敗を国民に知られない様にするためであった。陸軍参謀本部も、自分達の面子を守るためには、酷い事を平気でやった。（以上⑩ⓦ参照）

イ号作戦　昭和一八年（一九四三年）三月中旬、ソロモンおよび東部ニューギニアの敵船団、航空兵力を撃破しその反攻企図を妨げる事、同地域の急迫する補給輸送を促進し、戦力の充実を図り部隊の強化を実現する事を目的として、連合艦隊は四月七日、ソロモン、ニューギニア方面に対する海軍航空兵力による「イ号作戦」を開始した。日本海軍は航空機六一機の損失であったのに対し、アメリカ海軍は駆逐艦、コルベット艦、油送船、商船各一隻と航空機二五機を喪失するなど、アメリカ海軍の損失の方が少なかった。当初は過大な戦果報告のせいで、日本軍の大勝利と報告されたが、事実は日本の負けであった。戦闘は一六日に終了した。

なお、ガ島撤収作戦とイ号作戦は連合艦隊が独自に立案、実行したものである。イ号作戦の間、**山本五十六**は、トラック島の連合艦隊旗艦「武蔵」を離れ、両作戦を直接指揮するため、幕僚をしたがえてラバウル基地に来ていた。

ラバウルに到着すると山本到着の噂はたちまち広がり、甥の高野五郎（陸軍軍医大佐、第一四兵站警備隊衛生隊長）は海軍司令部を訪問して山本と面会した。

ちなみに、そこには陸軍の今村均大将が第八方面軍司令官として勤務しており、二人は佐官時代から親交があり、今村開催の夕食会で山本は「大本営からラバウルの陸海共同作戦を担当する司令官が君（今村）だと聞いた時は、何だか安心なような気がした。遠慮や気兼ね無しに話し合えるからな」と陸・海軍の側近らの前で楽しそうに話した。そのため、今村は山本が戦死した際には泣いて悲しんだという。（以上⑩ⓦ参照）

山本大将戦死　海軍甲事件　昭和一八年（一九四三年）、イ号作戦終了後、山本は、ブーゲンビル島、ショートランド島の前線航空基地の将兵の労をねぎらうため、ラバウルからブーゲンビル島のブイン基地を経て、ショートランド島の近くにあるバラレ島基地に赴く予定を立てた。その前線視察計画は、艦隊司令部から関係方面に打電された。小沢治三郎は、山本機と宇垣機の護衛戦闘機が少ないことを危惧し、先任参謀・黒島亀人に「護衛機を五〇機増やすこと」を宇垣に伝えるよう託した。しかし、黒島はデング熱で体調が悪く宇垣にこれを伝えなかった。

アメリカ海軍情報局は、四月一七日に「武蔵」から発信された暗号電文を解読して、この前線視察の情報を知った。ニミッツは、山本暗殺の議論で後にもっと優秀な司令官が出てくる事を心配したが、太平洋艦隊情報参謀エドウィン・レイトンから「山本長官は、日本で最優秀の司令官である。どの海軍提督より頭一つ抜きん出ており、山本より優れた司令官が登場する恐れは無い」という答えがあり、また、「山本が戦死すれば日本の士気が大きく低下する事、山本がきわめて時間に正確な男で今度も予定を守るだろう」という事を理由に山本の暗殺を決断し、南太平洋方面軍司令官ウィリアム・ハルゼーに対する命令書を作成した。（以上ⓦ参照）

昭和一八年（一九四三年）四月一八日午前六時、山本を含めた連合艦隊司令部は、第七〇五航空隊の一式陸上攻撃機二機に分乗してラバウル基地を発進した。山本は一号機、宇垣は二号機に搭乗する。零式艦上戦闘機六機に護衛されブイン基地へ移動中、ブーゲンビル島上空で、アメリカ陸軍航空隊のP―三八ライトニング一六機に襲撃・撃墜され戦死した。この事件は後に海軍甲事件と呼称された。五九歳没。戦死時に着用していた第三種軍装（陸戦用服装）は、太平洋戦争に突入してから山本が初めて着用したものだった。

戦死時、偶然にも一式陸攻の墜落を目撃した陸軍第六師団歩兵第二三連隊長・浜之上俊秋大佐は、山本機とは知らず、軍医中尉・蜷川親博と見習士官・中村常男に捜索と救助命令を出した。墜落当日は発見に失敗した。歩兵砲中隊・浜砂少尉の部隊も、墜落機から煙草や食料を入手すべく、山本機とは知らずに捜索を開始した。中村隊と同様に墜落当日は到達出来ず、翌日になって山本機と山本らの遺体を発見した。佐世保鎮守府第六特別陸戦隊第一中隊長第一小隊長・吉田雅維少尉は、最初から山本機と知らされて捜索に赴いた。墜落当日は発見出来ず、一九日午前中に浜砂隊と遭遇、浜砂隊に遅れて現場に到着した。最初に現場に到着した浜砂によれば、山本の遺体は機体の傍に放り出されていた座席に着座し、右手で軍刀を握ったまま、泰然としていた。すぐ左によりそうように高田軍医長の遺体があった。連合艦隊司令部から現場に赴いた渡辺安次参謀と藤井上等水兵が受けた警備隊からの報告では、山本は墜落現場から四～五メートル離れた場所に一式陸上攻撃機の座席の布団に座って、長剣を握ったまま倒れ、高田軍医長は山本と飛行機の間に倒れていたという。(以上ⓦ参照)「やれる事はやった」というおだやかな表情であったであろう。

浜砂によれば、衣服を脱がせていないので断言出来ないが、右前頭部に擦過傷があったが、外見上さしたる傷はなかったという。直後に中村隊も現場に到着した。渡辺安次の証言では、遺体発見時に胸部と頭部に貫通銃創があったとしている。軍医少佐・田渕義三郎の遺体検死記録によると「死因は戦闘機機銃弾がこめかみから下アゴを貫通した事、背中を貫通した事」という結論が出され、ほぼ即死状態であったと結論づけている、しかし、田渕自身も不審に思ったが深く追及出来ず、戦後、粗雑な書類で単なる形式処理であった事を認めている。一方で山本の遺体を清めた安部茂元大尉らから、顔面に銃創が無かったという。浜砂隊が遺体を動かしていたが、吉田は山本は即死では無いと判断している。
　公式には機上で即死したと記録されているが、異論もある。熱帯地方では死体に猛烈な蛆がわくが、浜砂や中村は一九日午後の段階で山本の遺体にウジ虫を認めていない。この事から、山本は機上での戦死ではなく死亡時刻は一九日午前六時頃と推測する見解もある。二〇日午前八時に浜砂と海軍陸戦隊が再び現場に到着すると、山本の遺体顔面は形相が判別出来ないほど腫れ上がり、遺体全体にウジが猛烈に発生していた。

　遺体はラバウルで火葬に付され、木箱の底にパパイヤの葉を敷いた骨箱におさめられた。遺骨はトラック諸島に一旦運ばれて、その後内地に帰還する戦艦「武蔵」によって日本本土に運ばれた。遺族には四月二〇日夕刻に海軍大臣・嶋田繁太郎と秘書官・麻生孝雄が戦死を告げている。山本の遺体を火葬した際の灰は、ブイン基地の滑走路隅に埋められ、パパイヤの木が植えられた。公式には、遺骨は郷里長岡と多磨霊園に分骨されているが、河合千代子の元にも分骨されて内輪だけの告別式を行っている。
　戦死後、藤井茂と近江兵治郎が遺品を整理するため「武蔵」長官室に入った。すると山本の机には封筒に入れた封印無しの遺書（永野修身、嶋田繁太郎、堀悌吉、妻・礼子、反町栄一宛）、さらに遺髪が一人分ずつ紙に包まれていた。（以上ⓦ参照）
　山本の死は一ヶ月以上秘匿され、昭和一八年（一九四三年）五月二一日の大本営発表ならびに内閣告示第八号で公になった。山本に対し大勲位、功一級、正三位と元帥の称号が贈られ、国葬に付する事が発表された。新聞は連日報道を行い、日本国民は大きな衝撃を受けている。

六月五日に日比谷公園で国葬が行われた。葬儀委員長は米内光政が務めた。皇族、華族ではない平民が国葬で送られたのはこれが戦前唯一の例である。

山本の死去の時点では、日本軍と連合国軍は各地で一進一退の戦いを続けており「海軍の相次ぐ大敗北を見ずに戦死して、却って幸せだった」とする意見もある。中澤佑中将や河合千代子も、山本が戦死した事を「ある意味で幸せ」と表現し、もし終戦時に健在ならば東京裁判で戦犯として裁かれていた可能性を指摘している。

山本は連合艦隊司令長官を約三年八ヶ月間務めた。この在任期間は歴代長官で最長である。なお、山本は歴代の司令長官で唯一の戦死者である。戒名は大義院殿誠忠長陵大居士。国葬の後、東京都府中市の多磨霊園七番特別区に埋葬された。墓石は茨城県産出の真壁小目で建立されている。右には東郷平八郎元帥の墓、左には古賀大将の墓が並び、墓石の文字は米内が書いた。後年、山本の遺骨は郷里・長岡市へ帰り、現在は長興寺にある山本家墓所に埋葬されているが、多磨霊園の墓所もそのまま残されている。（以上ⓦ参照）

山本五十六の人物像　山本は新橋に梅龍と名乗る愛人・河合千代子をかこっており、昭和五年（一九三〇年）のロンドン軍縮会議直前に深い関係になった。河合によれば、宴会の席で威張っていて無口だった山本を誘惑しようとしたが、逆に彼女の方が参ってしまったという。悪女タイプの女性とも言われている。河合と山本は互いの事を「お兄さん」「妹」と呼んでいる。山本は多くの手紙を河合に書き、昭和一六年（一九四一年）一二月四日、山本はバラの花束を河合に贈り、翌日の手紙で「この花びらの散る頃を待つように」と伝えている。真珠湾攻撃は四日後の一二月八日だった。河合が肋膜炎を病むと頻繁に手紙を送り、一二月二八日には「方々から手紙などが山のごとく来ますが、私はたったひとりの千代子の手紙ばかりを朝夕恋しく待っております。写真はまだでしょうか」と書いている。寵児だった渡辺安次を代理として見舞わせた事もある。河合の家には、宇垣纏を始めとする連合艦隊参謀が度々訪れて世話になっていた事が、山本から河合への手紙で判明している。山本戦死後、河合千代子は海軍省から自決をせまられたが拒否、だが六〇通程の手紙を提出し、山本から与えられた恩賜の銀時計も没収された。河合は平成元年（一九八九年）に死去し、山本の遺髪と共に葬られた。（以上㉙ⓦ参照）

艦隊派の戦争は武術の試合の様　高級将校に必勝の熱意が無く、秋山真之中将（艦隊派）や井上成美中将（条約派）らは、剣道の試合の様に艦隊同士の戦争をやり、魚雷があたったら、「一本取った」と、それ以上攻めない戦争の仕方を採用した。また、草鹿参謀長（艦隊派）は「一太刀斬りつけ、さっと引き返すのが、海戦のコツ」と言ったという。（この戦法は、日露戦争の際に東郷平八郎が部下達を叱責した戦法であったが、彼らはそれを改めなかったのである）事実、アメリカの南太平洋方面海軍司令官のハルゼーは、「日本海軍は勝ったと思ったら、さっさと引き上げて行く。決して深追いや追撃をしてこない」と言って、不思議がったという。これが艦隊派の戦い方である。そうすれば、自分の方も被害が少なくて済むと考えたのであろう。このやり方は海軍軍令部（艦隊派が主流）が常日頃「艦を無事に戻してくれよ。くれぐれも無理をするなよ」と言い続けているので、知恵を絞って編み出した戦いの方法なのだろう。（以上⑩参照）

この方法で艦船の大破や撃沈を防げれば、戦争は長引くが、日本は益々苦しくなり、必ず敗戦する。山本はそう考えて、「負けないためには全力で戦って、相手を壊滅させる様な戦いをして、講和に持ち込むしか無い」と言ったのであるが、軍令部総長・永野修身にさえ殆ど理解されなかった。

ニミッツ提督は「さむらい」だった　近現代の精神から、戦争のために生き、死んでいった、「さむらい」の精神は見えにくい。「さむらい」の精神は近現代人の理解を超えており、戦争も理性や合理を超えている。その戦争に勝つには、「さむらい」の精神を持たなければならない、という事を心得ていたのが、チェスター・ニミッツ提督であり、彼は東郷元帥を神の如く尊崇していた。ニミッツの戦略と戦術は、全て、東郷平八郎の連合艦隊から学んだものだった。ニミッツが戦争の天才と称されたのは、「さむらい」の精神を持っていたからだった。「さむらい」は兵法と戦法に優れている。兵法とは兵を大切にす

る方法であり、戦法とは抜け目のない狡猾さである。(以上⑩引用)

ニミッツが最初にやった仕事は、ハルゼーなど十指に余る有能な海軍指揮官の抜擢だった。これで、太平洋艦隊を立て直した後、ニミッツは珊瑚海海戦に続く、ミッドウェー海戦で勝利をおさめると、マッカーサーの陸軍と連携をはかり、反攻態勢に入る。ニミッツが、ガダルカナル島からソロモン諸島を島伝いに日本軍を撃破して、ブーゲンビル島へ迫ると、マッカーサーはニューギニアに上陸し、それぞれ補給基地を築いた。兵站線を築くのが戦法の初歩で、それが無ければ、戦術(水陸両用作戦)や戦略(日本の防衛線の破壊)に繋がっていかない。

その後、ニミッツは中部太平洋艦隊を率いて、サイパン島へ、マッカーサーは南西太平洋方面軍＝米豪連合陸海軍を率いて、フィリピンへ向かうが、兵站線が切れていた日本軍は、戦闘に勝ちながら、飢えや病気、疲労で自滅していった。陸兵を島々に置いたまま、無益な艦隊決戦を挑む日本海軍に対して、ニミッツは、日本軍の集結地を遠巻きにして、防衛線の背後にある防備の手薄な島々を占領して、防衛線を切断する、という狡猾な戦術を取った。後に「蛙飛び作戦」と呼ばれるこの作戦で、アメリカは昭和一八年(一九四三年)末までに、南西太平洋の島々の大半を手中にする。

続く、昭和一九年(一九四四年)には、ギルバート諸島、マーシャル諸島を攻撃する。日本軍の激しい抵抗を受けるが、潜水艦で日本の輸送船を封鎖して、補給を断ち、サイパン島、グアム島、パラオ島を次々と攻略し、遂に、日本の最終防衛ラインを突破した。

ニミッツは、米海軍の太平洋方面の最高指揮官として、延べ五〇〇〇隻の艦船、一万五〇〇〇機の飛行機、二〇〇万人の将兵を率いて、アメリカに勝利をもたらした。そのニミッツの戦争上手に比べて、日本軍の戦争下手は目を覆うばかりである。（以上⑩引用）

陸軍と海軍は敵対していた　蘭領インドネシアの油田施設を多く押さえたのは陸軍だったが、陸軍は余り使わなかったのに、石油が足りなくて困っている海軍に、それを譲る事は殆ど無かった。それで、大量に石油を消費する戦艦「大和」も「武蔵」も戦場に出せない事が多かった。また、武器も飛行機も共通の規格にしないという、世界的に不思議な事をやっていた。ここまで来ると、「陸軍も海軍も相手を敵と見なしていた」としか言い様が無い。

何故、敵対していたのか？　対立点は日本陸軍の社会主義革命実現計画しかない。海軍はこれを何としても阻止しようとしていたのであろう。海軍が無線通信の解読に使う暗号をなかなか変えなかったのも、陸軍に故意に海軍の通信内容を知らせて、陸軍を牽制するためと思われる。そして、常に何隻かの砲艦を東京の近くに置く様にすれば、陸軍も安易には行動に移れない。日本海軍（薩長閥が主流）は「アメリカ軍に負けても仕方ないが、社会主義革命は絶対に起こさせたくなかった」のであろう。まして、ソ連軍に占領される事は絶対に許す訳にはいかない。何のために八万人以上の膨大な犠牲者を出して、日露戦争を戦ったのか？　ソ連になったからといっても、ロシア人は嘘つきだ。必ず日本を獲り

に来る、と確信していた様である。（以上⑩参照）

陸軍は天皇社会主義体制を目指していた　この時代には、知識人や上級軍人の殆どが社会主義統制経済にあこがれていて、敗戦の大混乱に乗じて、社会主義革命や共産主義革命が起こる可能性が大きくなっていたのである。ソ連とスターリンは人類の夢を実現したと、世界の殆ど全ての若者達の憧れだった。ドイツのナチスも元は社会主義政党だったし、アメリカのルーズベルトのニューディール政策も社会主義的政策だったし、日本の国家総動員法も、天皇を戴いた社会主義統制経済を実現するために統制派の軍官僚達が作った法律であった。東條や近衛文麿も天皇に忠誠を誓う、いわゆる「天皇社会主義者」であった。この後、敗戦の大混乱の中で、統制派の軍人達は、ソ連軍の一部を日本に引き入れて、これの助けを借りて、武力で革命を起こして、日本を天皇社会主義体制に変えてしまおう、と考えていたのである。これが、レーニンのいう「敗戦革命」である。日本の軍国主義が神がかり的な「皇国主義」の様に見えたのは、天皇を表に立てて、君主制を擬したからであって、実態は、社会主義を標榜する左翼政権だった。

それで、近衛や陸軍の参謀本部はソ連の仲介で連合国に降伏して、ソ連式の社会主義国家を作ろうと考えて、何度も要請を送っていたのである。しかし、そんな生ぬるい、天皇社主義体制などはスターリンが許す筈がなかった。スターリンはなんとかして日本の北半分を占領しようと考えていたので、これに返事をしないでいた。（以上⑩参照）

皇道派はスターリンの意図を読んで、警戒していたが、統制派は何故かソ連に親近感を抱いていた。一〇年以上にも及ぶソ連からの巨額の資金提供がその警戒心を溶かしてしまったのであろう。

そして、何より問題だったのは、「革命を起こせば、全て解決するのか？」という問題だった。ソ連は国内の内情は極秘にしていたのである。ソ連は全体主義国家で、民衆は貧しく、圧政を受けていて、自由が全く無い、という事が分かるのは、ずっと後の事である。（以上⑩参照）

そして、この「親ソ連」こそが日本陸軍と海軍の対立する一番の原因であった。薩長閥の優勢な海軍は薩長閥を排除した（親ソ連の）陸軍に深い疑念を抱いていた。「社会主義革命を起こして、明治憲法を大幅に変更する積りではないか？」と疑っていたのである。

なお、母国を得体の分からない国に従属（屈服）させようと考える陸軍統制派の心境は、無意識レベルの「自己破壊衝動」ないし「嫌日感情」以外の何物でもない。しかし、ソ連への従属（屈服）によって、彼らの父祖や武士階級の明治政府に対する憎悪と怨念を現実化する事も出来るので、彼らの心はそれ程痛まなかったのではないだろうか？

アメリカは大型空母を大量に生産中だった　山本の死後、アメリカはその一年間休んでいた訳ではない。欧州戦線を戦いながら、日本への反攻の準備を着々と整えていたのである。一番の武器は大型空母であった。真珠湾攻撃を見て空母の有効性を確認したアメリカは、一挙に（エセックス級）大型空母三二隻の建造を計画し、終戦までに一八隻を就航させた。これに対し、日本が終戦までに就航させた正規空母は一隻だけであった。（以上⑬参照）

東條首相の困惑　日本政府の首脳は、東條総理さえ「最小限何処まで占領して、戦争をどうやって止めるのか」を考えてはいなかった。「どうせ負けるのだから、考えても無意味だ」と考えていたのかも知れないし、「どう考えたらいいのか分からなかった」のかも知れない。何しろ、憲法上、それは陸軍の参謀本部や海軍の軍令部の仕事だったし、そのトップの総長にしても、東條に戦果を報告する義務は無かったのである。なにしろ、つい数ヶ月前まで、東條は陸軍を代表して不満を言い、総理に無理難題を突きつけていれば良かったのである。彼は総理になって初めて、軍の高級将校達が「自分達の利益しか考えない、巨大な妖怪の様なもの」になってしまっている事を知ったのだ。そして、彼は「軍や国民にその事を直接訴えて、彼等の愛国心を燃え上がらせる事が出来る」様な才能が自分に欠如している事も知っていた。「もうこのまま突っ走るしかない」のである。

ちなみに、東條は総理になり、天皇と間近に接して、初めて天皇の威厳に打たれて、天皇に心から忠誠を誓う様になった。それで、内務大臣の権限で、特高警察は陸軍にも警戒の目を向けたので、統制派は動きにくくなり、東條は彼らから「裏切り者」扱いされる様

になった、と言われる。(以上㉒参照)

マリアナ沖海戦で大敗北　サイパン島陥落　昭和一九年(一九四四年)六月、アメリカ軍は、一五隻の新鋭空母と十隻の戦艦を中心とする、六〇〇隻もの大軍でマリアナ諸島に攻め寄せた。彼らの最初の標的は、サイパン島である。まずは、空母部隊で周辺の諸島の飛行場を襲撃して回り、日本軍の航空機約五〇〇機を破壊または撃墜した。それから、上陸部隊を呼び寄せて、サイパンに砲撃と爆撃の嵐を食らわせた。そして、アメリカ側の艦船にはレーダーが装備されていて、日本側の艦船や航空機の居場所がよく分かった。

日本海軍の機動部隊は、小沢治三郎中将率いる老朽空母九隻を中心に、フィリピン近海で待っていた。横腹からアメリカ艦隊に襲い掛かり、一挙に撃破する計画である。しかし、日本側の無線通信が解読され、作戦計画が敵に駄々漏れであった。それに、艦載機も継ぎ接ぎだらけで、搭乗員も殆ど未熟練兵で空母からの発着艦も危うい搭乗員が殆どであった。熟練搭乗員は殆ど残っていなかった。ともあれ、世界史上最大規模の海戦が始まった。しかし、マリアナ沖海戦の結果は、日本の壊滅的敗北に終わった。(以上ⓦⓎ参照)

小沢中将は、「アウトレンジ作戦」を案出した。すなわち、日本の飛行機はアメリカよりも燃費が良いので(軽くて脆いから)、敵艦隊よりも攻撃の射程が長い。そこで、敵の飛行機が飛んでこられらない遠距離から航空隊を発進させて、一方的に攻撃する戦術を考えた。

日本の航空戦力は、全部で五〇〇機。アメリカは一〇〇〇機。倍の戦力差で空母戦に勝つには、それしか無かったのである。小沢の作戦は、あの現状では最善だった。アメリカ軍の指揮官は、あのスプルーアンスである。状況判断に優れた冷静な彼は、日本艦隊を無視して、サイパン攻略に特化する決意をした。圧倒的な戦力を持ちながら、二兎を追う愚を避けたのはさすがである。

こうして、日本艦隊の先制攻撃は、見事に成功した。攻撃隊の発進に成功した時、小沢中将とその幕僚は勝利を確信した。なぜなら、空母戦のセオリーは、「敵より先に敵空母の甲板に穴を開けること」だから、先制攻撃の成功は、イコール勝利の筈である。

ところが、先制攻撃の結果は無残なものだった。日本の攻撃隊は、文字通り全滅してしまったのである。アメリカ軍の損害は、戦闘機三〇機だけであった。軍艦は、至近弾を何発か受けただけである。(以上ⓦⓎ参照)

両軍の技術差は、いまや大きく隔絶していた。アメリカ軍の艦船は、全て高性能なレーダーを装備していたから、日本軍機の接近は、かなり早い段階で探知されていた。アメリカ軍の戦闘機部隊五〇〇機は、十分な余裕をもって出撃し、しかも最も有利な態勢で、長距離を飛行して疲労困憊の日本軍機に襲い掛かったのである。この最初の空戦で、大部分の日本軍機が撃墜された。

また、なんとか戦闘機の防衛網をかいくぐって突撃した日本の攻撃機も、アメリカ軍の高射砲によって片端から撃墜されてしまった。アメリカ軍はVT信管と呼ばれる新型砲弾を実戦配備していた。これは、砲弾の中にレーダー発信機がセットされており、目標に直接命中しなくても、砲弾の近くに敵機が来ただけで爆発するという恐るべき新兵器だった。打たれ弱い日本軍機は、この新型砲弾によって海の藻屑と化した。あまりの一方的な戦果に、アメリカの従軍記者は、この戦いを「マリアナの七面鳥撃ち」と揶揄した。

その後、小沢艦隊は袋叩きに遭った。まずは潜水艦の魚雷攻撃によって、新型空母の「大鳳」と、歴戦の空母「翔鶴」が撃沈される。諦めてフィリピンに逃げようとした彼らを、ついにアメリカ空母艦隊が捉えた。一方的な猛烈な攻撃で大損害を受けた日本機動部隊は、もはや再起不能となったのである。(以上ⓦⓨ参照)

少なくとも、これ以降、空母対空母の戦いは、二度と行なわれることは無かった。

この時点に至っても、日本海軍は無線通信の暗号を変える事を怠っていた。また、無線通信がアメリカに解読されていないかに真剣に疑問を持つ事も、それを本気で確かめる事も無かった。そんな余裕はもう無かったのである。

この海戦による日本側の損害は航空母艦三隻沈没、油送船二隻沈没、航空母艦一隻中破、航空母艦三隻小破、戦艦一隻小破、重巡洋艦一隻小破、艦載機三九五機撃墜、水上機三一機、基地航空機五〇機大破であり、アメリカ側の損害は航空母艦二隻小破、戦艦二隻小破、重巡洋艦二隻小破、艦載機一三〇機撃墜であり、日本側の大敗北である。

大本営が掲げていた「絶対国防圏」が破られ、サイパン島が奪われた。

この時、南雲忠一中将は中部太平洋艦隊司令長官としてサイパン島に着任しており、四万人の陸軍と共に七万人のアメリカ陸軍に（肉弾攻撃まで交えて）二〇日間も抗戦したが、最後に守備隊が「バンザイ攻撃」を行い玉砕したので、南雲らも昭和二〇年七月六日、自決した。この時、南雲は初めて山本の「今必死で戦わなければ、日々、日本は苦しくなって行く。それでは敗北するために戦っているだけだ。」という意味の言葉を想い出したのではないか。

島からはアメリカの大型爆撃機Ｂ―二九が直接日本を空襲する事が可能だったから、これは日本にとって危機的な事態であった。（以上⑬参照）アメリカ軍が島を制圧すると間を置かずに、滑走路や空港設備が修復され、その後すぐにＢ―二九がサイパン島に飛んできて、焼夷弾を満載して、日本本土を爆撃するべく発進して行った。（以上ⓦⓎ参照）

スターリンは「日本に革命を起こせ」と命じた　そして、ソ連のスターリンはコミンテルンやＫＧＢなどの工作員に「日本に共産主義革命が起こる様に工作しろ」と厳命を出していた。なお、コミンテルンは、スターリンの意向で、昭和一八年（一九四三年）に突然解体されている。彼は疑い深い人間だった。コミンテルンを解体した後、彼は代わりにＧＲＵやＫＧＢなどの秘密警察・情報機関を使った。日本の軍人の誰がスターリンの秘密工作員だったかは、ノモンハン事件の当時の師団長小笠原道太郎中将以外は分からない。スターリンの厳命にも拘らず、東京は海軍の守備範囲でもあり、かつ、日本人は規律正しかったので、猛劣な空襲の中でも、革命の前提となる騒乱状態さえ起こせなかったのであろう。

昭和一八年（一九四三年）の時点で、日本の国内経済は既にガタガタになっており、生産力は著しく低下し、戦争の継続の見通しは立たなくなっていたが、アメリカの本格的な反攻が無いため、講和の画策もしなかった。（以上⑬ⓦ参照）

東條内閣の総辞職　サイパン島の陥落の後、商工大臣であった岸信介は「本土爆撃が繰り返されれば、必要な軍需を生産出来ず、軍需次官としての責任を全う出来ないから、講和すべし」と東條首相に進言し、これに東條は「ならば辞職せよ」と迫ったが、岸は断固拒絶した。東條の腹心だった東京憲兵隊長が岸の私邸を訪れ、軍刀をガチャつかせて恫喝したが、岸は動じなかった。その結果、閣内不一致となり、昭和一九年七月（一九四四年）、止む無く東條内閣は総辞職した。明治憲法下では、内閣総理大臣に閣僚の罷免権は無かったのである。こんな事で辞めなければならないのだから、東條はヒトラーやスターリンとは違い、権力の弱い総理大臣であった。東條内閣の継続期間は二年一〇ヶ月である。（以上⑬参照）

しかも、この時も未だ、東條は二年前のミッドウェー海戦の大敗を知らなかった。東條達自身も苦労して確立した「統帥権の独立」のせいで、総理大臣で陸軍大臣、陸軍の参謀総長で、しかも内務大臣でもある東條自身が、そんな大事な事を知らなかったのである。知るのは簡単であった。「御前会議で訊くぞ」と言えば良かった。しかし、陸軍側にも天皇に隠している事があったので素直には言わないであろうが、内密に聞く事は出来た。それをしないで、彼はその間に、内務大臣として治安の維持に忙殺されていたのである。この様に、彼は法律に忠実で、器の小さい人物であった、と言われる。（以上ⓦ参照）

大陸打通作戦　しかし、日本は支那大陸に限っては戦いを有利に進めていた。これは、昭和一九年（一九四四年）四〜一二月に、当時支那の奥地から、日本海軍の艦船や台湾や輸送船を攻撃していたアメリカ人義勇軍の爆撃機を阻止するためと、日本の勢力下にあったフランス領インドシナへの陸路を開くために、北の黄河流域の洛陽から武漢を通り、長沙を通り、ベトナムに近い南寧付近までの大部分、南北合計約二四〇〇キロメートルに及ぶ距離の、おおよそ直線上で、日本陸軍が行った史上最大規模の作戦である。

この作戦で連合軍の航空基地の占領に成功したが、連合軍が航空基地をより内陸に移動したし、作戦中にマリアナ諸島が陥落し、本土がB―二九爆撃機の作戦範囲に入ったために、戦略目的は十分に達成出来なかった。

日本側の投入総兵力は兵士五〇万人、戦車八〇〇台、騎馬七万頭である。戦死・戦病死者数は日本軍一〇万人、支那軍七五万人、捕虜四万人である。（以上⑬ⓦ参照）

しかし、支那大陸の奥地に引き込まれた陸軍は、どんなに元気で、機械化されていようとも、日本本国と満州・朝鮮半島の守備には全く役立たなかった。なお、この状況はスターリンの命令の半分以上を満たしている。（以上ⓦ参照）

レーダーもゼロ戦も高射砲も優秀だった　従来の定説と異なり、日本陸・海軍はレーダー技術の開発に熱心であった。アメリカ軍も脅威を感じる程に、日本のレーダー技術は進んでいた。陸軍は南方からの大都市爆撃や大陸からの九州の工業都市爆撃に備えるために、レーダー機器（超短波警戒機甲・乙型）の開発を精力的に進めて、昭和一八年（一九四三年）頃にはB―二九の迎撃に使っていた。海軍でも開発が急がれたが、地上設置型のレーダーは警報発令に間に合ったが、船舶や航空機に搭載するレーダーは、自分の居場所を敵に知らせる事になる、という理由で使われない事も多く、宝の持ち腐れであった。また、レーダー照準の機関砲などは遂に開発されなかった。

日本陸軍の戦闘機、二式複座戦闘機「屠龍」、三式戦闘機「飛燕」、四式戦闘機「疾風」や海軍のゼロ式戦闘機などもB―二九の迎撃にかり出され、合計四八五機（乗員三〇四一人）を撃墜し、二〇〇七機を損傷させた。これは日本の特攻機の被害とほぼ同様であり、アメリカ軍に衝撃を与えた。また、上記の戦闘機や高射砲も一万～二万メートルをカバー出来る性能を持ち、B―二九を多数撃墜した。（以上ⓦⓎ参照）

参謀本部や大本営は敗戦を何とも感じていなかった　軍隊は、究極の滅私奉公である。

その軍隊の上層構造が、官僚化したところに、旧日本軍の最大の弱点があった。愛国の士はいなかった訳ではないが、彼等は非主流派で、権力から遠かった。

軍官僚のトップにいたのが、二度も三度も、戦場で同じ様な失敗を繰り返した、牟田口廉也や辻政信、それから実戦経験の乏しい瀬島龍三らのエリートである。大本営はそんな連中に、戦争を任せっきりにした。官僚化した参謀本部や軍令部、大本営は、予算や人事にしか関心がなく、作戦本部や司令塔の機能がもともと無かったからである。（以上二節⑩参照）

これは、団結した反薩長閥の仲間内で争いが起こらない様に、指揮・命令・服従の規則を最大限緩やかにした成果であろう。（以上⑩参照）

高級軍官僚の敵前逃亡事件　このため、前線では高級軍官僚の敵前逃亡事件まで起こっている。インド・ビルマ国境でのインパール作戦（昭和一九年：一九四四年三〜七月）の失敗から、イギリス軍の反攻が始まった時、木村兵太郎ビルマ方面軍司令官は、司令部のあったラングーンを放棄して、前線から飛行機で逃げ出している。敵前逃亡である。その混乱で、日本の第二八軍の他、インド国民軍のボース、ビルマ軍のバー・モウが孤立した。第二八軍は包囲網を破って脱出したが、半分が飢えとマラリヤに倒れた。この時の戦死者数はインパール作戦の犠牲者をはるかに超える七万人である。木村は、近衛・東條内閣で次官を務めただけの、軍務官僚（役人）であった。A級戦犯で死刑になったが、軍法会議でも同じ判決が出たろう。親補職であっても、敵前逃亡は許されない。

もう一人、敵前逃亡の軍官僚がいる。陸軍に席次順人事を持ち込んだ、冨永恭次である。冨永はフィリピンで、「後から俺も必ず行く」と言って、特攻隊を送り出した後、飛行機で台湾に逃げ、胃潰瘍の治療と称して、温泉に浸かっていた。冨永も、戦場を見た事も無い、役人だった。これらの敵前逃亡は、あの危機的な時点で、最前線の司令官に、戦争を知らない役人を司令官として送り込んだ事と、硬直した人事規則のせいであった。(以上⑩参照)

台湾沖航空戦~フィリピン戦線壊滅　台湾沖航空戦は、アメリカ軍のレイテ島への上陸作戦の布石として、昭和一九年（一九四四年）一〇月一二日~同年同月一六日間に、アメリカ海軍空母機動部隊が台湾から沖縄にかけての日本軍陸上航空基地を攻撃した航空戦である。アメリカ軍の損害は軽微なものであったが、マリアナ沖海戦のために多くの熟練搭乗員が戦死した後なので、日本軍搭乗員は十分な訓練を受けておらず、航空機を飛ばすだけで精一杯で、戦果の確認などは殆ど不可能な状況であった。それで、アメリカ空母機動部隊全滅の大戦果と誤認した。このために、日本中が狂喜し、大本営もこれを信じて、現場の大反対（山下奉文中将・武藤章中将ら）を押しつぶして、防御陣地構築のほぼ完了したルソン島を捨てて、アメリカ海軍大艦隊の面前で、未だ何も用意の出来ていないレイテ島へ陸軍守備隊を移動する命令を出し、これがフィリピン戦線の大崩壊を引き起こし、ルソン島へ逃げ帰ってから戦病死した兵員をも含めると、最終的に合計約五二万人もの戦病死者を出す事になった。大本営には「敗戦革命」を信じて、恣意的に兵士を減らそうとした人間もいた様である（以上㉒ⓦ参照）。

ペリリュー島陥落　こうした無責任な高級将校の存在にもめげず、中下級兵士達は強かった。アメリカ軍が北上して、マリアナ列島方面とフィリピン諸島方面とに分かれる地点のパラオ諸島のペリリュー島には飛行場があった。それで日本陸軍は「アメリカ軍は必ずこの島を取りに来る」と判断して、中川州男大佐を司令官として送り込んだ。大佐もこの島には地下基地が相応しいと判断して、約一万人の兵士にトンネル掘削を命じた。そして、これが完了した頃、昭和一九年（一九四四年）九月一五日に、アメリカ艦隊が現れ、事前に激しい艦砲射撃と空爆が行われた後、歩兵と戦車、車両の上陸作戦が展開され（総勢約四万二〇〇〇人）、壮絶な地獄の戦いが七四日間継続されたが、最後に、島の飲料水の水源が枯渇したので、日本軍守備隊はバンザイ攻撃を行って、殆ど全員玉砕した。アメリカ軍の戦死者数は約一七〇〇人、戦傷者数は約七万人で、アメリカ軍の損害の方がはるかに多かった。（以上ⓦⓎ参照）山本の待ち望んだ必死の戦闘がやっと実現したのであるが、遅過ぎた。

硫黄島の陥落　次にアメリカ軍が狙ったのは硫黄島である。日本側もこの理由は理解していて、栗林忠道中将の指揮の下、約二万二〇〇〇人の素人兵士を動員して、ほぼ平坦な火山島の熱い地下浅所（最大深度二〇メートル、摂氏約六〇度）に、延べ一八キロメートルのトンネルを掘って、一九四五年（昭和二〇年）二月一九日、アメリカ軍を迎撃した。アメリカ軍は当初五日間で作戦を完了する予定であったが、日本守備隊は、降伏までの時間を稼ぐために「バンザイ攻撃・肉弾攻撃」を禁止して、地下に隠れてアメリカ海兵隊（総勢約七万五〇〇〇人）を迎え撃ち、三六日間も（神風特攻隊による攻撃をも併せて）壮絶な地獄の戦争を行って、三月二六日に陥落した。

この戦争では日本軍はほぼ玉砕、戦車約二〇両大破（神風特攻隊の損害は不明）に対し、アメリカ軍は戦死傷者約三万人、空母等艦船三〇隻大破、航空機約二三〇機撃墜・大破、戦車約一四〇両大破という大損害であった。このため、アメリカでは「海兵隊史上最も野蛮で高価な戦い」と呼ばれた。しかし、硫黄島が陥落すると、アメリカ軍はここからP—五一戦闘機がB—二九爆撃機の護衛につく様になり、日本本土からの迎撃も困難になった。

（以上⑩参照）

神風特攻隊　日本は支那大陸の戦いでは優勢だったが、アメリカを相手にした太平洋での戦いではもはや絶望的であった。連合艦隊は殆どの空母を失っており、強大な空母部隊を擁するアメリカ艦隊に対抗出来る力は無かった。それでも、降伏しない限りは、戦い続けなくてはならない。

昭和一九年（一九四四年）一〇月、日本はフィリピンで、アメリカ軍を迎え撃った。追い詰められた日本海軍は、人類史上初めて、大西瀧治郎中将の指揮により、航空機による自爆攻撃を作戦として行った。神風特攻隊である。神風特攻隊は最初フィリピンでの限定的作戦であったが、予想外の戦果を挙げた事から、なし崩し的に通常作戦の中に組み入れられた。

しかし、陸海軍の必死の攻撃の甲斐も無く、フィリピンはアメリカに奪われ、日本陸・海軍兵士五一万八〇〇〇人が戦病死した。フィリピンを奪われた事で、南方と日本を繋ぐシーレーンは完全に途絶え、遂に石油は一滴も入ってこない状態になった。（以上⑬参照）

アメリカ軍の沖縄占領　昭和二〇年（一九四五年）三～六月、アメリカ軍はついに沖縄にやって来た。日本軍は沖縄を守るために、沖縄本島を中心とした南西諸島に一八万人の兵士を配置した。陸軍と海軍合わせて約二〇〇〇機の特攻機が出撃した。また連合艦隊で唯一残った戦力と言える戦艦大和も出撃したが、のべ四〇〇〇機近いアメリカ空母艦載機の攻撃により、鹿児島県枕崎町坊ノ岬沖であえなく沈められた。（以上⑬参照）

四月一日、アメリカ軍は突然艦砲射撃を開始し、それに続いて海兵隊が上陸作戦を開始して、地上戦となり、約九万四〇〇〇人もの民間人が亡くなった。兵士は、沖縄出身の者が二万八〇〇〇人、沖縄以外の出身の者が六万六〇〇〇人が亡くなった。

しかし、一方的な負け戦ばかりではなかった。緒戦の首里近傍の丘陵地帯（シュガーローフ、ハーフムーンなど）での戦いでは、日本軍によりトンネルと丘陵の裏斜面を利用した巧妙な陣地が作られ、また、ここに戦車を隠すなどして、日本軍は、アメリカ海兵師団に一週間に二六〇〇人以上の大量の死傷者を出させる驚愕の戦闘力を示した。（以上ⓦ参照）

ペリリュー島、硫黄島、沖縄島等の上陸作戦や神風特攻隊の大型艦への捨て身の攻撃と、これに続いた、日本軍との地獄の戦いから蒙った甚大な犠牲と損害に、アメリカ軍トップは初めて驚愕し、「日本軍は弱い」という大統領の言葉は全くの嘘だったと知った。そして、一億玉砕を叫ぶ日本人を全部制圧するのに、あと何十万人のアメリカ兵の命が必要になるのかを推計し、それが必ず大統領の支持率を大きく引き下げるであろう事を想像して、身震いをしたであろう。そして、この怯えが大空襲の実施や原爆投下の決定に少なからず影響を与えたであろう、とも推察される。しかし、これはアメリカの事情である。

悪魔のごときアメリカ軍　アメリカは沖縄を攻略する前に、昭和二〇年三月（一九四五年）に、東京大空襲を行っている。これは日本の戦意を挫くために、一般市民の大量虐殺を狙って行ったものである。

この作戦を成功させるために、アメリカ軍は関東大震災や江戸時代の明暦の大火についてまで調べ、どこをどう燃やせば日本人を効果的に焼き殺せるかを事前に研究し尽くして、空襲場所を浅草区、深川区、本所区などを中心とする民家密集地帯に決めた。また、どの様な焼夷弾が有効かを確かめるために、ユタ州の砂漠に日本の民家を建てて、街を作り、実験を行っている。その家の中には、ハワイから呼び寄せた日系人の職人に、布団、畳、障子、ちゃぶ台までしつらえさせるという徹底ぶりだった。

そして、サイパン基地から三〇〇機のB―二九に爆弾を積めるだけ積んで出撃し、三月九日の深夜から一〇日の未明にかけて、高度二〇〇〇メートルという低空から、東京都民に爆弾の雨を降らせた。その結果、一夜にして、老人、女性、子供などの非戦闘員が一〇万人以上殺された。これは「ハーグ陸戦条約」に違反した、明白な戦争犯罪行為であった。しかし、アメリカはそんな事は気にしなかった。国際条約を気にしたのは、敗戦の経験のある西欧諸国だけであった。

ドイツが無条件降伏　昭和二〇年五月にドイツが連合国に無条件降伏し、世界を相手に戦っているのは、日本だけとなった。

東京はその後も何度も大空襲に遭い、全土が焼野原となった。そのため、アメリカ軍はその年の五月に東京を爆撃目標リストから外した程だった。被害に遭ったのは東京だけではなく、大阪、名古屋、札幌、福岡など、日本の主要都市は軒並み焦土にされ、全国の道府県、四三〇の市町村が空襲に遭った。アメリカ軍の戦闘機は逃げ惑う市民を、動物のハンティングの様に銃撃した。空襲による死者数は、数十万人といわれている。（以上⑬ⓦ参照）

ハリー・トルーマンがアメリカの新大統領　昭和一九年（一九四四年）、前例の無い四選を果たした、フランクリン・ルーズベルトも翌年四月一二日に広範な脳出血により急死しており、ここにはいなかった。公式には「病死」になっているが、実際は、反共主義者による暗殺だった、という説もある。

ルーズベルト急死の二時間後、三人の副大統領の内、ルーズベルトと一番疎遠だったハリー・トルーマンが、スティムソン委員会など、議会内反共派の手回しで、早々に大統領宣誓式に臨んだ。このトルーマンは、副大統領になった直後、チャーチルから、ルーズベルトがヤルタ会談でスターリンと交わした（東欧諸国をソ連に任せるなどの）密約を暴露する書簡を受け取っている。チャーチルは半年以上前から自分の心配をアメリカの保守派の有力者に知らせていたのである。つまり、チャーチルはアメリカの自由主義と民主主義の救世主であったのである。（以上⑩ⓦ参照）

ポツダム宣言　昭和二〇年（一九四五年）七月二六日、東京大空襲の最中、アメリカ新大統領ハリー・トルーマン、イギリス首相ウィンストン・チャーチル、中華民国主席蒋介石は、ベルリン郊外のポツダムにおいて、日本国に対し「無条件降伏要求の最終宣言」を発布した。ソ連のヨシフ・スターリン書記長も参加したが、その場では署名せず、アメリカの原爆投下後に、突然「日ソ中立条約」を破棄して、満州、樺太、千島列島に侵攻し、占領してから、この「最終宣言」を追認した。また、蒋介石も共産党軍との内戦で出席出来なかった。米英はこの段階では「日本はこれを受諾しない」と予想していた。（以上ⓦ参照）

スターリンは日本北半部の占領を狙う　この頃、陸軍の参謀本部の将校達の多くは、統制派で占められていて、「ソ連の仲立ちで講和条約を結び、天皇制を維持したまま、ソ連式の社会主義国になろう」という考えが多数を占めていた。そのため、参謀本部は何度もソ連に仲介を要請したが、ソ連は回答しなかった。

その理由は、スターリンが日本の北半部をソ連の領土にしたかったからである。そうすれば、長年の「不凍港」探しが終わる。そのために、欧州で戦った軍隊を、急いでシベリア鉄道で満州、沿海州に送り、ここから樺太、カムチャッカ半島に貨物船で移動していた。移動開始から、移動が完了し、戦闘態勢が整うまで、約四ヶ月半を要したが、この間スターリンは秘密情報警察KGBや軍情報総局GRUを使って、アメリカの原爆の投下を遅らせ、日本の無条件降伏を遅らせる工作をさせていた。日本軍が完全に戦意を失った時に参戦しようと企んだのである。（以上⑩ⓦ参照）このソ連の安全第一主義が、結果的に日本を救ったのである。

日本はポツダム宣言を黙殺　この工作のせいか、鈴木貫太郎内閣はこの宣言を黙殺する事になり、またしても、新聞・雑誌は「笑止、対日講和条件」などと激しくポツダム宣言を愚弄して、海外の通信社もこれを大きく報道した。これも、これまでと同様に、ソ連の指示であろう。(以上⑬参照)

広島・長崎へ原爆投下　これを受けて、事前の計画通り、昭和二〇年(一九四五年)八月、アメリカ軍は広島と長崎に計二発の原子爆弾(原爆)を落とした。これも無辜の一般市民の大量虐殺を意図したもので、明白な戦争犯罪である。

原爆投下は、戦争を早期に終わらせるために止む無く行ったのではなく、原爆の効果を知る実験として落とされたと見る事も出来る。その理由は、広島と長崎にわざわざ異なるタイプの原爆を落としている事や、効果を知るために、原爆投下候補地には、それ以前に、通常の空爆を行っていなかった事が挙げられる。ちなみに、京都が殆ど空襲されなかったのも、一時流布された様に、貴重な文化財を守るためではなく、原爆投下候補地の一つであったからである。

原爆投下には有色人種に対する差別意識が根底にある　仮にドイツが徹底抗戦していたとしても、アメリカはドイツには落とさなかったであろう。昭和一九年(一九四四年)九月に米英間で締結された「核に関する秘密協定」において、原爆はドイツではなく、日本へ投下する事を確認し合っているからだ。(以上三節⑬引用)

初めからルーズベルトが日本人を殲滅する積りだった事もあるし、「もう既に太平洋戦線で約一〇万人死んでいるのに、あと何十万人死ねばこの戦争は終わるのか？」という、戦場のアメリカ軍トップの怯えがその決定に少なからず影響を与えたのであろう。事実、日本の最高戦争指導会議では「特攻であと二〇〇〇万人が死ねば日本は勝てる」と大声で発言する高級将校（大西瀧治郎中将）もいたのだ。二〇〇〇万機の戦闘機や爆撃機はガラクタを継ぎ足して作る積もりだったのであろうか。（以上⑬㉔Ⓨ参照）

原爆投下のもう一つの目的は、ソ連に対する威圧であった。F・ルーズベルトが死去したので、さすがの民主党政権でもソ連の脅威を認識したのである。（以上⑬参照）

ソ連が極東戦線に参戦　二発目の原爆が落とされた八月九日、ソ連が「日ソ中立条約」を破棄して参戦し、陸軍参謀本部は驚愕した。あの憧れのソ連がそんな卑劣な事をするなんて信じられなかったのである。そして、「これをするために、返事をよこさないでいたのだ」とやっと悟ったのである。同時に、陸軍参謀本部の継戦意欲はここでやっと途切れた。しかし、満州や千島列島に取り残されて、武装解除中の陸軍は、信じられないでは済まなかった。満州では、ソ連軍が武装解除した日本軍兵士を五七万五〇〇〇人も捕虜にし、厳寒のシベリアで何年にもわたって、満足な食事も休養も与えずに、奴隷的労働をさせた。その結果、約五万五〇〇〇人の兵士が命を落とした。

しかし、一部の陸軍部隊は自衛のために奮戦して、ソ連軍の侵攻を遅滞させる事に成功した。特に、千島列島北端の占守島の守備隊は、四日間もソ連軍の攻撃を跳ね返し続け、結果的にソ連軍の北海道侵攻を妨害した。これにより、ソ連による日本列島の北半分の占領は阻止されたのである。

これは第五方面軍司令官の樋口季一郎中将が「敵が戦闘をしかけてきたら、自衛のための戦闘は妨げない」という命令をしていたので、上陸してきたソ連軍と守備隊が自衛の戦闘をし、さらに樋口司令官の防衛命令を得て、戦闘を四日間継続したものである。前任地が満州であった樋口司令官は「ソ連（ロシア）なら必ず卑怯な攻撃をして来る。絶対に勝てる状況で、攻めて来ない筈がない」と予想して、武装解除を完了させていなかったのである。

このために、怒ったソ連は「彼を死刑にしろ」とアメリカに要求したが、アメリカのユダヤ人協会が「我々の命の恩人を殺さないでくれ」と政府に嘆願したために、辛うじて助かった。彼は、シベリア経由で逃げてきたユダヤ人達の満州国通過を許可してやった、彼らの命の恩人だったのである。（以上ⓦ⑬参照）

六、敗戦から独立へ

ポツダム宣言受諾　昭和天皇の決断　昭和二〇年（一九四五年）八月九日、御前会議で「ポツダム宣言受諾」が決定した。列席者は鈴木貫太郎首相、東郷外務大臣、阿南陸軍大臣、米内海軍大臣、梅津陸軍参謀総長、豊田海軍軍令部総長、平沼枢密院議長の七人であった。司会の首相を除く六人は、無条件降伏派と徹底抗戦派で真っ二つに分かれ、完全に膠着状態になった。無条件降伏をすれば、天皇陛下は戦犯として処刑される可能性もあった。それで、無条件降伏派の米内は天皇陛下がその覚悟をするまで、急かす様な言動を一切しなかった、と言われる。その間、米内は暗殺を避けて生き延びるために、どっちに賛成なのかを明確には表明しなかったと、言われる。

日付が変わったので、首相が天皇にお考えを伺うと、天皇陛下は「自分は無条件降伏で良い」と答えられた。全員が号泣する中で、天皇陛下は以下の様にいわれた。「本土決戦を行えば、日本民族は滅びてしまうのではないか。そうなれば、どうしてこの日本という国を子孫に伝える事が出来ようか。自分の任務は祖先から受け継いだこの日本を子孫に伝える事である。今日となっては、一人でも多くの日本人に生き残って貰い、その人達に将来再び起ち上がってもらう以外に、この日本を子孫に伝える方法はないと思う。そのためなら、自分はどうなっても構わない」。

日本政府は一〇日の朝、連合軍に「ポツダム宣言受諾」を伝えたが、それには「国体(天皇制)護持」の条件をつけた。連合軍からの回答は一三日に来たが、それには「国体護持」を保障する文言が無かった。

それで、再度、政府は一四日に御前会議を開くが、天皇陛下の意志は固く、「私の意見は変わらない。私自身は如何になろうとも、国民の生命を助けたいと思う」と再度言われた。こうして、三年九ヶ月にわたる大東亜戦争は終結し、同時に六年間にわたる第二次世界大戦も終結した。(以上⑬引用)

明治維新の仇討ちも終了　これと同時に、明治維新の仇討ちも終了した。全く異種の戦争が同時に進行して、一見訳の分からない戦争になってしまった。維新政府が武士達の生活の面倒をもっと親身になって見ていれば、そして、天皇の下に全ての政府機関を統轄する(明治の)元老会議の様な強力な調整機関があれば、反薩長閥と薩長閥の子孫達の対立はこれ程激しくはならなかったであろう。そうすれば、国の組織と官民の意志がまとまり、この様な無惨な敗戦は避けられたかも知れない。

共産党軍による洗脳　また、支那大陸で共産党軍に投降した陸軍兵士は、共産党軍の収容所で、野坂参三らの指導の下、長期間の洗脳教育を受けさせられ、「自分達日本軍は支那人に南京大虐殺の様な残虐非道な行為を行った」と事実無根の自己批判をさせられ、その洗脳が完了するとようやく帰国を許された、と言われる。これは勿論、日本での「敗戦革命」の実現のためである。（以上③ⓦ参照）

日米戦争を避ける事は不可能　なお、「日本がこの戦争を避ける方法は無かった」と言われる。アメリカとソ連という二つの戦争好きな大国に狙われたうえに、日本国内が分裂・対立している状態にあったので、アメリカのやりたい放題であったから、戦争を避ける事は不可能であったと言われる。そして、当のアメリカはつい最近まで、「戦争狂」患者が男性の多数を占めており、国際法などは殆ど無視していた。この様なアメリカに戦争をしない事を申し入れる事は「国ごと奴隷になる事を約束したに等しい」事を意味したのである。それを知っていて、戦いを放棄すれば、人間を放棄したと見なされ、家畜以下の扱いを受けたであろう。実際、その後も、白布を掲げて降伏をする意思を明示して、出て来た日本兵の半数は連合軍兵士に殺戮された、といわれる。（以上㉖参照）

スターリンの一人勝ち　第二次世界大戦は、四九の連合国が勝利した。だが、蔣介石は四年後に支那を失うし、イギリスも二年後にインドを失い、アメリカは得るものが何も無かった。勝ったのは、スターリンのソ連だけだった。日本に連戦連敗した蔣介石は、アメリカからプレゼントされた全てを、毛沢東の共産党に奪われた。

ルーズベルトは「国際連合構想にソ連が同調する見返りに」ポーランドなどの東欧諸国をソ連の勢力圏と認め、ヤルタ秘密協定で、満州の権益や南樺太と北方領土を与える約束をしているが、スターリンから何も得ていない。そして、この後五年以内に、ソ連と中国はアメリカの巨大な敵として立ち上がるのである。

世界史上、これ程完全に、強力な覇権国家が騙された例は見当たらない。ルーズベルトが生きていれば、あと一歩で、アメリカに大統領主導の共産主義革命が起こったかも知れないのである。それでも、後を継いだトルーマン大統領は、反共派とチャーチルの意見を直ぐには受け入れる事が出来ず、ソ連の北部日本の占領を抑えただけであった。

そして、彼は支那の蔣介石の国民党軍と毛沢東の共産党軍との内戦には介入しなかった。アメリカのこの戦争の犠牲者数は約四〇万人で、第一次世界大戦の戦病者数一一万人と比べて四倍近くになっているので、国民の間に強い厭戦気分が広がり、これが支那の内戦への介入を抑えたのであろう。（以上⑬引用）

さらに、アメリカ大統領がもう少し先の事を考えて行動をしていたなら……とため息が出る。しかし、日米戦争のアメリカ側の動機が幼稚で粗暴で強欲な支配欲にある事を回顧すると、平時から優秀な諜報機関と国防軍が必要である事は自明である。陸軍が日露戦争時の明石大佐の諜報網をゴミの様に捨て去った事が悔やまれる。（以上㉓引用）

連合軍による統治　昭和二〇年（一九四五年）九月、殆どアメリカ軍から成る連合軍が日本の占領を開始し、ダグラス・マッカーサーを最高司令官とする連合軍最高司令官総司令部（ＧＨＱ）が東京に置かれ、占領は昭和二七年（一九五二年）四月まで続いた。占領政策は狡猾で、表向きは「ＧＨＱの司令・勧告によって、日本政府が政治を行う」間接統治の形式をとったが、重要な事項に関する権限は殆ど与えなかった。

ＧＨＱの最大目的は、日本を二度とアメリカに歯向かえない国に改造する事だった。そこで、明治以降、日本人が苦心して作り上げた政治の仕組みを解体し、憲法を作り変える事に着手した。（以上⑬引用）

日本国憲法はＧＨＱが作った　同年一〇月、ＧＨＱは日本政府に対し、大日本帝国憲法を改正して、新憲法を作るように指示した。これは実質的に帝国憲法破棄の命令に近かった。幣原喜重郎内閣は改正の草案を作ったが、発表前に毎日新聞社に内容をスクープされてしまった。草案の中に「天皇の統治権」を認める条文があるのを見て、マッカーサーは不快感を示し、ＧＨＱ民生局に独自の憲法草案の作成を命じた。勿論、この時、「戦争放棄条項」がマッカーサーの念頭にあった事は言うまでもない。

トルーマン政権の方針に基づいて、民生局のメンバー二五人が都内の図書館で、アメリカの独立宣言文やドイツのワイマール憲法、ソ連のスターリン憲法などから、都合の良い文章を抜き出して、草案を纏め上げた。メンバーの中に憲法学を修めた者は一人もいなかった。驚いた事に、彼等は僅か九日で草案を作った。なお、このメンバーの中にはソ連の工作員が多く入り込んでいた。

これは、アメリカを含む四四ヶ国が調印している「ハーグ陸戦条約」に明確に違反している。そこには「戦勝国が敗戦国の憲法を変える事は許されない」と書かれている。（以上⑬引用）しかし、戦争に負けて、本国に侵攻された事の無いアメリカには条約などは無意味であった。

平和条項は自衛戦争を考慮していた　ＧＨＱが作った憲法草案には、「九条」がある。それは次の二項である。

（一）日本国民は、正義と秩序を基調とする国際平和を誠実に希求し、国権の発動たる戦争と、武力による威嚇または武力の行使は、国際紛争を解決する手段としては、永久にこれを放棄する。

（二）陸海空軍その他の戦力は、これを保持しない。国の交戦権はこれを認めない。

いわゆる、「戦争放棄」として知られるこの条項は、マッカーサーの強い意向で盛り込まれたものだったが、さすがに民生局のメンバーからも、「憲法にこんな条項があれば、他国に攻められた時、自衛の手段が無いではないか?」と反対する声が上がったので、（二）項に「前項の目的を達するため」という文言が追加され、「自衛のために戦力を保持する事が出来る」という解釈を可能にする条文に修正された。（以上⑬引用）

ＧＨＱはこの憲法草案を強引に日本側に押し付けた。この草案のメモはアメリカの公開された公文書の中に混じっている。内閣は大いに動揺したが、草案を呑まなければ〝天皇の責任〟の追及に及ぶであろう事は誰もが容易に推測出来た。日本政府はこれを受け入れざるを得なかった。

天皇は「国民統合の象徴」とされた。新憲法は、大日本帝国憲法を改正する形式を取り、衆議院と参議院で修正可決された後、日本国憲法として昭和二一年（一九四六年）一一月に公布され、翌年五月に施行された。（以上⑬引用）

極東国際軍事裁判は国際法違反　昭和二一年（一九四六年）五月、連合国軍側は日本への報復のために、ＧＨＱの行政命令に基づいて、極東国際軍事裁判（略して「東京裁判」）を開始し、これは昭和二三年（一九四八年）一一月まで約二年半続いたが、アメリカでマッカーシー上院議員らの赤狩りが吹き荒れ、そこで中断した。元々これは一〇年位掛けて徹底的にやる予定だった。

これは裁判という名前がついているが、〝罪刑法定主義〟という近代刑法の大原則に反するものであった。すなわち、東京裁判では、過去の日本の行為を、後から新たに国際法らしきものをでっち上げて裁いた、「事後法による判決」である。これは「法律不遡及の原則」に反し。近代国家では認められていない。アメリカは欧州の国ではないし、敗戦した経験が無いから、欧州の法律には関心が無かったのである。（以上⑬引用）

共産圏の挑戦開始　ところが、昭和二三年（一九四八年）六月にベルリンがソ連に封鎖されて、東西ドイツが分離・独立し、同年八~九月に朝鮮が韓国と北朝鮮に分離・独立し、さらに同年一〇月に支那大陸で共産党軍が勝利して、中華人民共和国が成立した事を受けて、この頃アメリカ本土でも共産党を敵と認識し、「赤狩り」が吹き荒れたので、昭和二三年（一九四八年）一一月に共産主義者主導の東京裁判は中断してしまった。自分の身が危ないので、それどころではなくなったのである。山本五十六が夢見て賭けた、米が主導する自由主義圏とソ連が主導する共産主義圏の対立が遂に始まったのである。（以上⑬引用）

マッカーシー上院議員らの赤狩り　アメリカでは、昭和二三年（一九四八年）から昭和二十五年（一九五〇年）前半にかけて、マッカーシー上院議員らが、共産党員および共産党シンパとみられる政治家、官僚、学者、ジャーナリストの政治責任を追及し、大騒動になったが、ＦＢＩの聴記録などを法廷に出せず、有罪を立証出来なかったので、これ以降、この問題は立ち消えになった。なお、追及された有名人はアルジャー・ヒス（官僚：偽証罪）、ハーバート・ノーマン（官僚：自殺）、Ｔ・Ａ・ビッソン（学者）、アグネス・スメドレー（ジャーナリスト：ロンドンに逃亡して急死）であり、近年ソ連の秘密工作員であった事が確認された。元大統領のルーズベルトもマッカーシーに疑われており、生きていたなら、逮捕されていたかも知れない。（以上⑬引用）

昭和天皇の戦争責任　戦争中、陸軍は天皇大権である「統帥権」を盾に、「全ては天皇の命令であると強弁して、戦争を求める世論に乗って、戦争に突き進んだ」というのが、実態であった。昭和天皇がその生涯において、政治的な決断（聖断）を下したのは、二・二六事件と終戦の時だけであった。

昭和二〇年九月（一九四五年）二七日、昭和天皇がアメリカ大使館でマッカーサーと初めて会談した時、マッカーサーは昭和天皇が命乞いに来たと思っていた。ところが、そうではなかった。昭和天皇はマッカーサーにこう言った。「私は、国民が戦争を遂行するにあたって、『政治、軍事両面で行った全ての決定と行動に対する全責任を負う者』として、私をあなたの代表する諸国の裁定に委ねるためにやって来ました。」、「私の一身はどうなっても構わない。私はあなたにお任せする。この上は、どうか国民が生活に困らぬ様、連合国の援助をお願いしたい。」

マッカーサーは昭和天皇の言葉に深い感銘を受けて、日記にこう書いた。「死をともなう程の責任、私の知る限り、明らかに天皇に帰すべきでない責任を引き受けようとする、この勇気に満ちた態度は、私の骨の髄までも揺り動かした。私は、目の前にいる天皇が、一人の人間としても、日本で最高の紳士であると思った。」

そして、天皇が帰る時には、感動したマッカーサーは玄関まで見送りに出た。天皇は戦犯候補だったので、来た時には出迎える事はしなかったのである。

こうして、マッカーサーは天皇を生かしておいて、日本人の統治に利用する事を考える様になった。もし、昭和天皇を処刑すれば、日本人は死に物狂いの抵抗をしてくるかも知れないと、GHQは怖れていたのである。アメリカ軍は硫黄島やペリリュー島や沖縄において日本軍の凄まじい戦いぶりを目の当たりにしていた。これらの戦いでは、アメリカ軍の死傷者は日本軍を上回っている。また、神風特攻隊の死をも恐れぬ攻撃にさらされ、多くのアメリカ軍水兵が恐怖の余り、戦争神経症を発症している。アメリカ軍は戦争には勝ったが、本当は日本人を心底怖れていたのだ。しかし、「あの天皇なら日本人を穏やかにしてくれるだろう」と考えたのである。（以上⑬引用）

日本人に罪悪感を植え付ける宣伝計画　もう一つ、GHQは「日本人に戦争についての『罪の意識』を徹底的に植え付ける宣伝計画（WGIP）」を実施した。これは日本人の精神を粉々にして、二度とアメリカに戦いを挑んでこない様にするための、宣伝・教育計画であった。東京裁判もその一つである。この政策は結果的に日本人の精神を見事に破壊した。

GHQは思想や言論を管理し、出版物の検閲を行い、意に沿わぬ新聞や書物を発行した新聞社や出版社を厳しく処罰した。禁止事項は全部で三〇もあった。

その禁止事項の第一はGHQなどに対する批判である。二番目は東京裁判に対する批判、三番目はＧＨＱが日本国憲法を起草した事に対する批判である。アメリカ、イギリス、ソ連、フランス、中華民国、その他の連合国に対する批判も禁止された。

さらに何故か、朝鮮人に対する批判も禁じられた。占領軍兵士による犯罪の報道も禁じられた。新聞や雑誌にこうした記事が載れば、全面的に書き換えを命じられた。

ＧＨＱの検閲は個人の手紙や電話にまで及んだ。進駐軍の残虐行為を手紙に書いた事で、逮捕された者もいる。戦後の日本に言論の自由は全く無かった。これらの検閲を、日本語が堪能でないＧＨＱのメンバーだけで行えた筈が無い。多くの日本人協力者がいたのは公然の秘密であった。一説には、四千人の日本人が関わったと言われる。

さらに、ＧＨＱは戦前に出版されていた書物を七〇〇〇点以上も焚書した。焚書とは、支配者や政府が自分達の意に沿わぬ、あるいは都合の悪い書物を焼却する事で、これは最悪の文化破壊の一つである。秦の始皇帝とナチスが行った焚書が知られているが、ＧＨＱの焚書も悪質さにおいてそれに勝るとも劣らないものであった。驚くべきは、これに抵抗する者には、警察力の行使が認められていたし、違反者には一〇年以下の懲役もしくは罰金という重罰が科せられていた事だ。

勿論、この焚書にも多くの日本人協力者がいた。特に大きく関与したのは、日本政府から協力要請を受けた、東京大学の文学部だと言われている。同大学の文学部内には戦犯調査のための委員会もあった。この問題をその後マスメディアが全く取り上げようとしないのは不可解である。

検閲や焚書を含む、これらの言論弾圧は「ポツダム宣言」に違反する行為であった。「ポツダム宣言」の第一〇項には「言論、宗教および、思想の自由ならびに基本的人権は確立されるべきである」と記されている。つまり、GHQは明確な「ポツダム宣言」違反を犯しているにも拘わらず、当時の日本人は一言の抵抗すら出来なかったのである。

上記の日本人協力者達は陸軍統制派が親ソ連の社会主義者であった事を完全に隠蔽し、代わりに、「日本は天皇を現人神と崇める右翼全体主義軍事独裁政権に支配された」と書き換えた。これは、戦争前に八年間もアメリカ共産党がアメリカ全土に配布し、広めた宣伝ビラの内容をそのまま使っていたのである。何故なら、未だ完成していない「スターリンの北日本占領計画」にはそれが必要であったからである。この事情は、次項のNHKラジオによる洗脳でも同様であった。(以上⑬引用)

NHKラジオによる洗脳　GHQのWGIP（日本人に罪悪感を植え付ける宣伝計画）はラジオ放送によっても行われた。その方法は非常に狡猾であった。

昭和二〇年（一九四五年）一〇月から、NHKラジオで「真相はこうだ」という番組の放送が始まった。この番組は、大東亜戦争中の政府や軍の腐敗・非道を暴くドキュメンタリーをドラマ風に描いたものだ。国民は初めて知らされる「真相」に驚くと同時に、政府や軍を激しく憎んだ。しかし、この番組は実はGHQが全て台本を書いており（これは極秘）、放送される内容も占領政策に都合の良いもので、真実でないものも多かった。全ては、日本人を「国民」対「軍部」という対立構図の中に組み入れるための仕掛けだった。また、「太平洋戦争は中国をはじめとするアジアに対する侵略戦争であった」という事を徹底的に日本人の脳に刷り込むためのものでもあった。

ＧＨＱは翌年も「真相箱」「質問箱」というタイトルで、二年以上にわたり、洗脳番組を放送し続けた。依然、ＧＨＱが制作している事は秘密であった。ＧＨＱが巧妙だったのは、番組の中に時折、日本人の良い面を織り交ぜた事である。そうする事で、内容に真実味を持たせたのだ。しかし、戦前の政府や軍を批判する内容には、多くの虚偽が含まれていた。

ただ当時も、「これらの番組内容は真実ではないのではないか」と疑義を抱く人もいただが、彼らが声を上げても、そうした記事は「占領政策全般に対する破壊的批判」と見做され全文削除された。

かくの如く、言論を完全に統制され、（唯一の情報入手手段の）ラジオ放送によって、洗脳プログラムを流され続ければ、国民が「戦前の日本」を徹底的に否定し、嫌悪する様になるのも無理からぬ事だ。

何より恐ろしいのは、この洗脳の深さである。ＧＨＱの占領は七年間だったが、それが終わって七〇年近く経った現在でも、多くの人間が「戦前の政府と軍部は最悪」であり、「大東亜戦争は悪辣非道な侵略戦争であった」と無条件に思い込んでいる。

勿論、戦前の政府や軍部に過ちはあった。しかし、連合国側にも過ちはあり、また大東亜戦争は決して「侵略戦争」ではなかった。日本は中国を占領する意思はなかったし、人口と領土の面積を考えても不可能であるし、またそうした作戦も取ってはいない。また、日本はアジアの人々と戦争をした訳ではない。

戦後、日本はアジア諸国に賠償金を支払ったが、その国々を数十年から三〇〇年にわたって支配していたオランダ、イギリス、フランス、アメリカは、賠償金など一切支払っていないばかりか、植民地支配を責められる事も、少数の例を除いて、殆ど無い。それは何故か――日本だけが誠意をもって謝罪したからである。

日本人には、自らの非を進んで認めるにやぶさかでない、むしろ非を進んで認める事を潔しとする、特有の性格がある。他の国の人々と違って、謝罪を厭わないのだ。こうした民族性があるところへ、GHQの「WGIP」によって贖罪意識を強く植え付けられた事で、当然の様にアジア諸国に謝罪したのである。（以上⑬引用）

なお、これは日本人にとって二回目の支配者による「洗脳」であった。

大学・学校の教職員の追放　GHQが行った思想弾圧で、後の日本に最も影響を与えたのは、「教職追放」だった。GHQは占領直後から、帝国大学で指導的立場にあった愛国的ないし保守的思想を持つ教授達、あるいはGHQの政策に批判的な教授を次々に追放した。「WGIP」を日本人に完全に植え付けるには、教育界を抑えなければならないと、考えたからだ。

代わってGHQが指名した人物を帝国大学に入れたが、その多くは戦前に共産党員であったり、無政府主義的な論文を書いたりして、大学から処分された人達だった。その中には、大内兵衛（東京大学に復帰、後に法政大学総長）、滝川幸辰（戦後、京都大学総長）など、多くの者がGHQの後ろ盾を得て、「WGIP」の推進者となり、最高学府を含む大学を支配していく。

一方、追放を免れた者も、これ以降は、GHQの政策に批判的な事を言わなくなったばかりか、帝国大学においては共産主義におもねる教授や社会主義者に転向する者、変節する学者が続出した。特に酷かったのは東京帝国大学で、憲法学者の宮澤俊義や国際法学者の横田喜三郎などがある日突然正反対の事を言い出したり、自分の著書を個人焚書したりしている。

恐ろしいのは、その後、日本の憲法界をリードする東京大学の法学部の教授達が、その学説を半世紀以上にわたって、継承し続けている事である。

そして、東京大学法学部からは、戦後も数多くの官僚が輩出している。「自虐史観」に染まった教授達や保身のためにGHQにおもねった教授達から、「日本国憲法は日本人が自主的に作った」「東京裁判は正しい」という教育を受けた人達が、文部科学省や外務省の官僚になるという事の方がむしろ、恐ろしい事である。

「教職追放」は大学だけでなく、高校、中学、小学校でも行われた。最終的に、自主的な退職を含めて、約一二万人もの教職員が教職現場から去った。その多くが愛国心を隠さなかったり、保守的な考えを持っていたりした者で、特に戦前の師範学校出身者が多かったと言われている。

こうして、日本の教育界は左翼系の人々に乗っ取られた形になった。（以上⑬引用）

職場からの追放　GHQは「公職追放」も行った。GHQにとって好ましからざる人物と判断した人達を様々な職場から追放したのだ。対象者は「戦犯」や「職業軍人」など七項目に該当する人物だったが、GHQが気に入らない人物は、それだけで追放処分になった。

昭和二一年（一九四六年）五月、自由党総裁だった鳩山一郎は、首班（首相）指名を受ける直前に公職追放により、政界から追放された。鳩山は昭和二〇年（一九四五年）、アメリカの原爆投下に批判的ともとれるインタビュー記事が朝日新聞に載った事で、GHQから睨まれたのだ。この時、朝日新聞は二日間の発行停止処分を受け、それ以降、同紙はアメリカやGHQを批判する記事を書かなくなった。また、これ以降、GHQの政策に異議を唱える政治家は殆どいなくなってしまった。

名称こそ「公職追放」となっていたが、実際は民間企業からも追放された。当時、日本は貧しく、殆どの人が食うや食わずの生活で、社会保障の制度も無い。職を失う事は、まさしく死活問題であった。政治家といえども、その恐怖に怯えたのも無理はない。

これにより、多くの大学、新聞社、出版社に、「自虐史観」が浸透し、GHQの占領が終わった後も、「WGIP」を積極的に一般国民に植え付けていく事になる。GHQの追放を免れた人達の中にも、追放を怖れて、GHQの政策に対して、批判的な事を言う人はいなくなった。大学や新聞社で追放を免れた人達の中にも、追放を怖れて、GHQの政策に対して、批判的な事を言う人はいなくなった。

GHQの公職追放はその後も、財界、教育界、言論界と広い範囲で行われ、その数は二〇万六〇〇〇人に及んだが、追放を担当したG二（参謀第二部）だけで、それだけの人数を処理出来る筈は無い。追放に協力した日本人が多数いたのは間違いなく、彼らの多くは共産党員並びにそのシンパであったといわれている。（以上⑬引用）

不十分なレッド・パージ　また、昭和二一年（一九四六年）六月に、支那大陸では激しい国共内戦が再開した事から、「日本とドイツを叩き潰せば平和が来る」というルーズベルト元大統領の言葉は嘘だった事が明白になり、にわかに共産党に対する脅威論がアメリカで強まり、昭和二三年（一九四八年）一月、ケネス・ロイヤル陸軍長官が「日本を極東における全体主義（共産主義）に対する防壁にする」と演説した。しかし、これまでの流れは止め難く、昭和二四年（一九四九年）一〇月、中国共産党が国民党に勝利して、共産主義国を樹立した事により、日本の大学やメディアでもソ連や中共を礼賛する傾向が強くなった。

日本の共産化を怖れたGHQは、昭和二五年（一九五〇年）、日本共産党の非合法化を示唆した。その後、官公庁、大企業、教育機関などから、共産主義者およびそのシンパの追放を勧告した（レッド・パージ）。これにより、一万数千人以上の人が様々な職場から追放されたが、それはかつての公職追放や教職追放の様な徹底したものではなかった。

昭和二五年（一九五〇年）六月二五日、隣の朝鮮半島で、「南北朝鮮ばかりでなく、両国の後ろ盾のアメリカ軍と中華人民共和国軍が直接衝突する」朝鮮戦争が始まったから、忙しくて、それどころではなかったのである。戦争は三年後の昭和二八年（一九五三年）七月まで続いた。この戦争で、アメリカはやっと自国の本当の敵は日本でもドイツでもなく、ソ連や中華人民共和国などの共産主義国家だと気づいた。故フランクリン・ルーズベルト元大統領はスターリンに完全に騙されていた、とアメリカ政府はやっと気づいた。

朝鮮戦争特需　ＧＨＱの気まぐれに付き合わされて、苦しんでいた日本に幸運がめぐってきた。朝鮮戦争である：昭和二五年（一九五〇年）六月～昭和二八年（一九五三年）七月アメリカとソ連の事前の合意により、朝鮮半島は北半部をソ連が、南半部をアメリカが占領していたが、昭和二三年（一九四八年）に南の大韓民国（韓国）と北の朝鮮民主主義人民共和国（北朝鮮）に分かれて独立した。ちなみに、支那大陸では、最終的に共産党政権が勝利し、昭和二四年（一九四九年）一〇月、「中華人民共和国」（中共）が生まれていた。

昭和二五年（一九五〇年）六月二五日、突然北朝鮮軍が韓国に侵攻し、あっという間に、韓国軍が南端の釜山にまで追い詰められてしまったので、支援していたアメリカがその同盟国と共に参戦し、ソウルの近郊の仁川に上陸作戦を敢行して、北朝鮮軍を分断し、今度はあっという間に中華人民共和国（中共）国境まで押し返した。そこで、北朝鮮を支援していた中共軍が参戦し、本格的な戦争に拡大したのである。中共軍の参戦とその人海戦術で、アメリカ連合軍は南に押し戻されたが、元の国境の北緯三八度線付近で膠着状態になったので、昭和二八年（一九五三年）七月、関係国が停戦協定を締結して、現在に至っている。この際に、ソ連は停戦に断固反対した。アメリカと中共を戦わせておけば両国は疲弊し、ソ連にとって有利な状況が出来ていくからである。韓国も断固反対したが、これは子供のダダと似た様なものであった。

この戦争はアメリカ中心の自由主義連合軍と中共軍中心の共産主義国連合軍との初めての本格的戦争であった。損害（戦死傷者等）は韓国軍約六七万人、アメリカ軍約一四万人、民間人約九九万人、北朝鮮軍約六六万人、中国軍約七〇万人、民間人約二五〇万人である。（以上⑬参照）

日本は、アメリカに平和憲法を押し付けられたばかりで、戦争に動員される事もなく、また、マーカーサーに軍需産業の復活と警察予備隊（後の自衛隊）の創設を命じられて、安全な場所で軍需物資を作り続けて、鉱工業が一気に息を吹き返し、これと共に景気が急速に好転して、高度経済成長へと繋がっていった。

アジア諸国の独立　大東亜戦争で日本軍に追われたイギリス、フランス、オランダは植民地支配を復活させるために、戦後、東南アジアに軍を派遣したが、既に民族主義に目覚めていたアジア諸国は列強諸国に怯まず、勇敢に戦い、日本の敗戦後一五年以内に、次々に独立を果たしていった。

東南アジアの諸国民は、欧米列強による長い植民地支配によって、「アジア人は白人に絶対に勝てない」と思い込んでいた。その認識を覆したのが、日本人だった。無敵の強者と思われていた白人をアジアから駆逐する日本軍を見て、彼等は自信と勇気を得たのである。また、多くの日本兵が現地に残り、現地の人々と共に、欧米の軍に対して、独立戦争を戦って命を落とした。インドネシアでは各地の英雄墓地に独立戦争で死んだ多くの日本人が埋葬され、眠っている。（以上⑬引用）

米ソの冷戦　第二次世界大戦は決して世界に平和をもたらさなかった。以前のルーズベルト大統領との合意に基づいて、ソ連は東ヨーロッパの国々を呑み込み、無理やりに共産化して、ソ連の衛星国家にした。ソ連の政策に反対する者達は、たとえ首相であっても粛清された。ソ連と共産主義の進出を抑えるために、昭和二四年（一九四九年）四月に、西側諸国が軍事同盟である北大西洋条約機構（ＮＡＴＯ）を結成すると、ソ連もまた、昭和三〇年（一九五五年）五月に、東ヨーロッパ諸国とワルシャワ条約機構（ＷＴＯ）という軍事同盟を結成して対抗した。いわゆる「冷戦」の始まりである。

中国（支那）大陸では、蒋介石の率いる国民党と毛沢東率いる中国共産党が内戦を再開し、昭和二四年（一九四九年）一〇月に中国共産党が勝利して、「中華人民共和国」が生まれた。蔣介石は台湾に逃れ、その地に「中華民国」が生まれた。（以上⑬引用）これは、日本が敗戦を受け入れた後、ソ連が日本軍の放棄した大量の武器を中国共産党に与えたのに反し、アメリカとイギリスは「目的は達した」と、蔣介石に対する全ての援助を停止した事が大きい原因である。アメリカはいつも視野が狭く、自分勝手で、それで多数の墓穴を掘るのである。

日本の独立　朝鮮半島と中国大陸に共産主義国家が生まれた事でアメリカは「日本を農業国にしよう」というそれまでの政策から、工業国に戻す方針に転換した。

日本に駐留していたアメリカ軍が大規模に朝鮮半島に出撃した事で、日本国内の治安維持のための部隊が新たに必要になり、ＧＨＱは日本政府に対し警察予備隊を作る事を命じた。これが後に自衛隊になる。

他方、日本は朝鮮半島で戦うアメリカ軍に大量の軍需物資などを供給して、一気に経済が息を吹き返した。日本の急速な復興を見てアメリカは、日本の独立を早めて、自由主義陣営に引き入れようと考えた。

昭和二六年（一九五一年）九月、日本は四八の国々とサンフランシスコで講和条約を締結する事になった。この条約を結べば、大東亜戦争は完全に終結し、日本は完全に主権を回復して、独立国になる事が出来る。しかし、日本の独立は、ソ連にとっては非常に都合の悪いものだった。独立した日本が西側の自由主義陣営に加わるのは明白だからだ。敗戦によって国力は大きく削がれたとはいえ、その潜在能力は東側陣営にとって脅威だった。

そこで、スターリンは中国共産党を経由して日本の社会党と共産党に「講和条約を阻止しろ」という指令を下したと言われている。これを受けて、野党第一党の社会党と共産党は、講和条約締結に真っ向から反対した。さらに、時の東京大学総長を始めとする多くの大学長や学者、知識人も反対の論陣を張った。彼らの多くは、「公職追放」の後、大学に入ってきた社会主義者だった。

それでも、約半年後の昭和二七年（一九五二年）四月、講和条約が発効して、日本は戦後七年で主権を回復し、独立を果たす事が出来た。そして、日本を支配していたＧＨＱも去って行った。山本五十六が夢見て賭けた、日本の独立が遂に実現した。（以上⑬を引用）

日米安全保障条約締結　サンフランシスコ講和条約により独立した日本は、朝鮮戦争後の経済復興により、再び国力を取り戻しつつあった。昭和二九年（一九五四年）からの好景気は「神武景気」と名付けられた。

しかし、その一方、憲法九条により自前の軍隊を持つ事が出来ず、「自国の領土と国民を自ら守る能力が無い」という極めて脆弱な国でもあった。サンフランシスコ講和条約が成立すれば、全ての占領軍は日本から撤退する事になっていたが、その時点では未だ朝鮮戦争が続いており、アメリカ軍が撤退すれば、軍隊を持たない日本が、たちまち安全保障上の危機に陥るのは明白であった。

そこで、講和条約が結ばれた同日、吉田茂首相は、日米安全保障条約（日米安保）を締結した。しかし、この条約には「アメリカは日本を防衛する義務がある」とは書かれていなかった。一方、アメリカ軍は日本の如何なる場所にも自由に基地を作る事が出来た。さらに、日本国内で内乱が起きた場合は、その鎮圧のためにアメリカ軍が出動出来る（内乱条項）という、日本にとって不利、不平等な内容だった。（以上⑬引用）

憲法改正の失敗　GHQが押し付けた日本国憲法では国土も国民も守れないと気付いた、保守政党の日本民主党と自由党は「自主憲法制定」と「安保条約の改定」を目指し、昭和三〇年（一九五五年）一一月に合併して自由民主党を結成した。同年一〇月、分裂していた日本社会党も統一し、ここに二大政党の時代が始まった。

当時の国民は「憲法改正」を目指す自民党を支持し、この直後の衆議院総選挙では、四六七議席の内二八七議席を自民党が占めた。しかし、憲法改正に必要な三分の二には僅かに足りなかった。GHQは、日本人が容易に憲法を改正出来ない様にと、非常に高いハードルを設けていたのである。（以上⑬引用）

安保改正　岸信介首相は安保改正のためにアメリカと粘り強く交渉を続け、ついに、昭和三五年（一九六〇年）一月、日米安保を改正した新条約に調印した（新安保条約）。これにより、アメリカには有事の際には日本を防衛するという義務が生じ、さらに今後は、日本の土地に自由に基地を作る事は出来なくなった。そして、国内の内乱に対して、アメリカ軍が出動出来る、いわゆる「内乱条項」も削除された。つまり、日本にとっては大きな「改正」であった。

しかし、この改正もまたソ連や中国の共産主義陣営にとっては、都合の悪いものであった。そこで、日本社会党や日本共産党は、「この改正によって、日本はアメリカの戦争に巻き込まれる」という理屈を掲げて反対し、傘下の労働組合や学生団体などを煽動して、大掛かりな反対運動を起こした。この時もまた、多くの大学教授や知識人、マスメディアが反対の論陣を張り、世論はまさに「安保改正反対」の一色に染まったかの様に見えた。自民党が新安保条約の議会承認を決議する時期の前後には、議会周辺を多数のデモ隊が取り囲む騒乱状態になった。

だが、この時、デモに参加していた夥しい大学生達は、新安保条約の条文を正しく理解していなかったばかりか、読んですらいない者が大半で、日本社会党や日本共産党に踊らされているだけの存在だった。筆者も同様であった。その上、東大の教授達がソ連の工作員の様な言動をする、とは全く想像も出来なかったのである。

連日、国会周辺で何万人ものデモ隊と警官隊との衝突があり、怪我人や死者も出た。岸首相は治安のために、防衛庁長官に自衛隊の出動を要請するが、赤城宗徳長官は「自衛隊が国民の敵になりかねない」と言って拒否した。膨れ上がるデモ隊を前に、官邸の安全確保に自信が持てなかった警視総監は、岸首相に官邸からの退去を要請するが、岸は「官邸は首相の本丸だ。本丸で討ち死にするなら男子の本懐ではないか」と言って拒絶した。新安保条約の自然承認が成立する六月一八日の夜には、国会と首相官邸には三三万人のデモ隊が終結した。当時、日本全国の警察官は約一二万七〇〇〇人だった。もし、デモ隊が暴徒と化せば、それを鎮圧する事は不可能だった。しかし、岸首相は弟の佐藤栄作大蔵大臣と共に、死を覚悟して、首相執務室に居た。そして、デモ隊も暴徒にならなかった。

こうして、岸首相は新安保条約を成立させると、一ヶ月後、混乱の責任を取る形で総辞職し、議員をも辞職した。総辞職の前日、彼はテロリストに刺されて、重傷を負っている。

辞職の四ヶ月後に行われた衆議院総選挙では、四六七議席の内、自民党が二九六議席を獲得して、圧勝した。つまり、マスメディアが報道していた「世論」は、国民の意識を正しく反映していなかったのである。こうしたマスメディアによる世論の捏造は、明治時代から脈々と続き、この後も長く続いた。（以上⑬引用）

蘇る自虐思想　昭和四〇～五〇年（一九六五～一九七五年）にかけての日本は、高度経済成長を成し遂げ、国民生活が飛躍的に向上した時代であったが、その繁栄の裏で、厄介な問題が起こっていた。それは占領軍が去ってから鎮静化していた「自虐思想」が再び強くなってきた事である。

日本人はアメリカ軍による占領時代にＧＨＱによる「ＷＧＩＰ」の洗脳を受けたが、独立と同時に起こった戦犯赦免運動でも明らかな様に、戦前に教育を受けて来た国民の多くには、心の深くまで自虐思想が浸透しなかった。

昭和三五年（一九六〇年）の安保改定後の総選挙で自民党が圧勝したのも、有権者の全員が戦前生まれだったからである。昭和三〇年代には、祝日になると町の至る所に「日の丸」が揚がり、儀式の際には普通に「君が代」が歌われていた。

ところが、昭和一桁代の終わり（戦中）以降に生まれた人達は、小学校に入った頃から、自虐思想を植え付けられた人達である。何も知らない白紙の状態の柔らかい頭と心に一つの思想を注入された時の効果は絶大である。この戦中生まれと、その後に生まれた団塊の世代の多くが、今も自虐思想から抜け出せないのは、ある意味で当然と言える。不幸な事に、この世代は戦前の日本の全てを否定する日本人として育てられたのだ。

ＧＨＱの「ＷＧＩＰ」洗脳第一世代というべき戦中生まれの人々が社会に進出し始めた、昭和四〇年代頃から、自虐思想が再び頭をもたげてくる様になる。そして、洗脳第二世代というべき「団塊の世代」（昭和二二～二四年生まれの人達）が社会に出始めた、昭和四〇年代半ば頃から、それに拍車がかかっていく。「ＷＧＩＰ洗脳世代」は、「日の丸」「君が代」は勿論、「天皇」「靖国神社」「戦犯」、さらには「愛国心」をも全否定するという、ＧＨＱの占領時代にも無かった思想を押し立てた。それは全て軍国主義に繋がるというのが、彼らの理屈だった。彼等はＧＨＱが押し付けた日本国憲法を賛美し、憲法九条は「世界に誇るべき平和宣言」であると盲信した。

しかし、この「偽りの歴史」は、既に公開されたアメリカ政府やソ連政府の秘密文書で全くの出鱈目だと証明されている。そして、「日本の左翼全体主義政権は、スターリンの謀略に乗せられたルーズベルト政権によって、無理やり太平洋戦争に引き込まれ、敗北して、アメリカに占領された」という真実の歴史が判明している。

それにも拘らず、彼らが「偽りの信念」を曲げないのは、それに関する新たな情報をチェックする労を執ろうとしないで、それを「正しい」と信じている人が膨大な数にのぼるからである。しかも、有名大学の教授などが「真実の歴史」を認めないからである。彼等は言葉遊びの世界で仕事をしているので、彼等の主張と事実が全く合致しなくても、問題は無いと考えている。「学問の自由」がそれを可能にしている。しかし、それは学問ではなく、信仰でしかない。

大学を卒業して、大学や役所や会社に勤めている人間は膨大な数にのぼる。それらの人が「でっち上げの歴史」を信じていて、それを前提に話をするので、仲間のしるしに、それに合わせた話をするしかないのである。こうして「皆がそう思っているから、多分これは正しいのだろう」と安心する。そうして、「偽りの信念」はよほどの大事件が起こらない限り、続いていく。その大事件とは、彼らの言動が国を滅ぼして、彼ら自身が本当の地獄を経験した時であろう。

しかし、それでも、「自分の信念が確かに自分自身で確認したものなのか？」を疑いもしない人もいる。だが、若い頃に会得した生き方が、半世紀近く生きて、様々な経験を積み重ねた後でも、未だ真理だと思える人は、殆ど考えないで生きてきた人なのではないだろうか？　周囲の人々と衝突しない様に生きてきただけではないだろうか？　それも大切な事だけれども、そのせいで、近い将来に身近な人や愛する人を地獄に落とす様な事をしていないだろうか？　そういう反省はしないで良いのだろうか？　その様な事を考えると、遅ればせながら、「自分は死ぬ前に気が付いて良かった」と思うのである。

J・フリードマンの未来予測　ハンガリー人を父母に持つジョージ・フリードマン氏は、父母と共にアメリカに渡った後、アメリカで地政学を用いて「未来予測」を提供する仕事を始めて、大成功を収めた人であるが、その著書『100年予測』の中で、「日本とアメリカは前回と同じような理由で二〇五〇年頃にまた戦争をするだろう」「その理由は極めて豊かな巨大なアメリカの極めて小さい利益のために、小国日本に巨大な負担を強要する様な、即ち、巨象がアリを踏み潰す様な、アメリカの傲慢さが小国日本の忍耐の限度を超えるからである」と言う意味の事を書いている。また、「戦争の理由は毎回同じようなもので、国の指導者の能力には大きく左右されない。一度起こった戦争はその原因がなくなるまで、何度でも繰り返す。」と書いている。（以上㉚参照）

こうした理由で起こる戦争の際に、こうした国家権力や教育機関による広範で深い洗脳のせいで、何十年にも亘り、謂れのない罵声を浴びてきた自衛隊員の潜在意識の中にインテリ層への憎しみや敵意が育ってきていないか非常に心配である。それが、強すぎると、国内が激しく対立して、また、しまりのない異様な戦争になり、亡国になる可能性が高くなるからである。過去の失敗を繰り返さないためには、過去の事実を再確認する必要がある。事実でない幻想の上に構築された歴史の上に練られた戦略は、日本を消滅させる可能性が高い。

こうした観点から見ると、山本五十六の選択は、政治家の選択の様で正しかったと考えるが、どうであろうか。先の戦争に勝つ事ばかりに専念したら、今頃日本国は消滅していたと考えるが、それでも今よりマシだったと言えるだろうか。

なお、中共の台湾侵攻と琉球列島南部への侵攻は『100年予測』の中で世界の大事件としては予測されていない。アメリカ軍と日本自衛隊の海軍の能力が中共海軍の能力より遥かに上を行くので、簡単に決着が付くか、侵攻する決断が付かないかの結果に終わると考えたのかも知れない。それに、国内に膨大な軋轢を抱え込んでいるので、アメリカ主導の経済制裁で実質的に決着してしまうと、判断したのかも知れない。なお、ロシアの（旧ソ連圏回復のための）ウクライナ侵攻は予測されている。

あとがき

令和四年二月二四日に、ベラルーシで演習をしていたロシア軍の戦車群が突然ウクライナに侵攻して、首都キーウを目指し、世界を驚愕させた。さらに、驚いた事に、そのロシアの戦車群はキーウに繋がる道路で大渋滞を起こし、そこをウクライナ軍のミサイルで次々に撃破されて、半月くらいで、またベラルーシに退却して行った。ニュースによれば、その当初に、キーウ空港を占領しようとした、ロシアの特殊部隊はウクライナ軍に撃破されていたようである。それで、やむなく、ロシア軍は別の軍をウクライナ東部に侵攻させて、もう一年も経つのに、一〇万人以上の戦死者を出して戦争を続けている、と言われる。

当初は、一週間で作戦を終える計画だったそうである。「ロシア軍はこんなに弱い軍隊だったのか」と驚くばかりである。「第二次世界大戦の独ソ戦では本当に強かったのか。ナポレオン軍と同じで、防寒着が不十分で寒さに負けて、戦争なんかしていられなくなったのではないのか。ノモンハンでのロシア軍はだいぶ弱かった様だし、日露戦争でも乃木軍団にかなり怯えていた様だし、本当はそんなに強かった訳ではないのではないか。敵対した軍隊が冬の寒さに怯えて、降参したのではないか。

ソ連のスターリン政権の始めの頃に、ウクライナは食料をソ連に殆ど収奪されて、一〇〇〇万人以上の人間が餓死させられた（「ホロドモール」という）ようだから、今回も負けたら酷い目に遭わされる、と必死に戦っているのだろう。核兵器が打ち込まれても絶対に降参しない、という覚悟が何処まで続くか分からないが、こういう風に、気軽に戦争を始める国がある事を知ると、「戦争をしない事が一番大事だ」という言葉が一番軽薄な言葉だと感じる。気軽に戦争を始める国の指導者は人間の命など大事にはしない。そういう国に愛想笑いをして、すり寄って、戦争を避けたとしても、何も良い未来は実現しない。家畜や奴隷の様に扱われて、逆らえば簡単に殺されるだけである。踏みにじられるだけである。

以上

御願い：なお、前作の「維新から百年　日本国興亡の真相？」の執筆時には、新野哲也氏の著作「日本は勝てる戦争に何故負けたのか」（二〇一六年、ＰＨＰ研究所刊）の理解が不十分で、「昭和の高級将校達を非常に無責任」と強く非難しているが、本稿では、これも本人達のみの責任ではなく、明治政府の「洗脳教育」、「欧化教育」、「親補職制度の拡充」、「明治憲法の欠陥」などの政策や制度の結果なのではないかと考えるに至った。従って、これを早急に修正する必要があるが、取り敢えず、このコメントとこの著作で代替して頂きたく、御願い申しあげる。

以上

参考文献

（⑤：文献番号　ⓦウィキペディア　Ⓨユーチューブ）

①江崎道朗著「コミンテルンとルーズヴェルトの時限爆弾」二〇一二年、展転社発行
②江崎道朗著「日本は誰と戦ったのか」二〇一七年、ベストセラーズ発行
③江崎道朗著「コミンテルンの謀略と日本の敗戦」二〇一七年、ＰＨＰ研究所発行
④岡田英弘著「誰も知らなかった皇帝たちの中国」二〇一八年、ワック発行
⑤山本義正著「父　山本五十六」二〇〇七年、恒文社発行
⑥太平洋戦争研究会編「人間　山本五十六」一九九三年、トクマオリオン発行
⑦ＮＨＫ取材班・渡邊裕鴻著「山本五十六　戦後70年の真実」二〇一五年、ＮＨＫ出版発行
⑧倉山満著「嘘だらけの日露近代史」二〇一六年、扶桑社発行
⑨桑原嶽著「乃木希典と日露戦争の真実」二〇一六年、ＰＨＰ研究所発行
⑩新野哲也著「日本は勝てる戦争に何故負けたのか」二〇一三年、光人社発行
⑪原田伊織著「明治維新という過ち　日本を滅ぼした吉田松陰と長州テロリスト」二〇一七年、講談社発行
⑫原田伊織著「続・明治維新という過ち　列強の侵略を防いだ幕臣たち」二〇一八年、

講談社発行
⑬百田尚樹著「日本国紀」二〇一八年、幻冬舎発行
⑭百田尚樹・有本香共著「〝日本国紀〟の副読本」二〇一八年、産経新聞出版発行
⑮藤井厳喜著「太平洋戦争の大嘘」二〇一七年、ダイレクト出版発行
⑯久保有政著「自虐史観を脱せよ『日本は悪い国、侵略国家ではなかった』」二〇一三年、レムナント出版発行
⑰小名木善行著「中国人による四回あった南京事件」、二〇一八年、「東アジア歴史文化研究会　歴史の真実」サイト
⑱小名木善行著「教科書の嘘　日露戦争で日本はいかにしてバルチック艦隊を破ったのか？」二〇二一年、むすび大学チャンネル
⑲倉山満著「帝国憲法の真実」二〇一四年、扶桑社発行
⑳苫米地英人著「明治維新という名の洗脳」キンドル版電子書籍
㉑八木秀次著「明治憲法の思想　日本の国柄とは何か」二〇〇二年、ＰＨＰ研究所発行
㉒阿部牧郎著「神の国に殉ず」全三巻、二〇一四年、祥伝社発行
㉓白松繁著「真珠湾攻撃『だまし討ち説』の破綻」二〇二〇年、幻冬社メディアコンサルティング発行
㉔半藤一利・保阪正康著「賊軍の昭和史」二〇一五年、東洋経済新報社発行
㉕小島伊織著「神の子の家　亡き父母への鎮魂歌」二〇一六年、文芸社発行

㉖マックス・フォン・シュラー著「『太平洋戦争』アメリカに嵌められた日本」二〇一五年、ワック発行
㉗ロバート・B・スティネット著、荒井稔・丸田知美共訳「真珠湾の真実　ルーズベルト欺瞞の日々」二〇〇一年、文藝春秋発行
㉘半藤一利著「聯合艦隊司令官　山本五十六」二〇一四年、文藝春秋発行
㉙阿川弘之著「山本五十六」上下巻、一九七三年、新潮文庫発行
㉚ジョージ・フリードマン著「１００年予測」二〇一四年、早川書房発行

以上

著者プロフィール

小島 伊織（こじま いおり）

昭和20年6月、福島県新地村生まれ。小学校から高校まで仙台育ち。

昭和44年3月、金沢大学理学部地学科卒。

昭和46年4月、政府事業団勤務。

昭和55年、主に自営業（建設業界で地質調査や埋設物探査に従事）。

昭和62年1月、技術士（応用理学部門）取得。資源探査や土木地質調査、地下空洞・埋設物探査などを主とする老地質技術者。

趣味はカラオケと物書き。

■著書
『悪戦苦闘の果てに』（2012年、文芸社）
『神の子の家 亡き父母への鎮魂歌』（2016年、文芸社）
『維新から百年 日本国興亡の真相？』（2020年、文芸社）

山本五十六と大東亜戦争
山本提督は自由主義圏で再生する日本に賭けた

2023年11月15日　初版第１刷発行

著　者　小島 伊織
発行者　瓜谷 綱延
発行所　株式会社文芸社
〒160-0022　東京都新宿区新宿1－10－1
電話　03-5369-3060（代表）
03-5369-2299（販売）

印　刷　株式会社文芸社
製本所　株式会社MOTOMURA

ISBN978-4-286-24608-6